数字时代企业转型升级和绿色管理丛书

新时代企业数字化转型升级经验与案例

王跃梅　等◎编著

经济管理出版社
ECONOMY & MANAGEMENT PUBLISHING HOUSE

图书在版编目（CIP）数据

新时代企业数字化转型升级经验与案例／王跃梅等编著．—北京：经济管理出版社，2024.4

ISBN 978-7-5096-9690-3

Ⅰ．①新…　Ⅱ．①王…　Ⅲ．①企业管理—数字化—案例　Ⅳ．①F272.7

中国国家版本馆 CIP 数据核字（2024）第 091633 号

责任编辑：张莉琼
助理编辑：李光萌
责任印制：许　艳
责任校对：陈　颖

出版发行：经济管理出版社
（北京市海淀区北蜂窝 8 号中雅大厦 A 座 11 层　100038）
网　　址：www.E-mp.com.cn
电　　话：（010）51915602
印　　刷：北京晨旭印刷厂
经　　销：新华书店
开　　本：710mm×1000mm／16
印　　张：18.5
字　　数：303 千字
版　　次：2024 年 6 月第 1 版　　2024 年 6 月第 1 次印刷
书　　号：ISBN 978-7-5096-9690-3
定　　价：98.00 元

前　言
PREFACE

数字经济是继农业经济、工业经济之后的主要经济形态，成为引领经济发展的重要引擎。数字经济发展速度快、辐射范围广、影响程度深，正推动人们的生产方式、生活方式和治理方式深刻变革。我国“十四五”规划中强调数字经济是未来推动经济发展的重要手段。数字经济的重要核心是“数字化企业”，数字化转型不仅是时代发展的重要趋势，也是企业生存和发展的必然举措。2018年，我国发布了《关于加快发展数字经济的指导意见》，鼓励企业加快数字化转型。2020年，又相继发布了《数字化转型伙伴行动倡议》和《中小企业数字化赋能专项行动方案》，鼓励企业之间、企业与政府之间建立合作伙伴关系，共同推进数字化转型。之后，《关于进一步深化“互联网+先进制造业”发展的指导意见》(2021年)出台，鼓励制造业企业利用数字技术优化生产流程，提高产品质量和生产效率，从而在全球市场中获得更多的竞争优势。《中小企业数字化转型指南》(2022年)的发布为中小企业提供了数字化转型的具体指导和建议。传统企业完成数字化转型，进而形成数字化企业的产业集群，促进数字经济与实体经济深度融合，是全面提升实体经济竞争力的必然路径。

浙江数字经济已成为浙江发展的“金名片”，也相继出台了支持浙商企业数字化转型的政策：《浙江省数字经济发展行动计划(2018-2022年)》(2018年)、《浙江省促进中小企业数字化转型升级三年行动计划(2020-2022年)》和《推进细分行业中小企业数字化改造行动方案》(2022年)。从数字经济“一号工程”到数字经济创新提质“一号发展工程”，从政策扶持到资金投入，创新园区、高新技术产业园的建设，都为企业数字化转型提供了良好的外部环境和与时俱进的支持平台。“敢为天下先、勇于闯天下、充满创新创业活力的浙商群体”在数字化转型过程中走在了全国的前列，涌现出了不少值得借鉴的经验。基于此，我们编写了以浙商企业数字化转型为主要范本的“企业数字化转型实践案例”，精选了具有代表性浙商数字化转型的22个案例，并总结了浙商数字化转型的相关经验。本书适用于EMBA、MBA、工商管理“营销管理”“市场营销学”等课程的教学活动，也适用于工商管理类全日制研究生以及本科生等学生人群的案例研究。同时，还能为企业高级管理者提供指导与借鉴。

本书按照“营销管理”相关内容体系分为十一章，每章两个案例。总体阐述数字化转型企业应对数字时代的挑战和机遇，树立新理念，利用数字技术和创新的方式，找准新定位、设计新产品、提供新服务等，优化改造业务流程以提高效率，实现顾客和企业价值创造。具体内容如下：首先，数字时代企业面临纷繁复杂的市场，需要根据内外部环境不断了解数字化市场需求与营销新现实（第一章：爱仕达、盒马鲜生）；调整数字化创新战略与营销计划（第二章：方太、万向集团）；从而提升数字化顾客价值与顾客忠诚（第三章：农夫山泉、森马）；增强数字化消费企业数字化市场竞争力（第四章：古越龙山、珀莱雅）；明晰数字化市场细分与市场定位（第五章：娃哈哈、喜临门）；重视数字化生产与产品开发（第六章：纳爱斯、正泰）；创建数字化品牌与品牌资产管理（第七章：拇指白小T、顾家家居）；利用数字化营销渠道与价值共创（第八章：虹越花卉、雅戈尔）；加强数字化整合营销传播与管理（第九章：奥康、古茗）；数字化服务与服务营销管理（第十章：世纪联华、浙商银行）；形成数字化大市场与营销新格局（第十一章：杭钢集团、吉利）。通过以上案例可以对浙江企业数字化转型略窥一斑，在数字时代企业通过数据驱动不断进行企业创新和竞争力提升，同时提升客户体验和个性化，并通过新增值服务和商业模式创新实现企业的数字化转型过程。

本书是国家社科基金项目“返乡创业赋能乡村产业振兴的长效机制与政策研究”（项目号：21BGL077）的阶段性成果。本书由王跃梅教授负责主持，参与编写的有王跃梅教授（第一章、第二章、第三章第二节、第四章第二节、第五章、第六章、第七章第二节、第八章第一节和第十一章）、陈颖教授（第四章第一节）、吴诗启副教授（第三章第一节）、马文博讲师（第八章第二节、第九和第十章）和徐璨讲师（第七章第一节），研究生郁海佳、梁敬畏和部分MBA研究生，本科生杨笑寒、张卜苏、朱慧楠、李梦格、沈京页、周佳泓、郭陈岑、汪思雨、赵梦晴、訾多、郑冰冰、邹婧、王一竹、梁正颖、陈焜耀和管茜茹等。王跃梅负责全书的总纂和统稿。本书编写得到浙江财经大学工商管理学院（MBA 学院）、浙江财经大学东方学院、宁波财经学院财富管理学院等的支持，本书在写作和修订过程中得到了经济管理出版社及张莉琼编辑的深度指导和大力帮助！编写过程参考了国内外有关著作、文献及相关网站，访谈了部分企业，在此一并致以最真挚的感谢。囿于编写时间和水平，书中纰漏和不足有待进一步修正，敬请同行学者和广大读者批评指正。

王跃梅

2023 年 9 月于杭州

目 录

CONTENTS

第六章 数字化生产与产品开发 // 128

第七章 数字化品牌与品牌资产管理 // 151

第十一章 数字化大市场与营销新格局 // 254

第一章

数字化市场需求与营销新实现

第一节　爱仕达

公司简介

爱仕达集团有限公司创建于1978年，是以浙江爱仕达电器股份有限公司、上海爱仕达汽车零部件有限公司为核心控股子公司的大型国家级无区域企业集团，主要以产业投资为主，涉及炊具、厨房小家电、汽车零部件等相关业务。2003年，爱仕达在市、街道等上级科协的指导下成立集团科协，形成了适合爱仕达公司发展的科协组织体系。2014年，作为中国质量检验协会团体会员单位的浙江爱仕达电器股份有限公司被评为“金点子奖”优秀组织单位，是杭州市唯一获奖企业。作为在炊具行业深耕40多年的有限公司，爱仕达始终坚持自主研发与扩张并购并行，实施“智慧炊电+智能制造”双轮驱动战略，不断推进全流程智能化，提升产品质量，推动产品迭代升级，在变局中抓机遇、赢未来。

案例梗概

爱仕达作为智能小家电行业的领头企业，很好地兼顾了智能化升级、绿色节能以及自身的社会责任。自2022年起，爱仕达开始实施“智慧炊电+智能制造”双轮驱动战略，以赋能产业集群发展。以智能小家电为例，从产品种类的选择，样式的设计，到线上生产制造和保管，再到产品的销售都与人工智能紧密结合在一起。智能化升级不仅将高效率、低消耗的环保理念贯穿于爱仕达小家电从生产到使用的整个过程，还提高了产品制造和产品使用的标准性和安全性。生产和物流过程的透明化也为爱仕达安全生产、维护公共利益的经营上了一道保险。乘着智能制造的东风，爱仕达小家电越来越频繁地走入年青一代的视野。

关键词：数字化新需求；数字化营销；爱仕达；智能化

一、背景介绍

（一）爱仕达小家电发展现状

在消费升级的新时代，国内外的家电市场都有很大的发展潜力和可能性，爱仕达十分重视强化自身具备的核心竞争力。在产品品牌方面，2006 年爱仕达品牌被中国品牌研究院评选为中国前 100 位最具价值的驰名商标，2011 年被中华全国工商业联合会评为中国民营企业制造业 500 强。爱仕达生产制造的不锈钢产品更是被评为中国名牌，之后成为不锈钢产品国家出口免检企业。在中国加入 WTO 之后，爱仕达积极开拓国外市场，与众多家电品牌达成合作，公司制造的产品销往美国、德国、法国、中东、日本和澳大利亚等 40 多个国家和地区。在新冠肺炎疫情期间，爱仕达依旧有大量订单，2022 年的总营业额达到 35 亿元。

爱仕达紧跟时代发展趋势，2020 年确定了核心战略：以满足消费者需求为目标，通过智能制造实施应用，推动产业升级，利用互联互通的思维和手段，建立新的商业模式，从而改变人们的生活方式，实现智能生态家居的整体解决方案。爱仕达还致力于机械化、智能化的运营与销售，不仅引入智能物流立体仓储体系，还建立了东部智能工厂。同时，爱仕达还在上海建设智能科技研究院和产品创新研究院，每年投入研发的资金过亿元。

（二）爱仕达小家电环境背景

消费是中国经济增长的重要驱动之一，互联网的发展使当今消费迎来新的蜕变。在此大环境下，从 2020 年开始，爱仕达小家电在线上渠道和海外市场的销量快速增长。

随着经济发展越来越快，快节奏很大程度地改变了当今人们的生活。与此同时，随着互联网的普及，人口数量在短期内发生变化的可能性不大，但是生活方式会发生很大的变化。受到社会经济和潮流的冲击，原本的家庭结构也发生了改变。从数据上来看，2019 年，中国的一人户家庭从 2015 年的 5392 万户（占比 13.1%）增长至 8061 万户（占比 18.5%）；2020 年全国 4.9 亿个家庭户中，一人户家庭数超 1.25 亿个，占比进一步提升至 25%。独居人群的家电需求成为小家电发展方向的一个重要信号。如图 1-1 所示，2010~2020 年，全球小家电行业专利申请人数量及专利申请量均呈现增长态势。虽然 2020 年开始增长速度有所下降，但总体来看全球小家电产业的发展都正处于上升期。

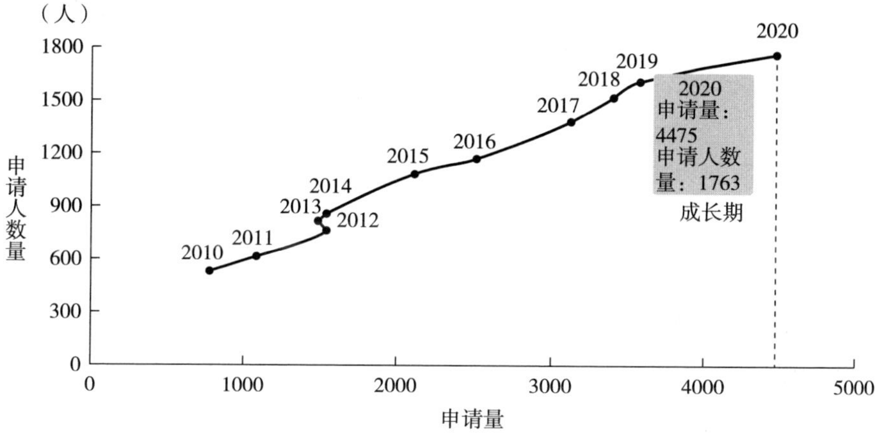

图 1-1　全球小家电行业专利申请情况

资料来源：前瞻产业研究院。

在技术升级、消费需求升级的驱动下，以舒适宜居为核心的智能家居生态场景成为潮流，很多企业的智能化产品已经从单品智能向全屋智能靠拢，这样的大环境对于既追求高产量、高质量订单，又要迎合年轻消费群体个性化需求的爱仕达而言是十分有利的。值得一提的是，随着互联网的普及与发展，线上平台已经逐渐成为小家电销售的主要渠道。消费方式的改变带来了小家电销售方式的革新，这使以爱仕达为代表的小家电产业转而将重心转移到线上销售的打造之中。

二、奠基数字发展硬实力，适应竞争大环境

（一）小家电发展前景的喜与忧

2022年7月，13部门联合印发《关于促进绿色智能家电消费若干措施的通知》，从以旧换新、家电下乡、加强废旧家电回收利用、落实财税金融政策等方面入手，支持家电市场良性发展。我国家电规模化更新换代的窗口期已开启。经历了上一轮家电下乡政策后，农村家电产品基本到了更新期。以旧换新和家电下乡，是家电产业未来需重点开拓的领域。加快淘汰超期服役家电，大力推广绿色智能家电，符合消费升级和产业发展的大趋势，既有利于进一步提高居民生活质量，又能够拉动经济、促进可持续发展。

我国家电市场韧性较强，一些“确定性”成长机会正在显现。2022年“双11”期间，家电依旧是各大平台销售热门品类。京东28小时售出家电商品超1500万件；苏宁“双11”数据显示，线下门店绿色节能家电销售环比增长126%，万元以上高端家电销售环比增长137%，智能家电销售环比增长143%。①

目前爱仕达面对许多亟待解决的问题，其中一个问题就是竞争对手更早地进入小家电市场。近年来，小家电市场的发展已经趋于缓慢，且原材料价格较贵。爱仕达的主要竞争对手有苏泊尔和天猫旗舰店。苏泊尔比爱仕达更早进入小家电市场，并且获得了成功。早在2010年的中国小家电高峰论坛暨颁奖典礼上，苏泊尔就已经获得奖项，并且宣布自身的小家电准备进入细分市场。几年后，苏泊尔成功与迪士尼达成合作，开拓年轻化市场。截至2021年，苏泊尔的小家电营收反超九阳，成为名副其实的小家电行业龙头企业。近年来，小家电市场的发展开始变得缓慢。经过了过去几年的黄金期，加之受到疫情的冲击，小家电行业的增速减弱了很多。同时，生产小家电需要用到的铜、钢、铝塑和芯片等材料价格也在不断上涨，这可能使小家电产品的价格随之上涨，而失去对价格较为敏感的消费者。以此种种，能否产生革新性的突破成为爱仕达不得不面临的挑战。表1-1为小家电发展的SWOT分析。

① 家电行业深抓扩大内需机遇[EB/OL]. https://www.toutiao.com/article/7181355624176747065/?wid=1709266112322.

表 1-1　小家电发展的 SWOT 分析

优势(S)	劣势(W)
小家电的智能化领先科技，高创新技术，节能和健康的功能。年轻化品牌代言，国际认可	质量安全问题，理念和管理模式方面的冲突。缺少核心零部件专利，产品同质化严重
机遇(O)	威胁(T)
针对消费群体消费能力强大，需求量大。国家政策支持，国内智能化技术发展	竞争对手更早地进入小家电市场，该市场发展缓慢。原材料价格不断上涨

(二)爱仕达科技升级当中的探索

随着智能化科技的发展，爱仕达有了更多机会生产具有高创新技术、节能和健康的小家电。爱仕达的品牌越来越年轻化，且受到国际认可。爱仕达坚持智能炊电和智能制造双轮驱动，致力于打造智能化的产品。从带有记忆存储和预设菜单功能的电饭煲以及到点自动加热的小锅，都是爱仕达推出的产品。不仅如此，爱仕达小家电在产品的设计上，遵循人体工学。在产品设计中，爱仕达利用大数据分析了中国人的饮食习惯，如单手开瓶盖、扣手位等。此外，爱仕达将机器人技术引入了生产的全流程，实现了生产过程精准度的提升及效率和质量的全方位提高。

然而伴随着爱仕达小家电技术的升级，质量安全以及理念和管理模式冲突等问题也随之而来。国内小家电面临缺少核心零部件专利、产品同质化严重等一系列挑战。

爱仕达在智能化转型中出现了新旧理念不相适应的问题。原先的传统家电炊具产业都是面向 C 客户端产品展开，习惯了这一模式的爱仕达在将自身供给转换为面向 B 企业端产品时就出现了不相适应的状况。企业之前的管理模式无法适应爱仕达智能化转型的需求。

三、整合海量数字新内容，打造数字需求新产品

(一)注重实用，促进产品智能化

随着经济的发展，人们的生活节奏在变快，科技创新的步伐越来越快。在

这样环境下，越来越多的消费群体对生活品质有了更高的要求，追求高效、便捷的生活方式。爱仕达小家电主要聚焦的是较为年轻的消费群体，这一群体普遍接受过义务教育，对生活质量的要求较高，是消费的主力军。

较年青一代的消费群体对家电有实用多功能的需求。爱仕达推出的产品很多都与这一需求相契合，例如，爱仕达推出的多功能料理机就很能体现其“小小家电却有大大能量”的效果；爱仕达多功能料理机集绞肉、慢榨、切片、切丝、冰激凌、装香肠等多功能配件于一体，一机多用，是全能料理的好帮手。又如爱仕达旗下的智能电饭煲，将人工智能和普通小家电合为一体。电饭煲带有自动记忆功能、菜单存储功能和定时自动烹饪功能，操作起来像智能手机一样便捷。减少复杂烦琐的操作，实现日常烹饪自动化，提高了消费者的使用体验，使爱仕达小家电操作起来更加简单易懂。

（二）绿色节能，推动产品数字化

根据 DT 财经发布的《2021 中国青年绿色行为报告》显示，大于 70%的年轻消费者会主动了解一件商品的绿色消费属性。近年来，使用绿色、环保的产品已经逐渐成为一种时尚潮流。年轻的消费群体热衷于购买绿色节能的商品来彰显自己的态度和个性。

爱仕达抓住这一需求点，开发智能化的绿色节能产品。例如，爱仕达的炒锅产品都会采用自主设计的“油你控”专利。产品创新性地在锅底内侧设计了不同的刻度，消费者倒入的食用油只要达到设置的控油线，炒锅就会作出相应的反应，自动精准控油。锅底采用旋压技术，导热更快、更均匀，实现厚底薄壁无油烟，节能性大幅提升。这些绿色产品不仅依靠爱仕达对产品数字化功能的精心设计，也更需要智能化、精确化的统一生产。爱仕达用行动证明，数字化是为了更好地绿色节能化，绿色节能化也推动着数字化的进步。

图 1-2　爱仕达星球堡

（三）满足产品个性化需求

随着消费者生活品质的提高，消费者越来越追求个性化的产品。以很多网红小家电产品为例，它们以精致夺目的外形吸引人们购买。爱仕达应对消费者的新需求，积极适应数字化时代发展趋势，充分借助新科技，将适应传统需求的制造销售与人工智能、机器制造、大数据等技术结合起来，使爱仕达小家电能不断地推陈出新，打造精准服务的数字化制造和营销模式。

为迎合年轻消费群体，爱仕达多次推出设计美观个性的小空气炸锅。以爱仕达星球煲为例，萌趣星球的高颜值造型十分吸引年轻消费者的关注。该产品有可视性玻璃，能直观地观察烘烤情况，球状设计便于清洁。

四、洞察产品营销新现实，实现智能化升级

（一）生产智能机器化，适应激增市场需要

爱仕达企业主要生产厨房炊具、厨房小家电、家居用品及机器人本体、机器人应用，近年来始终坚持“炊具+机器人”双轮驱动战略，智能工厂持续优化升级。为实现生产流程的智能化，爱仕达在温岭智能化工厂建立了工业互联网云平台，率先实现人机协作。爱仕达摒弃曾经工厂用机器替代重复体力劳动工人的机器换人方式，改为人机协作。将工人培养成能够使用数字化、AI、大数据等技术的出色人才，助力生产智能化升级。

爱仕达在智能机器人领域的布局，为公司智能工厂的优化升级提供了有力支撑。其中，爱仕达的子公司——钱江机器人是浙江省最大的工业机器人本体企业，它在多个细分的应用领域取得的突破同时帮助企业积累了相关领域的客户基础和市场信誉。为了建成爱仕达数字化运行管控体系，公司搭建了工业互联网云平台，融合了人机协作、机器视觉、智能物流、自动换模、立体仓储等管理系统，由此实现数字化、智能化的制造执行管理系统，持续推动“智能制造”高质量发展。

近年来，随着“金属炊具智能制造基地技改项目”的竣工，爱仕达“智能化+机器人”布局再获重大进展，这将为公司进一步提高优质产能、提升高质量发展动能打下坚实基础，为保持稳步增长释放潜力。

（二）物流仓储智能化，保证产品供应效率

爱仕达在实施小家电智能生产制造之后紧接着引入智能物流技术。随着爱仕达小家电产品的科技升级，其生产难度也逐渐加大。爱仕达原有的生产基地物流自动化程度不高，主要以人工叉车搬运作业为主，在转运过程中，半成品、原材料等物品的损坏率较高，厂区面积较大，无足够的人力及物力去协调各区

域的物料转运，人员工作量大、劳动强度大，耗时耗力、效率较低。物料信息传递需要较多人工参与，时而出现错误。为解决这一问题，爱仕达引入了智能仓储。

智能仓储利用集成智能化技术来管理产品从运输、存储、包装到装货、卸货的整个流程。自动化立体仓储技术就是其中之一，它节省了仓储的平面空间，使仓库高层的存储管理成为可能。立体仓储实现了仓库高层合理化、存取自动化、操作简便化。仓库中放上一排排高大的货架，下面放着巷道式堆垛起重机，爱仕达的小家电就分门别类地存储在这里，每当有需要，起重机就穿梭在各个高大的货架巷道之间取出对应产品。当有新的产品入库时，又由起重机运送上去。整个过程有标准的尺寸和流程，大大提高了物流存储的效率，同时节省了费用消耗较大的地租支出。相同的仓库，可以存储不止几倍的商品，这让爱仕达小家电不论是产能还是供给能力，都能更好地跟上消费者的需求。

（三）重视社会责任，打造绿色家电品牌

科技、全球化与自身社会责任贯穿爱仕达智能化升级的全过程。“十四五”时期工业机器人的发展前景更加广阔，爱仕达也顺势进入机器人领域。从公司收购钱江机器人开始，爱仕达已建立起人工智能管理生产、物流、仓储、分销等全流水线的系统。以台州温岭的“未来工厂”为基础，爱仕达将进一步打造数字化、自动化的工业互联网平台和智能厂房。爱仕达非常重视科技，其在机器人研发、物联网科技、信息科技乃至电子商务领域都有所涉猎，这也使爱仕达企业在推动科技发展方面做出了不小的贡献，在国际、国内都获得过众多奖项。正因如此，爱仕达对于自身社会责任相当重视。不论是在质量安全、企业诚信上，还是环境保护上，爱仕达都有突出的表现。

爱仕达一直以来都是以“制造厨房健康产品，提升人类生活品质”为企业使命，致力于做绿色厨房的倡导者。正是企业强烈的社会责任感与对技术的探索，爱仕达在 2018 年获得了工信部的绿色工厂称号，旗下的电饭煲产品也获得了国家绿色设计产品称号。在产品以外，爱仕达还借助先进的回收技术实施“双碳”绿色发展，树立行业典型，该技术可实现快速复制，推动行业绿色经济低碳循环发展。爱仕达广泛应用多项互联网技术，致力于打造实现数字化设计、智能化生产、智慧化管理、协同化制造、绿色化制造、安全化管控和社会经济效益大幅提升的智能现代化工厂。

五、发展新零售模式，加强社会化媒体互动

爱仕达致力于为消费者提供一步到位的家居问题解决方案。爱仕达在小家电销售过程中不断地进行消费者洞察、全面营销互动、消费场景打造以及会员权益互动，从而打造了适宜小家电产品的商业新模式。作为民族品牌，企业希望能引领国货崛起，推动行业健康发展，通过不断的产品创新，打造潮流产品。

（一）CRM 数字化营销体系，满足消费者个性新需求

客户关系管理（Customer Relationship Management，CRM）是利用相应的信息技术以及互联网技术协调企业与顾客在销售、营销和服务上的交互，通过提升其管理模式，向客户提供创新式的个性化交互和服务的过程。爱仕达注重下沉市场，与众多经销商都保持着良好的客户关系。掌握了产品研发与生产的爱仕达不仅能增加自己原有的产业价值链，还能摇身一变成为供应商，将生产出的小家电销售给同为炊具行业的其他商家。这不仅拓宽了爱仕达小家电的产业链，也使爱仕达的产品能被更多消费者注意到，从而扩大爱仕达在行业内对市场的影响力。从一线到二三线，有许多厨具零售商会在店面或线上店铺出售爱仕达的产品。打开任意一个爱仕达的网上旗舰店，都能看见主页分门别类地列出店面热销产品和各种相关推荐，并且会根据消费者的浏览与购买喜好推荐相关产品，消费者能自由选择自己心仪的颜色和款式。

（二）线下全场景多业态经营，提升顾客消费体验

爱仕达小家电产品除入驻、会员店、零售云以及易采云之外，还连续多年参展中国国际消费品博览会（以下简称消博会），吸引了众多消费者的喜爱，在开拓中国市场时，进一步拓展合作机会，得到了众多专业观众和采购商的认可。2024 年 4 月 13 日至 18 日，爱仕达参展第四届消博会并携旗下三个品牌亮相 1 号馆。爱仕达作为国内头部的炊具品牌公司，面对市场消费业态的变化和升级，将会引进更多的品牌进入市场，满足不同消费群体的需求。在第四届消博会上，爱仕达携手 Alluflon Group 旗下 Berndes、Moneta、Alluflon 三个品牌亮相展出，通过第四届消博会开拓中国市场及寻求业务拓展。在消博会期间，爱仕达开展烹饪演示、试用体验、现场优惠促销等各类互动体验活动，增强了与中国消费者的连接，同时利用社交媒体、直播带货等方式进行同步宣传推广，扩大品牌的影响力。爱仕达表示，借助消

博会和海南自由贸易港的影响力，扩大中国市场，分享中国机遇，通过消费促进、产业升级、对外传播与品牌展示，提升 Alluflon 集团的品牌影响力。①

（三）开发直播、O2O 新零售方式，直触家庭人群

乘上互联网时代的东风，爱仕达精准抓住线上平台这一营销渠道，积极开展网络营销。以直播为例，2022 年 8 月 2 日，爱仕达产品代言人孙俪在直播间推荐了爱仕达的哆啦 A 梦便当饭盒，仅仅上架 5 秒钟，原本的 2 万件现货就被一扫而空，同时增加了 3 万件预售订单。这无疑是产品销售的新路径，直接对接到用户群体。相同地，2022 年 11 月，罗永浩在他的直播间上架爱仕达魔法石无油烟砂锅，详细展示了产品的切割面效果，并向消费者普及了判断一口锅好坏的知识。罗永浩在直播间展示了爱仕达魔法石无油烟砂锅厚底薄壁的铸造工艺和独特的旋风锅底设计之后，当场使用这款无油烟砂锅炒了一盘花甲，产品上架后同样被抢购一空。爱仕达已经与更多的头部、中腰部以及垂直类主播沟通合作，进一步推广产品、提升品牌美誉度。此外，爱仕达还开通了 O2O 的营销模式，运用互联网宣传线下的体验店。

爱仕达以各大互联网 APP 为平台，发布了一站式家居体验店的宣传片（见图 1-3）。通过生动的动画和详细的解说，直面用户在家居方面的痛点，吸引消费者到线下门店进行体验，帮助消费者在线下门店挑选或定制心仪的小家电产品。爱仕达将线上线下的渠道进行融合，相互引流，这无疑是一种新的突破，并逐渐成为助力爱仕达继续发展的营销新模式。

图 1-3 爱仕达 O2O 家居体验店宣传片

图片来源：爱仕达官网。

① 老朋友来了！爱仕达携手 Alluflon Group 参展消博会［EB/OL］. https://www.hainanexpo.org.cn/portal/article/index/id/2142.html.

六、结语

数字化时代下营销环境已发生巨大的变化，政治经济、社会文化及科技水平都受到数字经济的影响，绿色环保理念的推广日渐成为主流趋势。品牌年轻化、便捷化、差异化成为数字时代需求的主旋律。爱仕达抓住不同消费群体的特性，在洞察营销新现实，积极推进生产运营全流程智能化升级的同时发展了销售新模式，开拓线上线下销售渠道和下沉市场，为爱仕达将来进一步扩展消费市场奠定了基石。小家电行业的未来发展仍面临诸多考验。爱仕达对于新兴市场的探索和尝试仍未停止，期待爱仕达品牌的小家电系列会继续坚守理念、不断创新，在未来给消费者带来新的惊喜。

案例思考题及分析

1. 结合市场营销环境的相关知识，分析爱仕达在数字化时代面临怎样的营销环境?

市场营销环境也称为市场经营环境，是指处在营销管理职能外部影响市场营销活动的所有不可控制因素的总和。

随着互联网的普及，社会受到各种潮流的影响。越来越多的年轻人出现追求个性化、追求自由的新思想。这使以舒适、宜居为核心的智能家居生态场景正在成为潮流。以满足消费者日益提升的智慧需求为目的，众多家电企业更是将全屋家电的智能互联视为家电智能化升级的核心方向。

2. 从市场需求角度出发，爱仕达小家电所针对的消费需求有何特点和变化?

市场需求是指一定的顾客在一定的地区、时间、市场营销环境和市场营销计划下对某种商品或服务愿意而且能够购买的数量。

生活节奏快的消费群体对家电有便捷快速的需求。多数消费群体的生活节奏都较快，这使空闲时间较少的消费者对平时生活便捷性的要求变得更高。消费主力对传统大家电的热情逐渐削减，而体型轻便，易于移动、携带、打理的小型家电更能满足人们的日常需求。绿色、节能、美观的家居产品更能获得消费者的喜爱。

3. 从数字化发展的角度来看，爱仕达在数字化转型升级中面临哪些机遇与挑战?

数字化，即将许多复杂多变的信息转变为可以度量的数字、数据，再以这些数字、数据建立起适当的数字化模型，把它们转变为一系列二进制代码，引入计算机内部，进行统一处理，这就是数字化的基本过程。

爱仕达的消费群体消费能力较强、需求量大。国家政策支持消费、国内智能化技术发展都能促进行业的发展。

就行业竞争而言，爱仕达面临的挑战主要有两个：一是竞争对手更早地进入小家电市场；二是原材料价格较贵。爱仕达的主要竞争对手有苏泊尔等。苏泊尔比爱仕达更早进入小家电市场，并且获得了成功。

4. 营销新现实指什么? 数字时代下，爱仕达是怎样利用营销新现实实现智能化升级的?

促使营销现实发生新变化的三大主要因素是：科技、全球化、社会责任。三大力量赋予了消费者和企业诸多新的能力，使消费者更明确便捷表达自己的需求，也使企业能搭建全面的信息网，更精准地洞察市场需求和趋势变化。

爱仕达作为智能小家电行业的领头企业，很好地兼顾了产品的智能化升级、绿色节能化以及自身的社会责任。自2022年起爱仕达开始实施“智慧炊电+智能制造”双轮驱动战略，赋能产业集群发展。

5. 借助社会化媒体下的数字化服务，爱仕达想要继续拓展消费者市场，还可以在哪些方面做出优化?

社会化媒体营销是利用社会化网络、在线社区、博客、百科或者其他互联网协作平台的媒体来进行营销，是公共关系和客户服务维护开拓的一种方式，又称社会媒体营销、社交媒体营销、社交媒体整合营销、大众弱关系营销。

爱仕达致力于为消费者提供一站式生态家居解决方案。爱仕达在小家电销售过程中不断地进行消费者洞察、全面营销互动、消费场景打造以及会员权益互动，从而打造了适宜该产品的商业新模式。作为民族品牌，企业希望引领国货崛起，推动行业健康发展，通过不断的创新打造潮流产品。

参考文献

[1]生活服务数字化行业市场发展现状与需求分析[EB/OL]. 中研网,

https：//www. chinairn. com/scfx/20220804/154132534. shtml/2022/08.

［2］赢家财富网爱仕达［EB/OL］. http：//www. yjcf360. com/gegu/002403/qianjing/.

［3］家乐福中国与爱仕达深化战略合作 共创智慧家居生活新体验创新科技发展有限责任公司［EB/OL］.（2022-11-03）. https：//baijiahao. baidu. com/s? id=1748447456172791888&wfr=spider&for=pc/2022/11.

［4］数字赋能 智造升级 在爱仕达遇见"未来工厂"［EB/OL］.（2022-02-28）. http：//www. wl. gov. cn/art/2022/2/28/art_1391271_58986905. html? xxgkhide=1/2022/02.

［5］陈瑶，爱仕达．线下渠道变革与潜力挖掘［J］. 现代家电，2020(445)：48-49.

［6］爱仕达 2016 社会责任报告［EB/OL］. https：//www. docin. com/p-2209930530. html/2017/11.

［7］前瞻产业研究院：2021 年技术小家电技术市场现状及竞争格局分析［EB/OL］.（2022-05-18）. https：//bg. qianzhan. com/report/detail/300/220518-a4da6098. html/2022/05.

［8］安歌科技助力爱仕达建设智能工厂，让生产效率提高 22.46%［EB/OL］.（2022-08-02）. https：//baijiahao. baidu. com/s? id=1740019948281287644&wfr=spider&for=pc/2022/08.

［9］百度百科：自动化立体仓库［EB/OL］. https：//baike. baidu. com/item/自动化立体仓库/812295? fr=aladdin.

［10］. 朱东梅，爱仕达——为爱表达 胆敢不同［J］. 现代家电，2023，482(2)：58-60.

第二节　盒马鲜生

公司简介

盒马鲜生是国内首家新零售商超，创立于 2015 年，首家店在 2016 年开业，被视为阿里巴巴新零售的样本。2017年7月14日，马云和阿里CEO张勇等到盒马鲜生的试点品尝，盒马鲜生在被秘密准备两年之后，终于随着试点结束被正式公之于众，也成为阿里探索新业态大家庭中的又一重要成员。截至2021年12月，盒马鲜生的门店总数已经突破了300家，门店遍布全国一、二线城市。目前，盒马已经发展出了盒马鲜生、盒马X会员店、奥莱店等多种业态。相比于传统零售业，盒马运用现代化数字技术、大数据、物联网等研究实现了人、货、场三者之间的最优化匹配，搭建了一条属于盒马的供应链物流体系。盒马鲜生一直秉承用科技和人情味给人们带来“鲜美生活”的初心，以数据和技术驱动，不断探索新零售模式，逐渐成为我国新零售行业的变革引领者之一。

案例梗概

作为新零售行业的早期入局者，盒马凭借背后阿里的强大数字资源，积极探索复杂环境下的营销新现实。盒马鲜生瞄准传统零售的痛点，借助数字技术进行一一突破，构建新的数字化零售服务模式，又在不断的竞争中坚持培育自身核心竞争优势，积极拓展新业态，多方面探索零售的新现实。盒马X会员店、盒马奥莱店便是探索新零售现实中的成功尝试，X会员店带起了国产仓储式会员的浪潮，奥莱店则与盒马鲜生形成了互补。

关键词：数字技术；营销新现实；数字市场需求

一、引言

近十年来，科技、全球化的发展逐渐成为影响市场走向的重要因素，其中科技的发展，特别是以数字技术为代表的新一代信息技术的发展，极大地改变了消费者与企业的市场行为。消费者可以通过网络来搜索、购买和传播产品，通过社交媒体来分享观点；企业也可以借助数字技术快速、完整地获取消费者数据信息、拓展营销渠道，传递企业价值观、培育忠实消费者等。但是，这种改变带来新机遇的同时也加剧了企业间的竞争。当前，数字技术是科技力量下的先锋代表，许多企业正谋求通过进行数字化转型、运用数字技术实现企业的变革与新生。盒马鲜生正是运用数字技术探索营销新现实的代表之一。作为阿里旗下的首家新零售鲜超，盒马鲜生凭借其强大的数字资源技术，精准的消费群体定位，高品质的服务体验迅速成为生鲜零售行业的标杆。

二、生鲜零售行业的发展情况

民以食为天，生鲜产品作为大众日常饮食的一个重要组成部分，一直在零售市场占据着重要地位。中国作为世界人口数第一大国，有着超大规模的消费群体，根据国家统计局数据，2019 年中国居民主要生鲜食品消费量达 3.1 万亿吨，随着人们观念的转变、购买力水平的升级，人们对生鲜产品的需求日趋增大。近年来，伴随着数字技术、网络使用的普及与发展，线上购买生鲜的形式也逐渐被大众所接受，当前我国生鲜线上渗透率增长迅猛，据统计，2020 年中国生鲜线上零售占比达 14.6%，生鲜电商行业规模达 4584.9 亿元，占同期生鲜行业规模的 9.16%。

目前，我国生鲜零售的模式主要包括了 O2O 平台模式、前置仓模式店仓一体化以及社区团购模式四种类型（见图 1-4）。

	O2O平台模式	前置仓模式	店仓一体化（到店+到家模式）	社区团购模式
模式简介	平台与线下商超、零售店和便利店等合作，为消费者提供送货到家服务	在离用户最近的地方布局集仓储、分拣、配送于一体的仓储点，缩短配送链条，降低电商配送成本	到店消费+线上购物＋即时配送，提供线上线下一体化消费体验	团购平台提供产品供应链物流及售后支持，团长负责社群运营，用户在社区自提商品
布局城市	以一、二、三线城市为主	以一、二线城市为主	以一、二线城市为主	以二、三、四、五线城市为主
覆盖范围	1~3公里	1~3公里	1~3公里	500米~1公里
配送时长	1~2个小时	30分钟~1小时	30分钟~1小时	1~2天
代表企业	京东到家、美团闪购	每日优鲜、美团买菜	盒马鲜生、7 Fresh	兴盛优选、多多买菜

图 1-4 生鲜电商新型商业模式分类

资料来源：艾瑞咨询研究院。

随着我国经济的快速发展，我国生鲜零售市场不同城市消费群体呈现出消费分级的趋势。在网购生鲜产品时，一、二线城市消费者更看重产品品质，而三、四线及以下城市消费者则更看重产品价格。从消费群体来看，现阶段新生代青年正逐渐成为消费的中坚力量。艾瑞调研数据显示，35 岁及以下的生鲜线上用户占比达55.7%。新生代消费群体对生鲜价格敏感度低，且喜欢方便快捷并且高品质的产品；而在社区生活的中老年消费群体则更看中价格。

盒马鲜生作为生鲜零售行业的较早进入者，凭借其丰富的数字资源以及精准的市场定位早早伫立在行业的高端地位，本案例将从捕获市场需求、建立智慧物流、探索零售新形式三个方面来讲述盒马鲜生是如何在竞争激烈的生鲜电超市场精准把握数字市场需求，探索生鲜市场营销新现实的。

三、捕获市场新需求 塑造生鲜消费新现实

(一)洞察市场新需求 确立目标消费群体

近年来，消费群体年轻化趋势明显，新一代青年群体逐渐成为消费主力军。这批消费群体收入普遍较高且身处数字经济发展的时代，熟悉并适应数字消费。便利化、高品质服务以及个性化服务正在成为这批消费主力军的消费习惯。

这种消费趋势的蔓延在生鲜市场更是如此，生鲜大多是有较高价值但难以长时间储存的产品。据艾瑞咨询研究院对2020年中国不同级别城市消费者对生鲜看重的要素统计(见图1-5)，对三、四线城市的普通消费者来说，生鲜的鲜活程度、配送快慢以及购买体验等方面的需求一般，追求更实惠和便宜的生鲜；而生活在一、二线城市的白领、精英等中高端消费人群，对生鲜商品的品质、新鲜度、配送速度等均有较高的要求。综合来看，普通消费群体对于生鲜的消费更多的是倾向能够买到、吃到；而那些中高端的顾客则更为看重整个消费的体验，倾向于吃得好、吃得便利以及吃得享受。

一、二线城市消费者	三线及以下城市消费者
TOP 1　商品品质及新鲜程度	商品价格
TOP 2　商品价格	商品品质及新鲜程度
TOP 3　配送速度	配送速度
TOP 4　品类丰富度	品类丰富度

图1-5　2020年中国不同级别城市消费者网购生鲜时看重的因素

资料来源：艾瑞咨询研究院。

早在盒马之前，生鲜的线上模式就已发展良久。每日优鲜、京东生鲜、天猫生鲜等均在盒马鲜生之前成立。但是这些传统生鲜电商由于存在着用户黏性弱、流量成本高、转化率低等问题，实际效益并不理想。尽管传统的生鲜电商购物便捷性尚可，但是实际的消费体验并不突出。消费者只能从线上的图片、视频中了解到生鲜的情况，降低了消费者的购物体验。基于此，盒马鲜生在创立之初就通过大数据分析和市场调研了解到生鲜市场的总体情况，确定了未来的目标消费群体和市场需求。其将目标消费人群确定为一、二线的中高端消费人群；将目标消费群体的需求确定为便利的、高品质服务；最后确立线上+线下店仓一体化的商业模式。

由此，盒马鲜生基于自身拥有的强大数字资源、资本基础以及对生鲜市场新需求的把握，开始了对生鲜零售营销的探索。

（二）契合消费新需求 重塑生鲜消费体验

传统的线上生鲜电商零售往往过于强调线上的便利性，忽略了顾客在购物时的体验，从而导致顾客黏性低。而线下门店的开设能让顾客体验生鲜消费过程，却面临成本和物流问题。为了解决线上、线下的这些问题，盒马鲜生对生鲜线下到店的服务体验进行了人、货、场的重构，在充分认识和了解目标群体的需求后，建立“以吃为核心”的场景定位，更好地满足消费者需求。盒马鲜生的目标顾客户常有以下三个特点：①日常工作繁忙，私人时间较少；②会选择周末出门逛超市；③价格敏感度低，对产品品质、服务要求较高。

针对目标消费群体的特点，盒马鲜生在服务上精心打磨，留意消费者需求与体验，严把产品质量关，致力于为消费者提供高品质食材，满足消费者的高质量服务需求。

此外，为了提升消费者购物体验，盒马鲜生还努力实现产品品类的全覆盖，其快消产品几乎囊括了所有类别，涵盖了全球内原产地直销食材、基于日日鲜蔬菜推出的时令蔬菜、健康卫生的熟食和轻食等。针对没时间到门店购买的消费者，盒马鲜生推出了盒马 APP，凭借自身先进的冷链运输技术及完善的物流运输体系，可以实现同城 30 分钟送达，满足消费者的及时需求。

最后，盒马鲜生还为消费者提供诸多上门的生活服务，如上门保洁、美甲美容、衣物洗护、数码维修等。由此，盒马借助线下门店的精心布局以及线上 APP 的联合运营，为顾客打造了“线上—线下”全方位的盒马专属服务，通过重塑消费者的生鲜消费体验，搭建起了与消费者长期交流的桥梁。

（三）塑造数字新需求 打造多维数字零售

随着数字技术的不断发展，越来越多的消费者开始接受数字化的消费，消费者对数字化服务的需求较以往出现了较大的跃升。盒马鲜生从建立初期就着手于利用数字技术为生鲜零售行业赋能，当前，盒马鲜生秉承“多快好省”“鲜美生活”的宗旨，基于数字技术不断拓展数字化的相关产品及服务，打造属于盒马的多维数字零售模式。

首先，盒马鲜生利用自己在生鲜方面的优势，不断拓展以数字技术为核心的盒马新业态，以满足数字化市场下顾客生活中各种“吃”方面的需求。自创立以来，盒马鲜生已经发展出如盒马X会员店、盒马日日鲜、盒马花园、盒马X酒窖等十多个不同的业态，为消费者提供了涵盖超大范围食品行业的服务体验。

其次，盒马鲜生将顾客形象数字化。依托数字技术，盒马鲜生通过分析顾客的线上购物消费记录，实现了消费者需求、线下门店布局、仓储管理之间的良好契合。盒马鲜生以“人、货、场”为维度，将APP、微商城、小程序以及X会员等方式作为媒介，以支付宝为手段，运用现代数字技术收集消费者的消费习惯、偏好等，分析消费者的潜在消费需求，并据此描绘消费者画像，精准把握每个顾客的需求特点。

最后，盒马鲜生还重构了线下门店场景，打造了线下数字化零售门店。盒马鲜生重视门店基于数字化的服务场景设计，让顾客享受到数字氛围下的消费体验。

四、融合线上加线下 开拓生鲜商业新模式

（一）推进双线融合营销 创立生鲜零售新模式

在盒马鲜生的“O2O模式”中，线上主要发挥销售的功能，线下主要发挥体验的功能。线上的销售功能通过盒马APP实现，在APP注册会员后就可以实现随时随地线上下单，并且凭借三公里范围内最快30分钟的配送承诺，可以让消费者及时享受生鲜美味。盒马鲜生在线下的门店打造上注重提供新鲜、美味、快捷的餐食体验。在这里，顾客不仅可以购买到新鲜的生鲜食材，还可以随买随做。盒马鲜生为顾客准备了专门的烹饪设施供顾客烹煮，顾客也可以将挑选到的新鲜食材交由工作人员为其现场烹煮。

总之，线下门店在为顾客提供高品质的生鲜体验时，还通过线下门店中各种数字要素的布局帮助顾客养成数字消费习惯，同时为线上平台引流，最终实现“线上—线下”的融合营销。

(二)透析传统生鲜弊端 解决传统物流痛点

传统的生鲜零售弊端主要集中在物流体系上，包括基础设施不完善、生鲜产品质量标准化低、流通环节损耗大等方面。

首先，基础设施匮乏。远距离运输需要较完善的基础设施，国内传统零售在冷链运输的基础设施建设上仍然比较匮乏。其次，生鲜产品质量标准化低。物流运输的不稳定导致了生鲜的新鲜程度难以保证。最后，传统的生鲜零售流通环节多，中间流通环节过多直接导致了生鲜产品的损耗大大增加。

为了解决此类问题，盒马鲜生一方面从运输端着力构建高效的生鲜冷链物流体系，大力推进生鲜智慧物流的发展；另一方面在供应端从原料产地入手：首先，盒马鲜生选择跳过传统的生鲜中间商，直接从生产的源头取货，采用产地直发的方式进行销售，削减中间环节的包装与转运，保证产品新鲜程度；其次，盒马鲜生积极培育自有品牌，构建与生鲜产地稳定合作关系，借助技术优势通过建立盒马本地仓等方式为消费者提供次日达的便捷消费体验；最后，盒马鲜生还积极开拓跨境购的全球范围内生鲜服务板块，使消费者即使在国内也能购买到全球范围内的生鲜产品。

(三)建立生鲜智慧物流 助力便捷生鲜新现实

盒马鲜生的智慧物流体系是打造盒马鲜生便捷零售的关键。通过运用现代化数字技术配合先进的数字设备，盒马鲜生的生鲜智慧物流体系可以实现“人、货、场”三者之间的最优化匹配。具体来说：

首先，在消费者端。基于大数据算法，盒马鲜生可以对门店内的用户移动端或 APP 用户下单历史消费数据展开分析，精准预测消费购买意愿。当用户下单后，基于盒马前店后仓的设计，借助盒马的智慧体系可以实现快速拿货递交。

其次，在生鲜产品采购方面。高端海鲜、水果、鲜肉及时令蔬菜类基本实现产地或者本地直采。对特色水果产品等，盒马鲜生通过采用与产品生产基地开展合作的方式营造共赢局面。为了拓展生鲜商品的供应渠道，盒马鲜生还主动出击，通过买手为企业寻找物美价廉的产品货源。此外，盒马鲜生还大力建设自有品牌，提高自身定制品牌的销售占比，逐步建立属于自己的上游原料供应产业。

再次，在储存环节。盒马鲜生“一店二仓五中心”的功能体系实现了线下零售分摊仓储成本，同时使仓储方式从集中式转变为了分布式，减少了“牛鞭效应”带来的影响，从而可以快速满足市场需求。盒马鲜生的后仓配置了 24 小时恒温检测传感器，同时配有的智能空调实时比对传感器显示的温度与标准值，及时调整温度，确保后仓生鲜的鲜度。

最后，在商品的运输配送方面。面对长距离运输时，盒马鲜生凭借自建冷链运输体系，可以实现长距离配送时仍保证产品品质；面对近距离配送时，盒马鲜生基于自身“3 公里内 30 分钟达”的承诺，采用保温配送的方式保证产品品质。

由此，盒马鲜生的智慧物流体系实现了从产品的采购到顾客消费的全过程覆盖，盒马鲜生先进的物流体系为探索生鲜零售的新形式奠定了坚实基础。

五、探索零售新形式 多元业态丰富营销

(一) 领跑仓储式会员赛道 打造中式“会员店”

会员制的仓储式商超最早起源于 20 世纪 80 年代的美国，最初仅面向商业企业开放，随着消费需求的增长，后来逐渐演化成了同时面向普通消费者的仓储式会员商超。

我国仓储式会员店一开始发展较慢，并且大多数是外国品牌的跨国经营，本土化程度较低。近几年来，随着经济的不断发展，我国也逐渐发展出了自己的仓储式会员商超。2020 年，盒马 X 会员店作为我国第一家本土仓储式会员商超落户上海，掀起了国内仓储式商超的风口。盒马的 X 会员凭借先进的数字技术、完善的供应链体系、实惠的价格、新颖的商超场景设计，逐渐形成了与传统知名会员商超——山姆、Costco 三足鼎立的局面。

作为从海外借鉴过来的零售模式，盒马 X 会员店在保留着会员店传统特点的同时，又融入了企业自身的优势。其在消费的目标群体、门店布局、商品零售、供应链体系以及数字化场景构造方面进行了开拓。

首先，盒马 X 会员店的消费者定位，从传统的中产阶层逐渐延伸到了年轻消费者群体。在大卖场吸引力日趋下降的大背景下，消费者来商店、超市的目的已经不再局限于购买商品，相比之下更好“逛”成为吸引年轻人的新利器。盒

马 X 会员店正是在保留传统会员店特点的基础上，通过对门店布局的重构、数字化场景的改造实现对年轻消费群体的吸引。如采用鲜明的色彩碰撞、前卫的门店设计，让其较之传统会员店更加新潮；在内室的布局上，盒马 X 会员店秉承“逛”“放松”的主旨，打造集家庭娱乐、休闲购物、放松身心式的综合性会员店设计。

其次，不断推进自有品牌以及打造供应链体系。在自有品牌上，X 会员店在与生鲜原产地的长期合作中打造自有品牌，自成立以来，盒马 X 会员店中的自有品牌已经从 20%增长到 40%；在供应链体系建设上，盒马 X 会员不仅建立了强大的自有物流站点，而且依托多年来建立的原产地直销基地，大大实现了供应链环节的降本增效。

(二)降本节能增效引顾客 开发生鲜“奥莱店”

奥特莱斯(Outlets)最早诞生于美国，迄今已有近 100 年的历史。奥特莱斯最早就是“工厂直销店”，专门处理工厂尾货。后来逐渐发展成了类似购物中心形式的独立零售业态。盒马鲜生奥莱店早期的宣传中就是将奥莱店称作是生鲜界的“奥特莱斯”。与服装行业的“奥特莱斯”相似，盒马鲜生奥莱店的主要职能是低价处理一些品质尚可的临期生鲜。在盒马的规划中，奥莱店更像是盒马鲜生、盒马 X 会员店的配角。据盒马鲜生 CEO 负责人介绍，相比于盒马鲜生、盒马 X 会员店这样向上走的业态，盒马鲜生奥莱店、盒马邻里则是向下走的业态。

当然，盒马鲜生奥莱店不仅是盒马为了处理临期商品的回收站，正如盒马鲜生 CEO 负责人的介绍，奥莱店的业态也是对下沉市场的探索。伴随着生鲜消费的升级，生鲜消费群体不仅包括中产阶层这样价格不敏感的人群，同时还有巨大的价格敏感性的消费群体。有零售专家这样评价：盒马奥莱店其实是在竞争白热化的情况下，将市场定位和消费群体细分的必然要求。

尽管盒马鲜生奥莱店在盒马的规划中一直被作为补充业态而存在，但不可否认的是这样的业态确实是盒马所需要的，在消费群体更加细分、竞争白热化的情况下，或许降本增效的奥莱店是盒马探索未来营销新现实的另一突破口。

(三)探索社区团购市场 锋芒露如昙花现

盒马邻里是盒马自成立以来推出的第九个业态。盒马邻里与盒马鲜生所瞄准的高端消费人群不同，前者更关注于普通消费者，因而主要分布在城市郊区、老城区等地。相较于盒马鲜生，盒马邻里更强调对下沉市场的探索，其主要的竞争对手是多多买菜、美团优选等。但盒马邻里又与普通的团购不尽相同，主要表现在三个方面：一是供应链更具有稳定性；二是门店自营；三是价格合适且保障品质。

盒马邻里拥有自己的线下门店，但有别于其他线上购菜平台依托于夫妻店的形式，盒马邻里设有独立的门店。门店里配有完善的冰库、冷藏保鲜设施。同时得益于盒马智慧物流体系，这些独立门店可以做到次日八点提前日订购的产品，大大提升了消费者的购物体验；而在线上，依托盒马 APP，顾客可以在盒马邻里的专属界面挑选自己喜欢的商品下单。

尽管盒马邻里在开业初期的态势不错，但线下门店不可避免地面临着固定成本过大、商品价格过高、商品种类单一等问题。这些问题成为盒马邻里进一步扩张的阻碍。2022 年初，盒马邻里被曝出全国范围内门店关闭的消息，在此之前就已频繁被曝关店、停业。而在 2022 年下半年经过 CEO 更换、业态调整等操作后，盒马邻里似乎回归了正增长态势，门店数量重新正增长和实现盈利，种种现象表明盒马邻里又活过来了。然而在 2022 年 10 月 9 日，盒马邻里官方突然宣布暂停营业，进行整顿。此后盒马邻里随着这次暂停营业的消息逐渐淡出了盒马的业态圈。

六、结语

数字经济时代，数字技术的进步与随之改变的消费者消费习惯，催生出诸多新的营销形式。数字技术的特性决定了数字化市场需求的多变性、营销形式的多样性以及行业竞争的剧烈性。盒马鲜生作为生鲜市场中众多参与者之一，其凭借独特的数字营销体验与智慧物流体系在生鲜市场站稳脚跟。盒马 X 会员店、盒马鲜生奥莱店、盒马邻里是盒马探索营销新现实的重要尝试，然而结果却大相径庭。盒马 X 会员店实现了与传统会员店三足鼎立的局面；奥莱店成为盒马鲜生、盒马 X 会员店业态的补充，并有希望作为下沉市场的业态深入发展；然而被予以厚望的盒马邻里却在一次次的关店、停业整顿后迎来了闭店。可以见得数字化时代下营销的业态发展迅速，营销的新业态创建容易，但是要想实现真正的成功模式，还需要不断探索。

案例思考题及分析

1. 结合营销新现实的相关知识，试分析盒马鲜生是如何推动实现生鲜零售新现实的?

科技因素。在创立时期，盒马鲜生基于大数据、深度算法分析，捕获了生鲜市场中高端消费者的潜在市场需求，精准地定位了目标消费群体，为后续发展打下坚实基础；在发展时期，大数据、云计算等数字技术为盒马鲜生智能物流体系的建设、数字化场景的打造等方面提供了技术支撑。

全球化因素。经济、贸易的全球化使全球各国的距离变短了，全球各地商品的流通更加通畅，交易市场更为广阔。在生鲜市场上，全球化的趋势使盒马鲜生可以更为便捷地进行海外采购，建立全球购消业务，拓展生鲜种类。

2. 结合市场需求的相关知识，分析盒马鲜生作为生鲜零售行业的新进入者却能快速抢占市场并开拓生鲜零售的新形式的原因。

盒马鲜生开辟出生鲜零售市场的营销新现实，实现快速抢占市场的原因之一就是紧紧抓住了生鲜市场的潜在需求与大环境趋势。

从市场的潜在需求来看，尽管在盒马鲜生出现之前就有商超提供高品质的生鲜产品，但是相应地缺乏购物的便利性；虽然线上的生鲜购物具有便利性，但是线上购买的购物体验并不好。盒马通过大数据的数据调研精准定位了在一、二线地处繁华商圈的一部分社会中产阶层人士对生鲜消费的需求，他们对生鲜价格不敏感，但对生鲜质量要求高。

从大环境趋势来看，早期生鲜零售行业一直是通过电子商务的形式进行转型升级的，效果不太理想。在数字化背景下，盒马鲜生尝试了数字技术对生鲜零售行业的赋能，并取得不错的效果。利用数字化来赋能生鲜零售，用数字技术对顾客当期、未来需求做更好的分析与预测

3. 回顾盒马 X 会员店、盒马奥莱、盒马邻里业态的发展历程及现状，分析三大业态下不同结局的原因?

盒马 X 会员店的开设是盒马的主动出击，在盒马 X 会员店创立之前，国内已经有了如山姆店、COSTCO 这样的国外老牌会员店，但是这些国外老牌会员店入驻中国的时间较早，受到国内消费水平限制，门店并没有快速增加。

盒马奥莱店是盒马为了实现降本增效，处理盒马鲜生的临期商品回收站的一个互补业态。尽管盒马奥莱店的临期商品有些许瑕疵，但是仍符合相关食用

标准，并且价格低廉，深受顾客喜爱。

盒马邻里业态被盒马作为未来发展的“三驾马车”之一，被寄予厚望。然而其却在2022年10月宣布了停业整顿，之后更是直接宣布闭店。回顾盒马邻里业态的发展可以看出：盒马邻里的每一步都有其意义，但却并没有产生实质性的优势。

结合盒马X会员店、盒马鲜生奥莱店、盒马邻里的发展历程与结果可以看出，盒马X会员店的成功靠的就是“借鉴”“本土化”，奥莱店是战略的必然要求。邻里则是下沉市场下营销新现实的牺牲品。盒马邻里的例子告诉我们，数字时代背景下，业态的成功不仅需要巨额资本的支持、先进技术的辅助，更重要的是需要思维的转变以及对不断变化市场的思考。

4. 全方位营销观念是什么？结合全方位营销观念的知识，谈谈盒马鲜生是如何结合数字技术实践全方位营销观念的。

全方位营销观念是对各项营销活动深入了解的基础上，对营销项目、过程和活动的开发、设计和执行。

(1) 在顾客层面，盒马鲜生致力于打造高质量、便捷性的生鲜购物体验，从多方面实现在顾客层面上的营销。首先，盒马鲜生线上支付形式培养了用户数字消费习惯，增强了用户黏性，并给用户消费数据的收集提供了便捷；其次，依托海量消费数据的支撑，为消费者打造了个性化的产品推荐。

(2) 在合作伙伴方面，盒马鲜生会主动寻求原料产地的生鲜厂商，建立专门的原料供应基地，通过建立合伙关系可以实现互利互惠，形成稳定、高质量的生鲜原料供应渠道。

(3) 从智慧物流来看，盒马鲜生具有一条完整、高效的智慧物流链条。盒马的“一店二仓五中心”体系实现线下零售覆盖仓储的成本。分布式仓库代替集中式仓库可以快速满足市场需求。盒马的前店搭配使用智能温控传感器与智能空调，通过对温度的及时调控，可以有效保障产品品质。

5. 面对竞争越来越激烈的生鲜零售市场，请从数字化发展的趋势角度分析盒马鲜生未来的发展前景？

随着数字技术的发展，数字技术与生鲜零售行业的深入融合，生鲜零售行业呈现出多元化发展的趋势。盒马鲜生作为其中较早入行者，以现代数字技术、线上APP+物流、线下超市餐饮一体化为介质形成了强大新零售复合体，具有强大的市场竞争优势。

但是从总体来看，目前盒马鲜生仍然是生鲜零售行业的典型代表行业，是处于金字塔顶尖的企业，盒马鲜生在数字基础设施建设、数字技术运用等方面仍占据着有利的地位。数字化的消费市场需要与其相对应的营销新策略。当前，盒马鲜生一方面应该实行差异化战略，其核心在于不断提升产品与服务质量，因此，在确保产品品质与服务质量的前提下，盒马鲜生需要努力打造差异化体验，以此来吸引消费者。

参考文献

［1］张慧珍．新零售发展模式探究——以盒马鲜生为例［J］．广西质量监督导报，2020（10）：236-237.

［2］樊响，李剑玲，张静静．数字经济背景下新零售企业商业模式创新分析——以盒马鲜生为例［J］．现代商业，2022（9）：30-32.

［3］田颖．基于数字化的盒马鲜生服务场景对顾客重购意愿的影响［J］．中国流通经济，2021，35（11）：99-111.

［4］苗志娟．“盒马鲜生”新零售模式分析［J］．合作经济与科技，2022（6）：88-89.

［5］艾瑞咨询．2021 中国生鲜电商行业发展报告［EB/OL］．https：//report.iresearch. cn/report/202105/3776. shtml.

［6］周敏，张玲．新零售业态下生鲜行业智慧物流发展的 SWOT 分析——以盒马鲜生为例［J］．物流工程与管理，2022，44（7）：25-27.

［7］牛登举．新零售背景下盒马鲜生生鲜电商物流发展研究［J］．现代营销（经营版），2022（1）：91-93.

［8］盒马鲜生百度百科［EB/OL］．https：//baike. baidu. com/item/% E7%9B%92%E9%A9%AC%E9%B2%9C%E7%94%9F/22035088.

［9］王雪．基于波特五力模型的生鲜电商经营现状及对策研究——以盒马鲜生为例［J］．投资与创业，2022，33（17）：146-148.

［10］盒马难走出新零售“深水区”［EB/OL］．https：//www. shangyexin zhi. com/article/5268339. html.

［11］盘点传统生鲜供应链的痛点，探索生鲜供应链新模式！［EB/OL］．https：//www. shangeyexinzhi. com/srticle/5078879. html.

［12］盒马 X 会员店与普通的盒马鲜生有什么不同？［EB/OL］．（2022-12-23）．https：//www. zhihu. com/question/573845641/answer/2813416851/2022/12.

第二章

数字化创新战略与营销计划

第一节　方太

公司简介

方太集团(FOTILE)(以下简称方太)创建于1996年，是一家一直秉承“专业、高端、负责”的宗旨，致力于高端厨电研发与制造的公司。方太作为一家多元化企业，涵盖综合烹饪中心、吸油烟机、水槽洗碗机、嵌入式洗碗机、净水机、嵌入式炉灶、嵌入式消毒柜、嵌入式微波炉、烤箱、蒸发箱、燃气热水器等多条产品线。方太非常注重品牌价值建设，这是数字化时代下的首要任务和核心战略。初始阶段，方太在北京和上海开设幸福家体验馆，并开发了方太幸福家APP，向用户传递“幸福家庭建设”的理念。在此引领下，方太不断前进，已经连续荣膺亚洲品牌500强7年之久。方太坚信投资研发是企业发展中必不可少的，因此每年都将5%左右的销售收入用于研发领域。另外，方太还设立了国家认证的企业技术中心和中国合格评定国家认可委员会认可的实验室，在德国、日本等地设立了研究院，进一步深化技术研发实力。这些举措使方太能以高价值的专利支撑其高质量的发展。截至2021年8月，方太拥有5500多项专利，其中发明专利数超过1000项，并进入全球智慧家庭发明专利排行榜的前20。在不断创新进取的推动下，方太在引导国际、国家、行业标准化工作、行业标准制定方面占有重要地位。当前，方太参与修改以及制定的国内、国际标准已超过130项，已发布的标准也超过90项。在吸油烟机行业，方太不仅在中国而且在全球范围内也成为推动行业规则制定的强大力量，为中国吸油烟机行业在全球市场获得更多话语权做出了杰出贡献。

案例梗概

在数字化创新时代下，厨电行业纷纷努力拥抱数字化与智能化。方太从优秀传统文化中找到力量，以使命、愿景和核心价值观驱动数字化转型，方太以品牌为中心，以“有度”创新原则指导产品升级，实现产品结构的不断发展，形成了完善的品牌价值链。方太凭借自身出色的研发能力和创新精神，不断推出具有高性价比的智能厨电产品，提高产品品质，满足用户需求，加强品牌忠诚度，打造真正的“用户之家”。在数字化转型过程中，方太采取差异化战略、专业化战略以及多元化战略，定位高端市场，大力投入研究创新，不打价格战，这样不仅给整个行业带来更大的发展空间，也带来了与经销商合作的更大空间，还带来了更多用户的选择空间。

关键词：数字化创新战略；数字化营销；方太

一、引言

中国数字经济规模巨大，扩张迅速，2021 年我国数字经济规模超过了 45.5 万亿元，占据了国内生产总值(GDP)的近 40%。这一结果表明，数字经济已经对社会经济发展产生了积极影响，并且能为未来的经济增长提供巨大潜力。现在各个行业都在积极地迎合数字化时代，厨电行业也不例外。不少企业推出了“数字厨电”，这种新的业态把用户离制造业较远的传统打破了，让制造业距离用户更近了。此外，利用数字化技术可以让许多互不相关的厨电产品连接在一起，形成功能网络，并且可以根据消费者的个性化需求来打造独特的交互厨房空间。

此外，物联网技术的完善也让消费者更容易接受智能家电。根据艾瑞咨询研究院的调查数据，当消费者购买厨电产品时一方面重视产品的智能化，另一方面则更注重产品的实用性和创新性。由此可见，那些兼具实用性和创新性的数字厨电产品将迎来更多的市场机遇。方太抓住这个新的市场机遇，坚持数字化创新战略，打造出了兼具实用性和创新性的产品与服务。方太的数字化营销也是其数字化战略中的重要一环，这为方太积攒了不少用户。

二、背景：数字厨电行业概况

随着数字化产业的快速发展，人们的生活和工作已经与数字技术深度融合，在厨房场景中，数字化技术的应用也不断增加，并且得到了越来越广泛的应用和推广。目前，我国数字化厨房主要还是以单品智能为主，难以实现高级别的数字化智能场景，如数据互通和智能决策等。很多厨电产品只限于将传统功能进行一定程度的智能化改造，场景创新相对较少。

针对这个数字化潮流，厨电行业需要在数字化方面寻求转型和升级。数字厨电以数字技术为基础，打破了传统制造业与用户端距离较远的模式，并且通过数字化手段实现了许多厨电产品之间的互联互通。这种模式的出现极大地方便了用户的使用和体验，并且提升了厨房生活的智能化程度，实现了从点到面、从成品到网络的协同效应，并通过设备之间的协作创造了许多新场景，完成了数字经济对实体经济的赋能。此外，通过数据共享和信息化管理，它还赋能产业链上下游，帮助厨电行业实现了降本增效。数字经济的高速发展为各行各业带来了转型和升级的机会，厨电行业也不例外。中国的厨电企业正在朝着技术创新方向前进，从规模扩张向效率驱动转变，以期实现产业的可持续发展。在这个过程中，数字化技术的应用起到了至关重要的作用，以此推动厨电制造业的模式由大批量生产向大规模个性化定制转变。这种个性化定制需要对用户进行准确的画像和定位，而这些都可以通过数字化的方式来实现。

最后，从用户角度来说，随着物联网技术越来越完善，用户对智能家电的需求也变得非常迫切。数字化产品已成为当前许多科技品牌争相抢占的新领域，厨电行业也不例外。根据艾瑞咨询研究院的调查数据，用户购买厨电产品时不仅重视产品的智能化，更注重产品的实用性和创新性。因此，在数字经济时代，那些兼具实用性和创新性的数字厨电产品必将迎来新的市场机遇。

三、文化为先，构建“亿万家庭幸福”愿景

（一）树专业形象，引领数字化转型

方太于 1996 年由茅理翔、茅忠群父子二人创立，是一家注重高端品质的中

国家电企业。尽管当时中国家电业以“价格为王”，但方太并不参与价格战，相反却率先走“高端”路线，并通过自主研发新型油烟机迅速打开高端市场。2003年，方太实施了从“厨具”到“厨房专家”的战略升级，旨在从单一的产品销售转型为提供全方位的厨房服务。通过战略升级，方太成功地在消费者心目中树立起“方太=厨房专家”这一品牌形象，向消费者传递了自身在厨房领域的专业形象，从而提高了品牌的信誉度和市场占有率。

（二）绿色科技，引领低碳健康生活

企业品质是企业发展的根本保障，而方太一直秉持“大品精诚”的经营理念，既要一心精通业务，不断追求卓越，同时也要真心诚意，择善固执，全心投入。受2020年新冠疫情影响，虽然厨电行业整体承受压力，但方太却逆势增长，这得益于方太一直以来坚持创新发展。方太提出的幸福厨房理念立足于有品厨房，在厨房中凭借美善产品的助力，筑建出亿万家庭热气腾腾的幸福。

方太专注于为消费者提供绿色、低碳、健康生活所需要的产品和服务，始终坚持以用户为中心，大力发展绿色科技。方太围绕空气、水、烹饪，通过不断的技术创新和改进，致力于为人们打造绿色健康、充满幸福的厨房环境。方太基于“十三五”国家科研成果，在空气科技领域进行了深入探索和创新，成功研发出高效静电分离油烟治理技术，从而大幅提高了油烟处理效果，并跨越了从厨电技术到治理大气污染的科技创新升级。在水科技方面，方太研发了全新一代洗碗技术——高能气泡洗，可以有效地去除重油污和果蔬农残，该技术通过释放出强大的清洁能量，使用户可以更快、更彻底地清洗厨房和餐具等物品，并实现了超过20%的喷射扬程提升和5%的节水效果。在烹饪科技方面，方太推出了全新的极火直喷Ⅲ代燃气灶，采用多重增压直喷燃烧技术，不仅提升了用户的使用体验，而且还能节约能源。

四、差异化战略，定位高端市场

（一）差异化竞争，奠定领先品牌基因

方太的每个发展阶段都以严密的市场调研为先导。在公司刚成立时，国内厨电品牌都在打价格战，高端厨电品牌几乎都是国外品牌。经过长期的厨电实践，方太逐渐明确了自身品牌的市场定位，即坚持以高端厨电专家和领导者的

战略定位为核心。

首先，方太将“专业化”作为自身定位，专注于厨具产品的生产和厨房的整合，力求使产品精致、专业、功能强大，以满足消费者对品质的高要求。通过这些努力，方太公司成功获得了市场的认可和信任。

其次，方太通过对市场的细致分析，实施差异化品牌定位策略。公司运用顾客定位、实际定位和心理定位三种方法进行品牌营销，以满足不同消费者的需求和期望。此外，在销售渠道的定位方面，方太选择采用直销销售和间接销售两种类型，以尽可能覆盖到所有的目标消费者，同时提供便捷和高效的购买体验和售后服务。

方太通过坚持高端路线、实行差异化营销、注重品质等多方面的策略，成功地实现了从一个小众品牌到高端厨电品牌的华丽转变。

（二）内容营销，逃离同质化怪圈

随着科技的不断发展，很多传统工业企业都面临着产品、服务、商业模式和渠道方面的同质化。在当今竞争激烈的市场中，企业之间的竞争重心越来越多地转向了“内容”的竞争。方太的营销文案里面充满了生活的烟火气和人情味，与客户产生共情，催生了用户的信赖感和消费冲动。

在营销方面，方太逐渐向着“内容”方向发力。例如，方太曾经推出一次针对智能蒸箱产品的品牌宣传活动。这次活动主要是通过与开心麻花的合作制作特别的“话剧营销”视频，以及提出“健康合伙人”的概念来吸引消费者的关注和购买。方太在这次联名传播的特别营销中，与脑洞大开和幽默搞笑的开心麻花相结合，形成了一种很年轻化、酷炫的宣传氛围，吸引了很多年轻夫妻群体的注意。此外，方太在进行宣传策略时，也针对年轻夫妻这个目标人群，提出全新的“健康合伙人”概念，并把产品最大的功能点“健康”进行创意拓展，以提高消费者对方太品牌的知名度和对方太智能蒸箱的了解和喜爱。

五、聚焦战略，以创新驱动发展

（一）专注研发，领先厨电科技

自21世纪以来，随着中国家电行业蓬勃发展，厨房电器市场也进入了成熟期。在这样的市场环境下，方太一直专注于中高端市场，致力于构建专业化企业。为了持续推动创新，方太自成立以来，组建了近千人的研发团队。

此外，方太与多所高校进行产学研合作和横向研究。例如，与浙江理工大学合作建立了我国首家厨电企业与高校联合设立的产品可用性研究实验室，同时还与清华大学、浙江大学、上海交通大学等20多所高校保持着常年的横向研究合作。截至2022年底，方太拥有超过9400件授权专利，在专业厨电领域拥有最大的专利池。在吸油烟机领域，方太始终坚持创新研发，推出一系列新型产品，如近吸式油烟机、超薄低吸油烟机和新欧式吸油烟机，获得了多个重要技术奖项。方太的高效气泡洗碗机和集成烹饪中心等产品在市场消费掀起热潮。方太在研发投入、产品设计和品质管控等方面持续发力，得到市场和消费者的认可，建立了良好的声誉和口碑。

(二)瞄准高端市场，打造厨电龙头

随着厨电行业进入成熟期，增长速度开始放缓，消费者的升级需求日益明显，品牌护城河的作用推动龙头企业的集中度和盈利能力不断提高。

根据方太集团发布的销售收入数据，2022年实现了162.43亿元的收入，同比增长了4.86%。在经历了三年疫情的影响后，方太集团的销售收入累计增长了48%，实现了逆势增长并呈现出良好的发展态势，引领着油烟机行业的可持续发展。①具体到渠道表现，方太集团官方资讯显示：方太集团家装渠道销售额逆势增长了17%；工程渠道精装修市场占有率达到了36.3%，排名第一；电商渠道高端烟灶套餐市场占有率和蒸烤复合机零售额市场占有率均是行业中的最高。②具体到产品线，方太集团官方讯息显示：120万个家庭已经拥有方太集成烹饪中心；方太吸油烟机在高端市场的零售额排名在整个行业中位居榜首；方太嵌入式洗碗机G1和方太水槽洗碗机Z5作为TOP10畅销机型榜单的入选产品，更是分别占据了榜单中的前两席。③方太之所以能够成为龙头企业之一，除了定位高端市场的功劳，还有坚持专业化技术的功劳。

(三)互利共赢，创新驱动可持续发展

方太以创新为契机，实现了用户体验、区域经济和绿色环境等多方共赢发展。

方太持之以恒的研发投入是创新从量变到质变的关键。方太的创新起点始终是基于消费者的需求，最终的落点总是关注于消费者的幸福感。这种幸福观已经超越了创新驱动理论单纯的经济层面。方太集团董事长兼总裁茅忠群表示：

"我们不是为了科技才有科技的。"方太通过洞察消费者痛点、惊喜点，寻找创新点。方太一直致力于将前沿的科技与生活进行结合，为亿万家庭带来可感知、可获益的应用。这种为了消费者幸福的创新理念或许可以给当下迫切需要创新的中国企业提供借鉴和参考。

六、密集型战略，产品全场景开发

(一) 产品的多样与集成：厨电产品市场

随着中国家庭烹饪需求的多样化和厨房空间狭小的矛盾日益突出，厨电产品市场迎来了多元化和一体化的发展趋势。在这个背景下，方太推出了集成烹饪中心 X 系列，引领行业的发展。

多元化和一体化是当前厨电市场的两大趋势。多元化指的是产品功能更加丰富、种类更加多样化，以满足人们在煮菜、清洁、保养等方面的不同需求。而一体化则是强调产品集成的协同解决方案，通过打通原生系统底层的功能模块，减少硬件重复和冗余。方太的 X 系列就是融合了方太众多的产品优点，包括智能油烟机、垃圾处理器、净水器等多种功能模块，形成了灵活可变的组合，从而能够满足不同消费者的需求。

此外，方太在产品升级中重视用户体验，通过优化各功能模块间的协同效率来提高整个系统的效率。未来，产品多元化和一体化的趋势将会越来越明显。方太持续拓展新的产品领域，丰富产品线，以满足消费者变化多端的需求。

(二) 高端成套：方太产品线的商业策略

针对当前厨电市场多元化和一体化趋势，方太紧跟时代的步伐，以高端成套厨电作为产品进阶的支点，不断推动成套厨电的升级。在技术和产品多元化上，方太继续研究和拓展，为消费者提供更优质的产品和服务。方太还打造了一个完整的产品线，包括智能油烟机、厨房净水器、洗碗机等，为消费者提供了更加精细化的厨房体验。

除扩展产品线外，方太还推出智能厨电产品方太智能社交烤箱，并与华为签订全屋智能合作，给消费者带来全新的购物体验。随着传感器和网络技术的发展，消费者对于家电产品的需求已经从纵功能深挖转变为横向连接，方太以全景解决方案满足高端消费者的品质需求，持续引领着全场景厨电发展。

(三)机遇与挑战：厨电创新和转型战略

在消费升级的背景下，人们对厨电产品的期待从“品质满足”转移到“精神满足”，方太不断推出新的产品、服务和方案，逐渐拓展了厨电市场的使用边界，并得到了消费者的认可。同时，方太还积极拓展新的市场，注重品牌构建和用户体验，提升自身在市场上的优势。

未来，随着传感器和网络技术的进步，物联网市场将大有可为，厨电领域的物联网也将变得更加普及。方太的产品多元化和全场景解决方案的构想，或许也与家电市场物联网的大势所趋有一定联系。面对这些机遇和挑战，方太需要持续创新，不断推动技术、产品和服务的发展，以适应市场的变化，满足消费者的需求，并赢得更多的市场份额。

七、结语

方太的成功经验告诉我们，企业要发展必须勇于创新。方太选择了高端路线，不打价格战，积极引领厨电企业走向技术和用户双向推动的发展模式，积极进行数字化转型。在中国的厨电产品技术变革中，方太留下了独具特色的时代印记。

案例思考题及分析

1. 方太非常强调企业文化的重要性，请问方太的数字化转型与方太的文化有什么关系?

方太企业的数字化转型与企业文化息息相关。方太从中国传统文化中汲取养分，坚持“人品、企业品、产品三品合一”的核心价值观。这也是方太数字化转型的关键驱动力之一。在不断的创新与钻研中，方太逐渐摸索出了高端厨电产品智能制造新模式，在这一条高质量发展之路上，方太的企业文化发挥了至关重要的作用。

仁爱引领方太的高质量发展之路。方太集团专门成立了方太产业研究院，旨在向外部企业家传播中华优秀文化以及方太十多年来形成的“中学明道、西学优术、中西合璧、以道御术”方太文化体系。在传递过程中，方太始终以“为了亿万家庭的幸福"为企业使命，坚持用仁爱之心为顾客创造幸福生活，打造高端品牌，宣传方太文化。

2. 方太自创立之初便立志采取高端战略，结合差异化战略的知识分析方太目前的高端化战略可改进之处?

方太品牌是一家典型的家族企业，由创始人两代相传，一直坚守高端定位，但忽视了下沉市场的可能性。茅忠群接手方太后，他把儒家文化放在企业经营管理的重要位置，甚至在发布会上阐述方太的儒家文化并向员工及经销商灌输。然而，受制于沿袭的儒家文化，方太过于保守，在经营上也不选择上市，导致错失下沉市场。与之相比，老板电器通过收购华帝等双品牌进行运营，成功拓展中低端市场，并实现了产品从一、二线到三、四线乃至乡镇市场的全覆盖，赢得了更多的市场份额。在房地产市场走弱和居民消费趋于保守的背景下，方太集团需要通过多元布局来寻求业务增量，实现业绩平稳增长。

3. 在打造多样化和集成化的厨电产品之时，请从密集式生产战略的理论来谈谈方太的数字化实践。

方太集团早在1999年就开始探索成套化嵌入式厨电产品的发展趋势。随着技术的不断进步，2005年，方太集团首次推出了中国具有整体设计风格的消烟灶厨房三件套"银行家三系"，开启了集成式厨电产品初具雏形的时代。此后，方太集团不断加大研发力度，并推出了各种嵌入式成套设计的厨电产品，为消费者提供智能化、美观化的厨房空间。此后，方太不断发力研发，推出了嵌入式成套设计5件套"银睿五系"，以及价格更高的集成烹饪中心。在高端市场占据超过30%的份额，产品价格甚至比西门子还高。方太与华为签订全屋智能合作，尽管该公司希望拓展冰箱等大家电品类，但首要需要面对的是定位和竞争问题，方太最广为人知的产品仍然是油烟机。同时，随着房地产降温，方太需要寻找新的发展机遇。

4. 依据波特五力模型，谈谈方太如何通过数字化创新战略打造行业优势竞争位置?

(1)供应商议价能力。供应商议价能力受到原材料和人力、物流等成本的影响。近年来，由于供应商具有较大的议价能力，所以企业成本压力增加，企业可能会考虑提高价格或降低产品质量以保持自身竞争力。但是，提高价格可能会减少市场竞争力和部分市场份额。

(2)购买者议价能力。购买者议价能力受到市场需求和信息透明度的影响。厨电用品是城镇生活的必需品，市场规模与住宅交房、装修相关。此外，替换需求也是消费者的重要购买动机。随着网络时代和电子商务的发展，市场信息更加透明，消费者可以更好地了解市场价格和产品质量。

（3）新进入者威胁。随着市场的扩大和行业利润的增加，厨电行业开始吸引越来越多的新加入者，这些新加入者可能会带来激烈的竞争。此外，随着技术进步，新型替代品也可能对传统厨电产品构成威胁，如智能家居等产品的进入。这些新进入者和替代品通常具有更高的技术水平和更好的用户体验，因此，传统厨电企业需要不断提高自身的产品和服务质量，以保持市场竞争力。

（4）替代品威胁。方太油烟机的主要替代品是排气扇和集成灶。尽管排气扇价格便宜，但污染环境，而油烟机具有更好的性能。集成灶可以达到更高的净化率，但价格昂贵，需要专业维护保养。奥维云数据显示，集成灶正在逐渐取代油烟机市场。

（5）同业竞争者的竞争程度。在同业竞争方面，国内头部品牌优势明显，但国外品牌也在不断增加市场占有率。此外，在不断变化的消费者需求中，差异化竞争非常重要。现阶段，许多厨电企业主要以价格和规模效应作为市场竞争的主要手段，而在实际操作中，差异化成为赢得市场的关键。

5. 结合联合经营战略的知识，分析方太不采取企业兼并的原因。

方太是一家在高端厨电市场数一数二的企业，但目前拒绝上市并借助内生式增长战略。就从厨电行业的角度来看，方太这种增长模式非常独特——通过创新来领导增长，这使方太成为中国民营企业的代表，因为中国民营企业现在已经逐渐脱离了对投资驱动的依赖，转而采用创新驱动的方式来发展。而方太不断摸索出的成熟增长路径正被其他公司所借鉴，这种良性循环不仅带动着整个行业的复苏，也有助于中国经济的持续发展。

参考文献

[1]方太：积淀企业文化底蕴，构建品牌独特竞争力[EB/OL].（2023-01-06）. https：//chejiahao. autohome. com. cn/info/12087484.

[2]全球化智库，茅忠群：深耕厨电领域 持续探索创新-新闻中心[EB/OL].（2019-08-14）. http：//www. ccg. org. cn/archives/39062/2019/08.

[3]“厨房油烟”需重视，看集成厨电成“关键屏障”[EB/OL].（2021-11-18）. https：//www. sohu. com/a/501955261_120773109.

[4]方太树立民营企业科创典范[EB/OL].（2023-01-04）.中国经济导报网，http：//www.ceh.com.cn/syzx/1559273.shtml.

[5]百度百科：方太(厨具品牌)[EB/OL].https：//wapbaike.baidu.com/item/%E6%96%B9%E5%A4%AA/8458.

[6]方太入选浙江省“未来工厂”，持续发挥行业龙头示范作用［N］.中国商报，2023-02-03.

第二节　万向集团

公司简介

1969 年，万向公司成立，专注于推动清洁能源与智控技术的前沿研究，并将其应用到生产中以实现全球性的经营，为中国 500 强企业。1984 年，万向产品首次出口美国，成为第一个进入美国市场的中国汽车零部件企业，配套国际一流主机厂。1999 年以来，万向集团始终围绕“让空气更清新”这个使命，积极进行能源、科技革命，同时深耕清洁能源和动行智控这两个领域，拥有世界先进的纳米级磷酸铁锂材料技术、能源控制系统及电芯、启停、储能、动力能源技术。当前正集中力量建设万向创新聚能城，规划面积为 8.32 平方千米，被认定为长三角一体化发展国家战略的重点工程以及钱塘江科创走廊建设的核心节点。计划投入 2000 亿元，按照“开放共享、创新聚能”的理念，建设以区块链为底层架构集聚全世界科学家、创业者、创新者的科创平台，抢占工业制高点，为中国实现“碳中和”目标，为浙江高质量发展建设共同富裕示范区做出更多贡献。①

案例梗概

随着数字化时代的到来，万向集团正在积极探索数字化创新战略和营销

① 万向集团官网：http：//www.wanxiang.com.cn。

计划，以适应越来越复杂和多变的市场环境。随着全球经济一体化的加快，中国工程机械制造和销售市场已经成为全球最大的市场之一，国内企业在技术创新和品牌建设方面取得了显著的进步。然而，这个行业也面临着一些挑战，如行业竞争激烈、市场需求波动、技术更新换代等。因此，对于万向集团来说，需要不断提升自身实力，创新产品和服务，以满足市场需求和提高竞争力。

本案例将以万向集团为例，探讨数字化创新战略和营销计划的实施过程，具体包括数字化创新战略、个性化营销计划、国际化经营战略等方面。通过案例分析，我们将深入了解万向集团数字化创新战略和营销计划的实践经验，为企业数字化转型和企业发展提供有价值的参考。

关键词：数字化创新战略；营销计划；多元化发展；国际化经营

一、引言

随着信息技术的快速发展和互联网的普及，数字化已成为企业发展和竞争的重要战略。数字化创新战略和营销计划成为企业在数字化时代的核心议题之一。在数字化浪潮中，万向集团作为一家具有国际竞争力的综合性企业集团，不断探索数字化创新的路径和方法，以应对数字化转型带来的挑战。万向集团是一家以金融、文化传媒、房地产、医疗健康、航空航天、环保等多个领域为主营业务的民营企业集团。随着中国经济的快速发展，万向集团在不断拓展自己的业务领域，加强企业的国际化布局。截至目前，万向集团已在全球范围内设立了超过 100 家企业和机构，员工总数超过 10 万人。在数字化时代，万向集团积极探索数字化创新，通过大数据分析、人工智能、云计算等技术手段，提高了企业的运营效率和管理水平。

二、开放共享、创新聚能的数字化战略

（一）智能制造，新能源产业新布局

万向集团在新能源汽车领域进行了积极的布局，其旗下的新能源汽车品牌“WEY”已经推出了多款电动汽车和插电式混合动力汽车。同时，万向集团还在

新能源汽车领域进行了战略性投资，例如，2017 年万向集团宣布投资 15 亿元建设“万向新能源汽车工业园”，该园区将集中研发、生产和销售新能源汽车及相关零部件。此外，万向集团还在研发新能源汽车技术方面进行了大量投入，包括轻量化、智能化、无线充电等领域。除新能源汽车领域外，万向集团还在清洁能源领域进行了相应的布局。例如，在太阳能领域，万向集团投资建设了太阳能发电站，并在电池领域进行了积极的研究和开发，为新能源汽车提供可靠的动力源。此外，万向集团还与国内外多家氢能源领域企业合作，共同推动氢能源的发展。

万向集团在新能源领域进行了积极的布局和投资，通过研发新能源汽车技术和清洁能源技术，为实现可持续发展做出了积极贡献。

（二）成本领先，价值链升级新路径

万向集团在成本控制方面始终保持领先地位。其采用智能化生产工艺、自主研发的自动化设备和高效的管理模式，不断提高生产效率，降低生产成本。此外，万向集团还通过规模化生产、资源整合和战略合作等方式，优化供应链，降低采购成本，提高企业竞争力。万向集团通过不断升级价值链，提高产品附加值，实现转型升级。例如，在汽车零部件领域，万向集团通过自主研发和收购优质品牌，不断扩大产品线，提高产品附加值。同时，万向集团还在汽车整车领域进行了布局，通过自主研发和收购优质品牌，提高整车研发和制造能力，实现汽车产业链的全面升级。此外，万向集团还通过多元化战略，扩大了业务范围，提高了企业的综合竞争力。万向集团在成本领先、价值链升级方面，创造了开创性的新路径。万向集团不断创新，采用新技术、新材料、新工艺提高产品质量和生产效率；通过数字化、智能化、服务化等方式，实现企业的全面升级；通过资本运作、战略合作等方式，不断拓展业务范围，实现企业的多元化发展。

（三）创新驱动，多元化发展新格局

万向集团将创新视为企业发展的核心动力，注重自主研发和技术创新。万向集团拥有一支专业的研发团队，不断投入资金和人力资源，加强技术创新和研发能力，不断推出具有自主知识产权的高品质产品。此外，万向集团还积极开展国际合作，引进国际先进技术和管理经验，提高企业的创新能力和核心竞争力。

万向集团将多元化发展视为企业发展的重要战略，通过投资、并购和自主创新等方式，实现业务范围的全面拓展。万向集团成功涉足汽车、新能源、农业、地产、金融等领域，形成了多元化的产业布局和经营优势。万向集团还积极开拓国际市场，加强国际合作与交流，提高企业的国际化水平和竞争力。万向集团通过打造创新平台、建设产业集群、推动品牌建设等方式，促进产业链和价值链的协同发展，实现产业生态的全面升级。此外，万向集团还积极探索新的商业模式和管理模式，打造更加开放、灵活、高效的企业文化和管理体系，实现企业的可持续发展。万向集团在创新驱动和多元化发展的基础上，不断打造新格局，构建开放、协同、共赢的产业生态系统。

三、个性化营销计划

（一）重视顾客价值 创新市场营销

以顾客价值为导向，企业可以收集顾客的数据和反馈信息，了解顾客的行为喜好、需求和期望，为顾客提供个性化的产品和服务，从而创造更高的价值。在万向集团的汽车销售中，个性化定制服务是一个非常重要的营销策略。例如，通过与消费者的沟通和讨论，提供个性化的外观和内饰颜色、轮毂、座椅材质等多种选择，满足不同消费者的需求和期望。这种个性化定制服务不仅增加了消费者的选择和信任，也为企业带来了更高的利润和市场份额。在实际营销中，企业可以通过研究市场趋势和顾客需求，提出新的产品和技术创新，提高企业的市场竞争力。与此同时，万向集团不断地投资研发，为了推出更加符合市场需求的新产品，对万向创新聚能城电池和储能项目共投资了 680 多亿元。同时，万向集团旗下电池企业万向一二三股份公司也开始新一轮融资，其主要产品涵盖磷酸铁锂和三元锂电池。万向集团还投资了固态电池公司、回收前沿科技公司等，并获得优先产业权。投资的这些新产品的推出为企业带来了更高的市场份额和利润。

（二）以心感动，以情引领——情感化营销策略

当今的市场营销已经从传统的以产品为导向转变为以顾客为中心的营销策略。在这种策略下，情感化营销成为一个重要的概念。情感化营销是一种通过营造特定情感，从而创造品牌忠诚度和消费者满意度的营销策略。在情感化营销中，品牌通过情感共鸣来赢得消费者的信任和忠诚度。

万向集团注重与消费者的情感共鸣。通过情感共鸣来吸引消费者的注意力，让他们感受到品牌所要传递的情感，从而增强品牌形象和消费者忠诚度。此外，万象集团还注重用户体验，在汽车的设计和生产中，一直将用户体验作为重要的参考因素。万向集团的汽车设计舒适、安全、实用，让消费者在使用过程中获得良好的用户体验，万向集团还通过售后服务等方式进一步增强用户体验，从而增强了消费者对品牌的信任和忠诚。与此同时，万向集团在社交媒体中注重情感化营销。在现代社会，社交媒体已经成为品牌营销的重要渠道。万向集团在社交媒体上通过分享温馨的场景、用户故事和品牌活动等方式，引发消费者的情感共鸣，从而增强品牌形象和消费者忠诚度。万向集团通过情感化营销成功地创造了自己的品牌形象。在传统的产品导向的市场环境中，情感化营销已经成为了品牌成功的关键之一。对于企业而言，情感化营销不仅可以吸引消费者的注意力，还能增强用户体验和消费者忠诚度，从而在竞争激烈的市场中获得成功。

（三）整合营销数据 洞察市场趋势

万向集团是一家领先的汽车零部件制造商，合作品牌有五菱、宝骏、荣威等，万向集团一直致力于利用大数据技术改进营销策略，通过大数据技术实现更加精准、个性化的营销策略，提高了市场占有率和客户忠诚度。例如，万向集团利用大数据技术，对消费者数据进行分析和挖掘，了解到不同车型的主要消费人群和他们的需求特点，从而针对性地推出了相应的汽车零部件营销策略。其中，与宝骏 530 和五菱宏光的合作是万向集团在大数据营销方面的两个典型案例。

宝骏 530 是一款 SUV 车型，主要面向年轻消费者市场。万向集团通过大数据技术对消费者数据进行分析和挖掘，了解该车型最受欢迎的配置和颜色，为消费者提供个性化的服务。五菱宏光是一款微型客车，主要面向家庭和中小企业市场，消费者对价格、耐用性和油耗等方面比较关注，因此在生产汽车零部件时会着重考虑这些因素。

四、国际化经营战略

（一）反向 OEM 战略，颠覆产业链上游

反向 OEM 战略：传统的汽车产业链上游企业通常是汽车制造厂商向其采购

零部件和组装件，但是万向集团采取了反向 OEM 战略，即从下游市场需求出发，通过自主研发和制造，向上游供应零部件和组装件。这样可以更好地掌握整个产业链，提高产品的质量和竞争力，同时还可以降低生产成本，提高利润率。

万向集团在零部件和组装件领域有着丰富的经验和技术积累，通过自主研发和创新，成功地打破了传统汽车产业链上游的垄断格局。万向集团通过自主研发和收购优质企业，提高自身的研发和制造能力，向汽车制造厂商提供高品质、高附加值的零部件和组装件，实现了产业链上游的颠覆和变革。万向集团在反向 OEM 战略和颠覆产业链上游方面采用了创新模式。万向集团通过建立零部件和组装件的自主研发团队和生产基地，采用数字化、智能化生产技术，实现了高效、精准的生产和供应。此外，万向集团还通过与汽车制造厂商的战略合作，实现了产业链的深度融合和优势互补，提高了企业的市场占有率和竞争力。

（二）海外并购及战略联盟，拓展全球视野

万向集团在海外并购方面，秉承“走出去”战略，通过收购、合资等方式，进一步拓展了其在全球市场的业务。万向集团在美国、欧洲、澳洲等国家和地区相继设立了分支机构和生产基地，成功收购了多家优质企业，如美国的特拉华汽车零部件公司、德国的克鲁普汽车技术公司等，进一步扩大了企业的产业链布局，提高了全球化程度。在战略联盟方面，万向集团通过与国内外知名企业的合作，实现了资源的共享和优势互补。万向集团与国内外多家汽车制造商、金融机构、科技企业等达成战略合作，共同开发新能源汽车、智能汽车、自动驾驶等领域的技术和产品，加强了企业的研发和创新能力。此外，万向集团还与国内外多家产业链上下游企业进行战略合作，共同打造产业生态圈，促进产业链的协同发展。万向集团通过与国际知名企业的合作，学习和吸收先进的管理经验和技术理念，不断提高企业的国际化水平和竞争力，进一步巩固了其在全球市场的地位和影响力。

（三）国际化经营，引领科技未来

在技术创新方面，万向集团积极推进自主研发和创新，不断推陈出新，引领科技未来（见图 2-1）。万向集团重视人才的引进和培养，建立了一流的研发团队和实验室，不断探索新技术和新应用，推动了人工智能、智能制造、新能

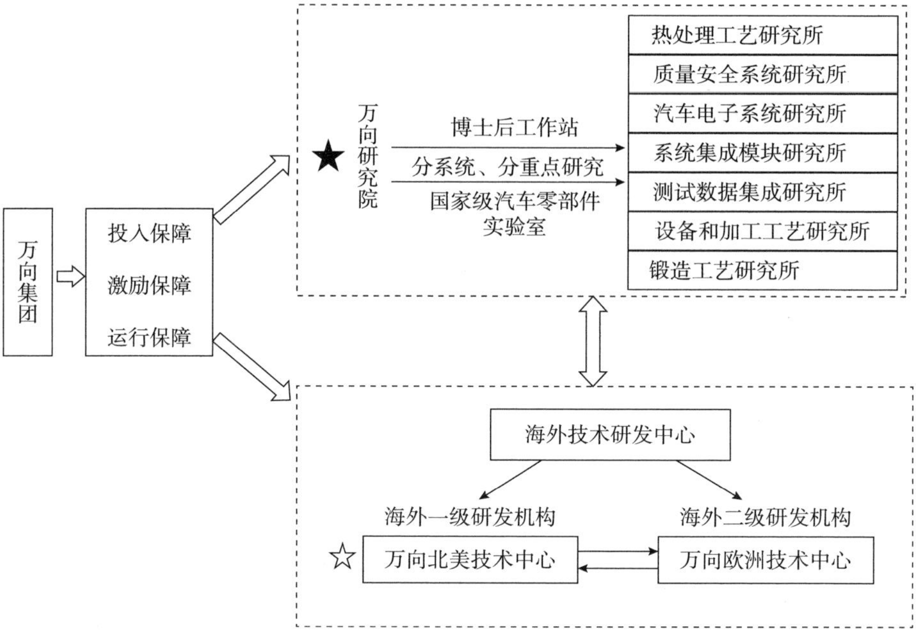

图 2-1　万向集团的技术体系

源等领域的发展和应用，并取得了一系列创新成果。在国际化战略方面，通过海外并购、战略联盟等方式，拓展了企业的全球化布局和业务范围，进一步提高了企业的国际化水平和竞争力。万向集团在海外市场积极开拓，通过本土化经营和服务，加深了与当地企业和客户的合作与交流，拓展了国际市场与资源，推动了企业的国际化发展。

万向集团的未来愿景是成为全球领先的智能出行生态圈运营商。在这个愿景的指引下，万向集团致力于打造智能出行、智能制造、智能服务等领域的全球领先品牌，推动汽车产业向智能化、数字化、绿色化方向发展，为人类打造更加美好的出行生态环境。同时，万向集团还将继续加强与国内外知名企业和高校的合作，共同推进科技创新和人才培养，为实现未来愿景奠定坚实的基础。

五、结语

在数字化时代，数字化创新战略和营销计划已成为企业发展和竞争的重要议题。企业需要探索数字化创新的路径和方法，以应对数字化转型带来的挑战。万向集团是一家具有国际竞争力的综合性企业集团，一直致力于数字化创新和营销计划的实施。通过数字化创新，万向集团提高了企业的运营效率和管理水平，同时也改善了消费者的体验，提高了品牌影响力。同时，万向集团积极推进转型升级，布局清洁能源、智能出行和新材料产业，顺应全球产业发展趋势。

案例思考题及分析

1. 万向集团积极布局新能源产业，试分析万向集团在制造领域是如何进行转型升级的？

第一，万向集团开始数字化治理和制造硬核的发展，以数字化赋能新制造，践行制造业升级之路。万向集团研发了新技术用于系统自制汽车制动器数字化装配生产线，该生产线产品拥有质量精确追溯系统、自主质量判别系统，以及关键工艺工序自动作业、自动记录和发送质量数据等功能，并可自动计算操作工时、班产完成率、设备综合效率等生产指标。在两年时间内，该生产线已在多家制造工厂实现批量应用。

第二，万向集团秉承“开放共享、创新聚能”的新理念，“创新、创业、创造”的“三创”精神，公司产业聚焦在以“清洁能源”“动行智控”为主的领域，积极探索大中小融通创新发展的“嵌入式双创”模式，以“双创”赋能产业，以产业加载“双创”，从而链接到了全球前端的创新和开发性资源。万向集团聚焦区块链、云计算、人工智能、5G 等创新技术，链接全球创新资源、加快推动产业创新。

第三，万向集团通过数字化发展创造价值，以智慧化升级赋能制造。公司搭建了自动化改造的技术专业组，并尝试设备自主生产，为技术提升和数字化奠定基础。公司以“数字化”“智能制造”为目标，重点提升了技术能力，优化了产品流程，实现了精益化降本增效。智能制造不仅优化了产品流程，也实现了精益化降本增效的目的。

2. 万向集团始终重视技术积累和研发投入，请分析万向集团如何利用数字化创新技术实现了成本领先？

技术成本战略对指引企业恰当地进行技术成本投入，实现价值链升级具有重大的促进作用。万向集团通过模仿、并购、合资，推出很多跟随型产品，且大部分产品为企业创造了巨大的价值。通过投入技术前导成本等，万向集团的跟随型产品价格和成本较低、质量过硬，附加值和市场覆盖率不断提升，为企业所创造的价值也越来越大。企业通过模仿、并购、合资等方式，投入技术前导成本，提高了市场开拓功能，为跟随型产品生产提供了技术基础和市场基础。随着企业的发展，万向集团开始注重提高产品的附加价值，在已有的技术和资本的基础上，对产品进行技术改进，推出更高价值的改进型产品，为企业带来了更大的利益，也延长了产品的市场周期。万向集团推出的改进型产品涉及等速万向节、精密轴承、传动轴、汽车轮毂单元、减震器等类型。

渐进创新式技术成本战略是指企业在已有产品的基础上，投入技术创新成本、技术吸收成本、技术应用成本等，重组或改变产品的某些功能，增加产品的花色、品种等，推出改进型产品，并努力提高其生产效率、降低产品成本，使改进型产品能够更好地打入市场，附加值不断提升，为企业创造更大价值的一种技术成本战略。在已有产品的基础上，万向集团投入技术创新成本，包括引进高级人才的成本、设立技术中心的成本、研发人员培训费与薪酬、研发信息系统的成本、研发设备与试验成本等，进行了渐进性的技术创新，开发出了新的产品技术。

3. 面对复杂多变的国际形势，请分析万向集团的国际化经营有什么特点和创新之处?

万向集团作为中国最大的民营轮胎制造商之一，自创立以来一直致力于国际化经营。在过去的几十年中，万向集团已经在全球范围内建立了众多的海外分支机构和合资企业，成为中国轮胎行业的领军企业之一。万向集团之所以能够有以上的成就，其国际化经营具有的特点和创新值得我们关注：

(1) 多元化的国际化战略。万向集团采用多元化的国际化战略，包括出口贸易、技术转移、建立海外分支机构和参与国际贸易合作等方式。其中，万向集团在 1987 年就开始了对外出口业务，在之后的几十年中，万向集团逐步将出口市场拓展到全球各地，目前已经将产品出口到了 100 多个国家和地区。此外，万向集团还积极开展技术转移合作。例如，万向集团与美国固特异轮胎公司合资成立了华美固特异轮胎有限公司，通过技术转移，引进了国外先进的轮胎生产技术和管理经验，提高了万向集团的技术水平和产品质量。

(2)强大的研发能力。万向集团具有强大的研发能力，在国际化经营中，万向集团注重技术创新，不断推出新产品和技术。例如，万向集团在2017年推出了全新的绿色环保轮胎，采用了全新的生产工艺和材料，具有更高的性能和更低的能耗。此外，万向集团还注重在国际市场中提高品牌价值和竞争力。例如，万向集团在2018年与英格兰足球俱乐部曼彻斯特联队签约，成为该俱乐部的官方轮胎合作伙伴，通过赞助英超联赛和曼联队等国际知名品牌，提高了万向集团在国际市场中的品牌知名度和形象。

(3)灵活的市场营销策略。在国际市场中，万向集团采用灵活的市场营销策略，根据不同的国家和地区，采用不同的营销策略，以适应当地市场需求。例如，在欧洲市场，万向集团采用高品质、高性能的产品定位和价格策略，以满足当地消费者对高品质和高性能的需求。此外，万向集团还采用了多种营销手段，包括大规模的广告宣传、参加国际轮胎展览会、赞助体育赛事等方式，提高了万向集团在国际市场中的曝光率和知名度。

(4)本土化管理。万向集团在国际化经营中注重本土化管理，通过建立当地的分支机构和合资企业，吸纳当地的人才和资源，来适应当地的文化和市场需求。例如，在美国建立的万向美国公司和华美固特异轮胎有限公司，都是万向集团在当地建立的本地化企业，通过与当地企业和政府合作顺利地开展业务。此外，万向集团还积极参与当地的公益事业，提高企业的社会形象和品牌价值。例如，在印度尼西亚，万向集团参与了当地的慈善活动和赈灾行动，提高了万向集团在当地的声誉和形象。

总的来说，万向集团在国际化经营中的特点和创新包括多元化的国际化战略、强大的研发能力、灵活的市场营销策略、本土化管理和注重社会责任等方面。这些特点和创新为万向集团在国际市场中获得了竞争优势，实现了可持续发展。

4. 试分析万向集团在营销计划中是如何体现顾客价值理论的?

顾客价值理论是营销计划的理论基础，通过了解和满足顾客的需求和期望，提供高质量的产品和服务，从而实现企业的市场目标。同时企业在制定营销计划时，也应根据顾客价值理论的知识，确定市场定位、产品设计、客户关系管理和市场营销等方面的具体计划。顾客价值理论认为，企业应该以顾客满意度为导向，通过提供高质量的产品和服务，满足顾客的需求和期望，从而提高顾客的忠诚度和口碑，实现企业的可持续发展。在实际营销中，企业可以通过建立完善的售后服务和客户关系管理系统，不断提升顾客的满意度和忠诚度。同时顾客满意度是顾客对企业产品和服务的感受及评价，是衡量企业成功与否的重要指标之一。在万向集团的营销中，顾客满意度一直是非常重要的因素。为了提升顾客满意度，万向集团建立了良好的售后服务和客户关系管理系统。例如，万向集团的汽车品牌——吉利汽车在全国范围内建立了完善的400余家售后服务网点，提供全天候的免费道路救援服务和品质保障服务。同时，万向集团还建立了“吉利之家”等线上线下多渠道的客户服务平台，为顾客提供便捷的咨询和服务。这些举措有助于提升顾客的满意度和忠诚度，增加企业的市场份额和利润。

万向集团在营销计划中体现顾客价值理论的方式包括以下五个方面：

(1)基于顾客需求的产品设计：万向集团在产品设计时，以顾客需求为导向，设计出更符合顾客需求的产品。在产品设计过程中，万向集团会通过市场调研和分析，了解顾客的需求和偏好，以此来确定产品设计的方向和重点。

(2)提供个性化的服务：万向集团会通过客户关系管理系统(CRM)和大数据分析等技术手段，了解顾客的喜好和需求，提供个性化的服务。例如，万向集团可以根据顾客的购买历史和浏览记录，向顾客推荐个性化的产品和服务，提高顾客的满意度和忠诚度。

(3)采用差异化的定价策略：万向集团会根据顾客的需求和购买力，采用不同的定价策略，以实现更好的收益和顾客满意度。例如，万向集团可以针对不同的顾客群体，采用不同的促销策略和价格优惠方式，吸引和留住顾客。

(4)加强售后服务：万向集团注重售后服务，提供及时、高效的售后服务，以提高顾客的满意度和忠诚度。例如，在产品质量出现问题时，万向集团会积极处理和解决，以保证顾客的权益和满意度。

(5)追踪和评估顾客反馈：万向集团会定期追踪和评估顾客的反馈和满意度，以及对营销策略的反应。在评估过程中，万向集团会根据顾客反馈和市场表现，对营销策略进行调整和优化，以提高营销效果。

总的来说，万向集团在营销计划中体现顾客价值理论的方式是以顾客需求为导向，提供个性化的产品和服务，并采用差异化的定价策略，加强售后服务，追踪和评估顾客反馈。这些策略有助于吸引和保留顾客，提高顾客满意度和忠诚度。

5. 从零部件到聚能城，万向集团建立了多元化发展的产业结构，试分析万向集团未来的发展方向是什么？

社会经济的发展引起市场需求和企业经营结构的变化。为了更多地占领市场和开拓新市场或避免单一经营的风险，企业往往会选择进入其他相关领域，这一战略就是多元化战略。万向集团通过多元化战略，成功组建了一个包含汽车、新能源、农业、地产、金融等领域在内的商业集团。迄今为止，“万向系”掌握了多家上市公司控制权，并在金融领域取得了几乎所有金融牌照。万向集团经历了从封闭到改革开放的转型升级之路，从传统汽车零部件到新能源电池，再到清洁能源领域，每一次变化都打上了萧山企业转型升级的烙印，折射出萧山之变。万向集团一直秉持着“诚信、创新、共赢”的企业精神，致力于为社会创造更多的价值。公司在企业文化上强调“以人为本，追求卓越”的理念，注重员工的成长和发展，为员工提供广阔的发展空间和良好的工作环境。同时，万向集团也高度重视企业社会责任，积极参与公益事业，推动社会的可持续发展。

随着中国经济的快速发展，万向集团在不断拓展自己的业务领域，加强企业的国际化布局。在数字化时代，万向集团加强数字化创新和营销计划的实施，通过数字化技术手段提高企业的运营效率和管理水平，同时改善消费者体验，提高品牌影响力。未来，万向集团将继续加强国际化布局，持续探索数字化创新的路径和方法，加强企业的社会责任感和环境保护意识，在推动自身发展的同时，为全球经济发展做出贡献。

参考文献

[1]吴畏．本土和外资汽车零部件企业之竞争与合作研究[D]．上海：复旦大学，2008.

[2]施梦姗．我国民营企业国际化路径研究[D]．广州：广东外语外贸大学，2013.

[3]王少辉．社交网络背景下的市场营销模式探讨[J]．现代营销(学苑版)，2014(1)：54-55.

[4]王莉．利基战略与中国后发型企业国际化成长路径分析[J]．国际经济合作，2008(11).

[5]薛春东．基于顾客价值的顾客关系管理[J]．科技经济市场，2007

(4)：108.

[6]周静怡．万向集团国际化经营研究[D]．哈尔滨：黑龙江大学，2020.

[7]曹上．基于价值链升级的万向集团技术成本战略研究[D]．武汉：武汉理工大学，2015.

[8]周亚庆．基于能力的顾客关系管理研究[D]．杭州：浙江大学，2002.

第三章

数字化顾客价值与顾客忠诚

第一节　农夫山泉

公司简介

农夫山泉股份有限公司（以下简称农夫山泉）成立于1996年，是集科研、开发、生产、营销为一体的农产品果汁饮料深加工企业，生产和经营天然饮用水、果蔬汁饮料、功能饮料、茶饮料四大系列几十种产品。中国饮料20强之一，是在中国市场上同时具备规模性、成长性和盈利能力的饮料龙头企业。

多年来，农夫山泉坚持“天然、健康”的品牌理念，布局了浙江千岛湖、吉林长白山矿泉水保护区等十二大稀缺的优质天然水源。农夫山泉拥有世界先进的饮用水生产线，达到Log6无菌标准的高速无菌灌装设备和低能耗、高效率的铁路直运能力，已经建立起涵盖原料、研发、制造、销售通路的闭环产品质量保障体系，奠定了为消费者提供长期天然健康服务的基础和能力，形成长期稳定的竞争优势。

农夫山泉通过洞察消费者偏好，结合中国文化，推出了一系列经典的广告语和营销案例。农夫山泉坚信，一个产品推向市场，不仅仅是产品本身，更要具有品牌的灵魂和精神。基于消费者偏好，农夫山泉不断推陈出新，形成多元化产品矩阵，除饮用水外，还涵盖了饮茶、功能饮料、果汁、植物蛋白、咖啡类等品类。同时，农夫山泉建立了完善的全国性销售渠道，依托大数据系统持续提升分销效率。

案例梗概

中国软饮料市场规模庞大，一直以来都保持着快速增长。农夫山泉聚焦于包装饮用水及饮料生产销售，是中国软饮龙头企业、全球第二大包装饮用水企业，产品线覆盖包装饮用水、茶饮料、功能饮料及果汁饮料等类别，形成层次分明、结构清晰的软饮料产品格局。农夫山泉秉承“天然、健康”的产品理念，受方便性、多样性和健康意识的驱动，不断推陈出新，形成多元化产品矩阵，农夫山泉被称为中国快消品行业试错率最低的企业之一。

随着消费、竞争结构的不断演变和数字化、人工智能浪潮的到来，市场营销环境和策略发生了巨变，在此背景下，农夫山泉采取了一系列数字化举措，在移动互联网营销、大数据分析和智能化服务等方面做出了针对性调整，收到了较好的市场反馈。未来数字化和人工智能还将在更大的维度上改变软饮料行业的生态，是机遇，也是挑战，农夫山泉又将如何应对呢？

关键词：数字化策略；顾客忠诚；农夫山泉；饮料行业

一、引言

农夫山泉成立于1996年，聚焦于包装饮用水及饮料生产销售，是中国软饮龙头企业、全球第二大包装饮用水企业，产品线覆盖包装饮用水、茶饮料、功能饮料及果汁饮料等类别，形成层次分明、结构清晰的软饮料产品格局。农夫山泉秉承“天然、健康”的产品理念，坚持“水源地建厂、水源地灌装”，相继在国家一级水资源保护区浙江省千岛湖、吉林省长白山靖宇矿泉水保护区、南水北调中线工程源头湖北丹江口、国家级森林公园广东万绿湖建成四大国际领先的天然饮用水及果汁饮料生产基地。通过“农夫山泉有点甜”“我们不生产水，我们只是大自然的搬运工”等一系列脍炙人口的广告实现消费者对品牌的高度认知和品牌忠诚。农夫山泉以包装饮用水作为切入点，在软饮料市场不断拓展，经过20多年的耕耘，已形成“包装饮用水+软饮料”的双引擎发展路径，并在各细分品类相应的市场处于市场领先地位。

农夫山泉在品牌发展的过程中，也曾遇到“标准门”等品牌危机时刻，品牌忠诚度和市场占有率出现一定的波动，而且随着主流消费人群的不断变化，市场结构和需求的差异性也不断显著增强，尤其是数字化革命和人工智能时代的来临，消费者的消费心理和行为也体现出较多的差异化，市场分析工具也越来越多样化，农夫山泉在社群营销、大数据分析等数字化营销领域做出了诸多的探索，给企业的市场营销活动注入了新的活力。①

二、中国软饮料市场概况

中国软饮料行业经过40余年的发展，形成了产品种类繁多，品牌数目庞大的产品体系，目前已经成为全球最大的软饮料市场之一。在软饮料行业的品牌构成中，本土品牌如农夫山泉、娃哈哈、康师傅、怡宝等茁壮成长，成为中国软饮料市场的核心力量。

伴随居民收入的不断增长和消费者观念的逐渐转变，消费者对饮料的需求已经从基本的解渴功能转变为健康、美味、功能性等多元化需求。软饮料已经成为居民日常消费中的主流商品，加之中国巨大的消费人口，软饮料消费市场焕发出巨大的潜力和活力。消费者对品质、口感和健康的追求将继续推动市场的发展，并促使企业不断创新以满足消费者需求。

(1)市场规模。中国软饮料市场规模庞大，一直以来都保持着快速增长。根据欧睿数据(见图3-1)，软饮料共包括9个子类别，按市场规模依次为包装饮用水(1999亿元)、即饮茶(1222亿元)、果汁饮料(902亿元)、碳酸饮料(864亿元)、能量饮料(458亿元)、运动饮料(119亿元)、即饮咖啡(107亿元)、亚洲特色饮料(100亿元)、浓缩饮料(14亿元)。目前我国软饮料行业已进入成熟期，整体呈稳定增长的趋势。据欧睿数据，2021年我国软饮料行业市场规模为5829亿元，同比增长5.9%，恢复至2019年水平，2015~2021年均复合增长率为3%。伴随消费的升级，预计2026年软饮料行业市场规模将突破7600亿元，预计2021~2026年均复合增长率约为5.6%。

未来，软饮料各细分行业中的包装水行业规模和增速都值得期待，碳酸饮料行业增速缓慢，能量饮料、即饮咖啡等行业规模有限但快速增长，预计行业销售额将以5%左右的增长率上升，到2025年市场规模将达到7753亿元左右。

(2)消费趋势。中国消费者对软饮料的需求不断增长，主要受到方便性、多样性和健康意识的驱动。消费者越来越注重饮品的口感、品质和营养价值，

① 农夫山泉官方网站，https：//www. nongfuspring. com/aboutus/introduce. html。

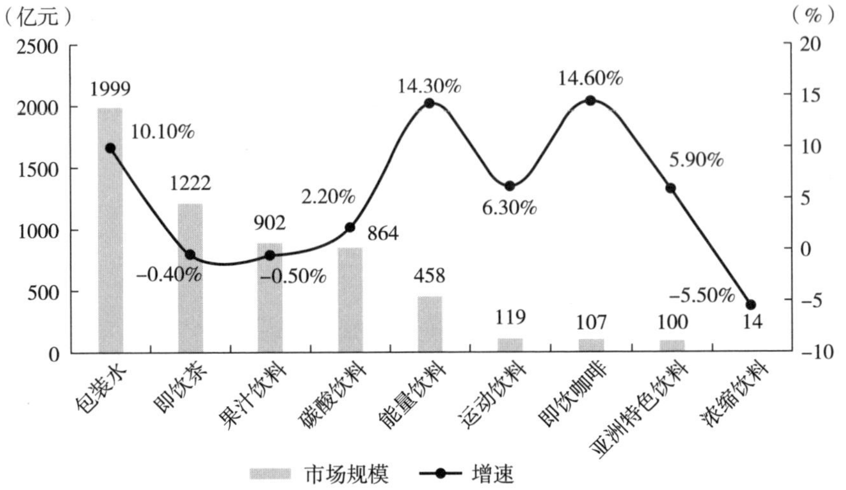

图 3-1　2014~2019 年软饮料细分品类市场规模和增速

资料来源：欧睿，前瞻产业研究院。

对低糖、无糖和功能性饮料的需求也在增加。

(3)市场竞争。中国软饮料市场竞争激烈，有众多国际品牌和本土品牌竞争。国际品牌如可口可乐、百事可乐等在中国市场占据一定份额，同时也有一些本土品牌如农夫山泉、旺仔、娃哈哈、康师傅等在市场中表现强势。行业市场占有率排名前三的公司分别为可口可乐(主要业务为碳酸饮料)、顶新(主要业务为茶饮料)、养生堂(主要业务为包装饮用水)，其零售额市场占有率分别为 9.1%、8.0%和 7.2%。中国软饮料行业发展历程如图 3-2 所示。

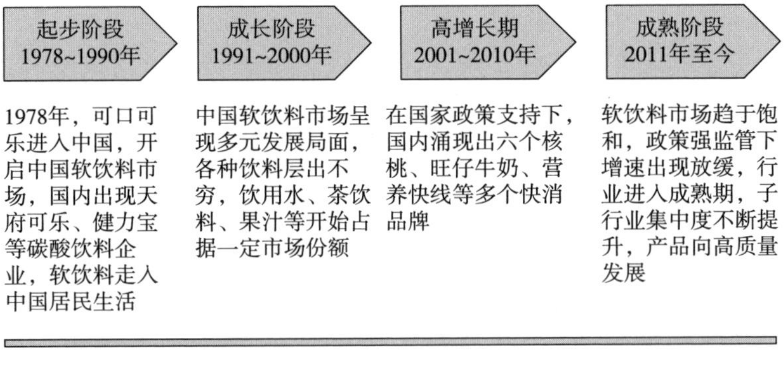

图 3-2　中国软饮料行业发展历程

资料来源：前瞻产业研究院。

三、农夫山泉的"味道"

(一)农夫山泉有点甜

生于1954年的浙江诸暨人钟睒睒，1993年创办养生堂公司，依靠准确的市场定位和创新营销策略，相继推出了龟鳖丸、朵而、成人维生素、蛋白粉等，初步形成养生堂健康产品线，产业横跨保健品、生物制药、饮料、食品四大领域。1996年，养生堂敏锐感知瓶装水以及矿泉水巨大的市场潜力，创立了农夫山泉品牌。农夫山泉的发展历程如下：

1. 创建与发展初期(1996~2001年)

1996年，农夫山泉成立并主要经营桶装水。

1998年，开始生产瓶装水，并引入了PET瓶装水产品，伴随着"农夫山泉有点甜"的广告语，550毫升运动装农夫山泉迅速在全国铺开。

2001年，与北京奥申委联合推出"一分钱"公益活动。以刘璇和孔令辉为代言人，提出"再小的力量也是一种支持"，积极投身公益事业。

2. 品牌建设与扩张期(2002~2010年)

2002年，推出了新的品牌标识和广告口号，以及"纯净水源，源自深处"的品牌定位。农夫山泉将其产品定位为高品质、健康的天然矿泉水，并采用了新的品牌标识和包装设计，这一战略调整使农夫山泉在市场上获得了更高的认可度。

2003年，进军全国市场，并迅速扩大生产规模，建立了多个生产基地。伴随着一句脍炙人口的"农夫果园，喝前摇一摇"，农夫山泉推出了全世界第一款含果粒的果汁饮料，也是当时第一批混合果蔬汁饮料。

2004年，情绪饮料"尖叫"问世，成为中国瓶装饮用水行业市场份额最大的企业。

2008年，不断扩展水源地，推出"5个半柠檬VC，满足每日所需"的水溶C100，并成为中国奥运会的官方饮用水供应商，在全国范围内进行了广告宣传。

2010年，在中国国内市场份额继续增长，成为领先的瓶装饮用水品牌之一。

3. 品牌危机与转型期(2011~2014年)

2011年，遭遇品牌危机，被曝光生产过程中存在不符合国家标准的问题，引发公众对其产品质量的质疑。面对品牌危机，农夫山泉采取了一系列措施，包括提升生产标准、加强质量监控以及改善公众形象。

2012 年，通过与国际顾问公司合作，进行品牌重塑，并推出新的品牌广告和形象，据尼尔森公司调研数据，当年农夫山泉饮用天然水市场份额跃升全国第一。

2014 年，经历 8 年默默耕耘，农夫山泉推出了 17.5°橙。

4. 持续发展与多元化经营(2015 年至今)

2015 年，进一步扩大业务范围，开始涉足果汁、茶饮等多元化饮品市场，天然矿泉水的产品线不断扩张。

2016 年，与法国达能集团合作成立合资公司，进一步拓展产品线。推出茶π系列，第一年就迅速跻身为销售额 10 亿元的大单品。后相继推出 17.5°果汁系列、炭仌系列咖啡、植物酸奶等。

2018 年，“最美”生态广告片出品。从“农夫山泉有点甜”到“我们不生产水，我们只是大自然的搬运工”，建立起了良好的消费者沟通，再到“什么样的水源孕育什么样的生命”，健康饮水理念深深打动万千消费者，收获了消费者对品牌的高度信赖。

2020 年，农夫山泉在香港交易所正式上市，总市值近 4500 亿港元。

农夫山泉在其发展历程中坚持了高品质和健康的产品理念，不断提升品牌形象和市场份额，并致力于成为全球领先的饮料企业之一。

(二)农夫山泉对产品的执着追求

包装饮用水，是农夫山泉的营收主力。其招股书显示，2017~2019 年，饮用水分别实现收入 101.20 亿元、117.80 亿元和 143.46 亿元，分别占比公司总收入的 57.9%、57.5%和 59.7%，如图 3-3 所示。即使在 2020~2022 新冠肺炎疫情期间，饮料消费场景大幅减少，导致软饮料行业整体营收增速下滑，但包装饮用水业务一直表现稳定，呈现出必需品的消费刚性。

农夫山泉在其主打产品包装饮用水的品质控制方面素来谨慎，每一个水源的寻找、确立和建设工程都极为漫长。经典的千岛湖自不待言，四川峨眉山水源从寻找水源、确认开发到建厂投产，整整花费了 5 年的时间。长白山抚松水源从找水源到最后投产，整整花费了 7 年。这在建厂投产平均周期差不多一年半的饮料行业，几乎是难以理解的。

2011 年，农夫山泉建设了国内首条 log6 级别的无菌生产线，意味着生产 100 万瓶饮料不能有 1 瓶被微生物污染。凭借多种氧气控制技术，东方树叶茶

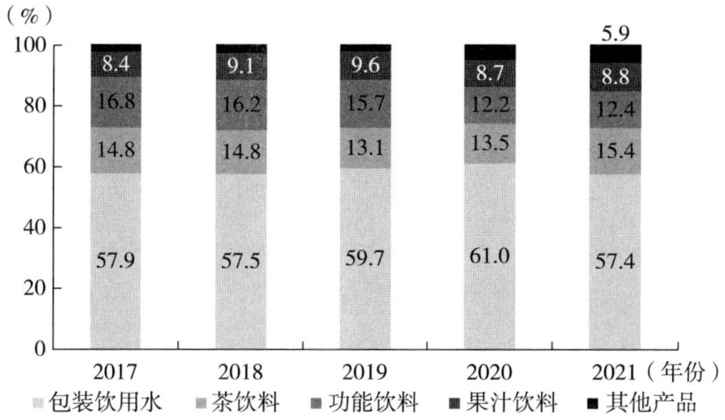

图 3-3 2017~2021 年农夫山泉营业收入及增速

资料来源：朱会振．农夫山泉研究报告：自然匠心，饮水知源，水中王者瓶载乾坤[R]．西南证券，2022.

饮在不添加防腐剂、稳定剂、色素和香精的前提下，能够存放数月而不改变品质，开创了"0 糖、0 脂、0 卡、0 香精、0 防腐剂"的茶饮新标准。2021 年在"无糖"健康的潮流旋风下，推出 10 年之久的东方树叶销量迎来了翻倍级增长，一跃成为年轻人青睐的国民饮料。

"与其说农夫山泉是饮料企业，不如说是广告公司"。深度了解这家企业后，这句著名的报道还可以有下半句："与其说是广告公司，不如说它是科研机构。"东方树叶只是农夫山泉的一个侧面，茶 π、水溶 C100、17.5°果汁等产品背后，无不蕴含着旁人无法复刻的科技含量，同时也让外界看到了农夫山泉的经营哲学。农夫山泉的系列品牌之所以能够"历久弥新"，是市场在一次次诠释了"技术的力量"。

(三)直控终端的渠道网络

除产品布局的科学性之外，真正推动农夫山泉崛起的是其渠道分销网络。我国消费者购买饮料的方式主要是通过线下购买，占比 67.3%，即时性需求较强。从饮料品牌的知晓方式看，线下实体店的陈列是最好的品牌传播方式(52.7%)，其次是电视广告传播渠道(51.9%)和短视频平台(48.0%)。可见，饮料作为日常消费频率高、随机性强、网点分布广的产品，目前仍以线下渠道为主。

2008 年，农夫山泉开启以直控终端为核心的市场精耕模式，开发了领先于大多数同业的 NCP 系统(农夫合作伙伴系统)，建立了完善的全国性销售渠道，从总部到大区、省区、城市、街道乡镇，再到一家家终端店铺，形成一个庞大而复杂的销售网络，已覆盖全国超过 243 万个终端零售网点，且仍有较大的渠道下沉及发展空间。①

面对瞬息万变的市场环境，农夫山泉依托大数据系统持续提升分销效率。截至 2019 年，农夫山泉通过销售人员的手机终端系统管理全国 4000 余个经销商，10000 余名一线销售及销售管理人员，并通过大数据分析系统管理经销商库存，严控产品终端货龄，提升运营效率。②

除传统渠道之外，新兴渠道也方兴未艾，农夫山泉正积极拓展以自动贩卖机为代表的新零售渠道、线上渠道等。截至 2020 年 5 月 31 日公司已投放 62900 多台智能终端零售设备，更好地拓展终端销售网点数量，同时公司渠道不断向多元化延伸，扩大了其产品能够触达消费者的广度。

（四）品牌忠诚度

包装饮用水产品间差异很小，即使是纯净水和天然水之间在矿物质等方面也不存在较大的差距，此间的差距对于消费者的矿物质摄入来说更是微不足道的，因而是典型的品牌竞争者，市场竞争比较激烈。农夫山泉作为行业的后进入者，能够脱颖而出，成为细分市场的领导者，并拥有极高的品牌忠诚度实属不易。

农夫山泉奉行多品牌战略，在“农夫山泉”母品牌之下，按照产品所处的细分市场，分别创立相应的子品牌，建立了各具特色、深入人心的品牌阵营（见图 3-4）。

图 3-4　农夫山泉品牌

① 王柏俊，第一上海证券有限公司研究报告，www. mystockhk. com。

② 农夫山泉官方网站，https：//www. nongfuspring. com/aboutus/introduce. html。

品牌形象的树立，除产品本身的物质因素之外，其品牌精神及其蕴含的品牌文化一直是不可或缺的一环。农夫山泉推出的系列品牌微电影，通过大自然的极致探索，向消费者传递了“不走捷径、踏实做事”的工作态度与精神，以及“什么样的水源孕育什么样的生命”的产品主张，提升了农夫山泉品牌的美誉度和忠诚度。

(五)品牌发展的危机

外部环境的高度不确定性和消费者观念的变迁，使任何品牌的发展都不会是一帆风顺的，作为对环境高度敏感的天然水、农产品品牌，农夫山泉经历了一系列的品牌困境，甚至是品牌危机。

2013 年，有消费者注意到其购买的 24 瓶农夫山泉包装饮用水中多少都能看到黑色、棕色悬浮不明物，但农夫山泉官方声明，产品检验结果符合国家标准的各项安全指标，不明物是含有天然矿物元素的瓶装水在运输储存过程中，由于受到温差等影响而析出的矿物盐，并不影响饮用。于是掀起《京华时报》连续 27 天批评报道农夫山泉水质的舆论事件。后来，农夫山泉入选 G20 峰会独家用水，才让“标准门事件”对品牌的负面影响逐渐消除。

2022 年 7 月，黑猫投诉平台上“农夫山泉”的投诉事件就有 52 件，绝大部分是物流和售后服务问题，也有瓶口有异物、水溶 C100 过期 20 天仍售卖、“尖叫”出现絮状漂浮物等产品质量问题。据艾媒商情舆情数据监测系统发布，2022 年 7 月农夫山泉网络口碑得分为 56.6①，显示其较好的网络口碑和顾客忠诚度，但作为受环境影响较大的软饮料品牌，农夫山泉的渐进性和突发性品牌危机一直是悬在头上的“达摩克利斯之剑”。

四、消费者变迁和数字化浪潮

软饮料的主力消费人群集中在青少年群体，数据显示，有超过一半的消费者年龄介于 20~29 岁(Z 世代人群)，19 岁以下的人群占比也高达 20.1%。其中，影响软饮料消费的主要因素是口味(16.1%)，其次是健康和品牌，分别占

① 网络口碑：客观实时反映网友对事件、人物、品牌的评论态度，数值范围在 0~100；50 以上时正向言论越多数值越大，言论偏负面时数值常低于 45。舆情监测时间区间：2022 年 6 月 28 日~2022 年 7 月 28 日。数据来源：艾媒商情舆情数据监测系统(yq.iimedia.cn)。

比 16. 1%和 14. 1%。如图 3-5 所示，《2022 年中国软饮料市场洞察》显示，不同的年龄阶段对饮料的消费表现出很大的区别，尤其是包装饮用水消费的大幅度降低令人警醒。为适应年轻人的消费理念和需求的千变万化，软饮料行业必须敏锐感知并加快产品更迭节奏，提高企业产品推新的能力。

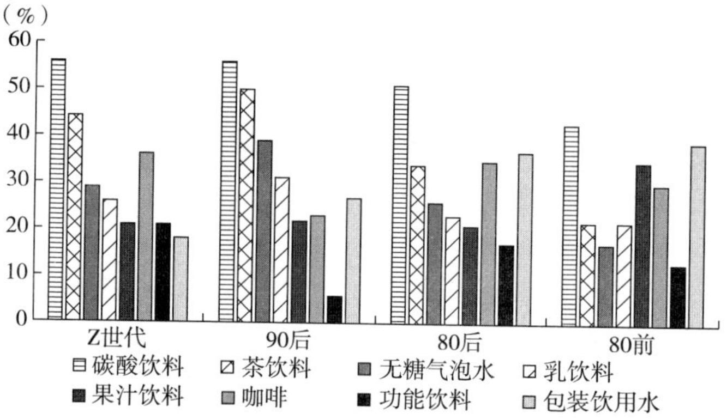

图 3-5　各年龄段饮料消费品类偏向

资料来源：2022 年中国软饮料市场洞察[EB/OL]. https：//www. 36kr. com/p/1865086250709641.

Z 世代人群是指出生于 1997～2012 年的人群，据统计，这部分人口超 2. 6 亿人。Z 世代人群的个人或家庭收入有了较大幅度的提升，有强大的消费潜力，成为饮料市场的主力军。Z 世代人群独特的消费选择、消费习惯和消费方式成为表达自我个性、倾诉情感和凸显价值的载体，更多人认为饮料消费是一种自我满足，是自我情感的多元表达，他们的关注点已经从饮料的基本功能扩展为“获得快乐”“与生活和解”“放松愉悦”“一种奖励”等，希望在消费的过程中收获更高的情绪和文化价值。① 在复购率及复购频次方面 Z 世代人群也表现突出，高频复购的人数增速遥遥领先，高频消费心智逐步凸显。②

农夫山泉作为软饮料行业广泛布局的企业，在数字化浪潮的今天，可以通过客户数据库的变化及时觉察市场的变化，并做出相应的市场调整。

中国软饮料行业方兴未艾，在消费者个性化需求驱动下，软饮料行业的多元化发展和细分市场的探索将使产品生命周期大幅变短，更多新产品、新品类层出不穷。随着互联网、大数据和柔性制造等信息技术发展，营销方式也逐步

① 上海市消保委，《Z 世代饮料消费调查报告》。

② 陈斯. 饮料消费新趋势：口感立体、健康升级、情感共鸣[N]. 北京青年报，2021-8-18.

多元化发展，传统的4P营销策略将出现重构。从目前企业渠道策略来看，丰富多彩的社会化媒体营销手段不胜枚举，以互联网为依托，直播带货等新型网络营销模式带动软饮料行业多元化发展。

五、数字化举措

针对消费市场的快速变化，为适应新时代的消费需求，农夫山泉在数字化方面做出了诸多努力以期通过这些举措来提高顾客忠诚度。

（一）移动互联网营销

农夫山泉通过在微信、微博、抖音等平台上开展营销活动，提高了品牌在年轻人中的知名度和美誉度。农夫山泉在微信上推出了“买水送空气净化器”活动，吸引了众多消费者的关注和参与。此外，农夫山泉还与多个互联网平台合作，在手机上提供快捷、便利的购买服务，通过数字化技术的运用，提高了消费者的购物体验和忠诚度，满足消费者的多样化需求。采取的举措主要如下：

（1）移动支付。农夫山泉推出了移动支付功能，通过微信、支付宝等移动支付方式，让消费者在购买农夫山泉的产品时更加便捷和快速。

（2）移动APP。农夫山泉推出了移动APP，为消费者提供了更加便捷的购物体验。消费者可以在APP上进行在线购买、查看产品信息、查询订单状态等操作，同时还可以参与农夫山泉的促销活动。

（3）社交媒体营销。农夫山泉在社交媒体上积极开展营销活动，通过微博、微信、抖音等平台推广产品，并邀请网红和明星代言。同时，农夫山泉也通过社交媒体与消费者进行互动，了解他们的反馈和需求。

（4）无人零售店。农夫山泉在一些城市推出了无人零售店，消费者可以通过扫描二维码、人脸识别等方式进入店内购物，实现无人化自助购物。这种新型的销售模式既符合年轻人的消费习惯，也体现了农夫山泉在移动互联网领域的创新精神。

（二）大数据分析

农夫山泉通过对用户数据进行收集和分析，深入了解消费者的需求和偏好，并根据这些信息来制定个性化的营销策略。例如，农夫山泉通过大数据分析来了解消费者的购买习惯、地理位置等信息，从而制定相应的促销活动和产品组合。

农夫山泉通过大数据分析了解用户的购买偏好，发现消费者更喜欢购买农夫山泉纯净水的 5L 和 18. 9L 装产品。基于这些数据，农夫山泉制定了相应的促销策略，提高了这两种产品的销售量。

农夫山泉通过大数据分析产品流通渠道，深入了解销售渠道和合作伙伴的销售情况，并有针对性地制定营销策略。例如，农夫山泉发现某些地区的超市销售额较低，通过对超市促销活动、货架陈列等因素进行分析，提出了相应的改进方案，帮助超市提高了销售额。根据 Frost & Sullivan 的划分，中国软饮料的分销渠道主要包括：①传统渠道（小型杂货店及非连锁便利店）；②现代渠道（购物商场、超市及连锁便利店）；③餐饮渠道；④电商渠道（线上销售平台）；⑤其他渠道（主要包括特通渠道、以自动贩卖机为代表的新零售渠道等）。根据 Frost & Sullivan 统计，2019 年软饮料行业的传统渠道销售占比 44. 05%、现代渠道占比 22. 33%、餐饮渠道占比 14. 31%、电商渠道占比 6. 14%。据 2022 年调查，连锁便利店、电商等渠道的重要性逐步上升，为新饮料品牌提供了快速成长的通道。农夫山泉通过大数据分析了解消费者的需求和偏好，并基于这些数据来制定个性化的营销策略，有效提高了消费者的满意度和忠诚度。①

（三）智能化服务

农夫山泉通过智能化的手段来提高服务的质量和效率。例如，农夫山泉在一些城市推出了智能配送服务，通过人工智能算法来确定最佳送货路线和配送时间，提高了配送效率和准确性。这种智能化服务可以提高消费者的购买体验，增加他们对农夫山泉的信任和忠诚度。

通过以上数字化的举措，农夫山泉可以更好地了解消费者的需求和偏好，提供个性化的服务和产品，从而提高顾客忠诚度。同时，数字化营销可以帮助农夫山泉提高品牌的知名度和美誉度，吸引更多的消费者选择购买农夫山泉的产品，进一步提高顾客忠诚度。

六、成果与挑战

农夫山泉的产品在市场上一直以来都有着较高的口碑和品质保证。在 2019 年的“中国好水评选”中，农夫山泉荣获了“中国最受消费者喜爱的瓶装水品牌”

① 弗若斯特·沙利文，《农夫山泉招股书》，2020 年。

称号，这一荣誉证明了农夫山泉在中国市场的口碑和品牌形象。此外，农夫山泉也不断推出一些具有创新性的产品，这些产品受到了消费者的青睐和好评，进一步提升了消费者对农夫山泉品牌的信任和忠诚度。

然而随着主要消费人群的变化，从 X 世代（1965～1980 年）、千禧一代（1981～1996 年）、Z 时代（1997～2012）到 α 世代（2013～2025 年），消费者心理和行为不断变迁。竞争者的此消彼长，非传统竞争者的跨领域入侵，市场格局不断被冲击和重构，如元气森林等气泡水的异军突起。此外，诸如经济、自然等各项宏观和微观市场环境也在发生显著的变化，都可能引起农夫山泉渐进性或突发性品牌危机，所以包括农夫山泉在内的各软饮料企业都必须直面环境挑战，变革以求发展。

七、结语

数字经济、人工智能时代的到来，将继续改变或颠覆原有的市场营销环境。

在客户洞察方面，通过分析社交媒体等数字渠道，AI 能够提供更深入的客户洞察，有助于发现新的市场机会或提前识别潜在问题。

在数据驱动决策方面，通过收集和分析客户数据，营销团队能够更加科学地制定策略，预测市场趋势，从而做出更加明智的决策。

在个性化营销方面，更准确地分析消费者的数据和偏好，从而提供更个性化、更高效的内容和推广，为客户提供更满意的体验。

上述方面的变化，一方面推动企业自身的管理变革，另一方面也带来竞争环境的演变。农夫山泉在数字化时代如何维持和不断强化顾客忠诚，如何保持在细分市场的地位和市场权力，将是值得期待的话题。

案例思考题及分析

1. 什么是顾客价值、顾客满意以及顾客忠诚？请结合农夫山泉展开分析。

顾客价值（Customer Value）：顾客价值是指顾客对产品或服务的整体评估，即他们所获得的利益与所付出的代价之间的关系。对于农夫山泉，一个知名的瓶装水品牌，它的顾客价值可能包括纯净的水质、健康的品牌形象和相对合理的价格。

顾客满意（Customer Satisfaction）：顾客满意是指顾客对产品或服务的实际表现与期望之间的差距。在农夫山泉的例子中，如果消费者购买瓶装水，并发现其口感和纯净度符合他们的期望，那么他们可能会对这个产品感到满意。

顾客忠诚（Customer Loyalty）：顾客忠诚是指顾客对某个品牌或产品的长期偏好和持续购买。对于农夫山泉，如果顾客对其产品保持高度满意，并认为其提供了高价值，那么他们可能会成为忠诚的消费者。这些忠诚的消费者会为品牌提供稳定的收入，并且可能通过口碑营销吸引新的顾客。

由图 3-6 可知，顾客忠诚建立的根本是要使顾客感知价值大于顾客期望。顾客感知价值实际为总顾客价值与总顾客成本的差值，其中总顾客价值是由产品价值、服务价值、人员价值和形象价值四个因素决定的。

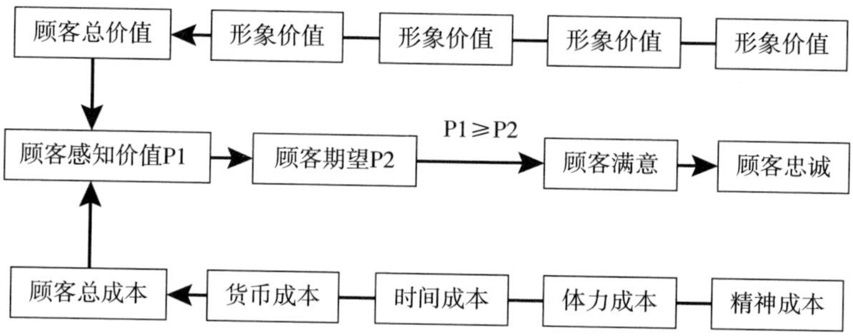

图 3-6　顾客忠诚模型

2. 农夫山泉公司如何创造顾客价值、顾客满意以及顾客忠诚？

高品质产品：作为一家瓶装水品牌，农夫山泉非常重视产品质量。他们宣称使用天然的泉水源，并在生产过程中严格控制水质，以确保消费者获得纯净的水。高品质的产品是创造顾客价值和提高满意度的基础。

强大的品牌形象：农夫山泉通过市场营销和广告，成功塑造了一个健康、纯净、天然的品牌形象。这种形象与消费者对健康生活方式的追求相吻合，从而增强了顾客价值。

客户服务与反馈：农夫山泉可能会通过社交媒体、客服热线和其他渠道与消费者保持沟通，收集他们的反馈，以了解他们的需求和偏好。这种反馈机制有助于改进产品和服务，从而提高顾客满意度。

奖励和忠诚计划：通过为长期消费者提供奖励或折扣，农夫山泉可以鼓励他们继续购买其产品。这种奖励机制可以加强顾客的忠诚度。

通过综合运用这些策略，农夫山泉能够创造顾客价值，提高顾客满意度，并培养顾客忠诚。这对公司的长期发展和市场地位是至关重要的。

3. 数字化和人工智能时代，农夫山泉提升顾客忠诚的举措。

数据分析：通过收集和分析消费者的购买数据、在线行为和反馈，农夫山泉可以更加深入地了解他们的需求和偏好。这可以用于定制产品和服务，从而更好地满足顾客的期望。

个性化营销：使用人工智能和大数据技术，农夫山泉可以为不同的消费者群体提供个性化的营销信息。

增强客户体验：农夫山泉可以利用移动应用、网站和社交媒体来提供一个更便捷和丰富的购买体验。

供应链优化：通过使用人工智能和数据分析，农夫山泉可以优化其供应链，以更高效地生产和分配产品。这可以降低成本并确保产品的及时供应，进而提高消费者的满意度。

4. 农夫山泉提升顾客忠诚的策略建议。

本题目开放式问题，不设置参考答案，常见的顾客忠诚度提升策略主要包括：提供优质产品和服务、出色的客户服务、忠诚奖励计划、个性化体验、定期的顾客反馈、社交媒体互动、专属优惠和促销、增加品牌透明度、培育社区、教育和增值内容、灵活的退货和退款服务。

参考文献

[1]农夫山泉招股书[EB/OL]. https://www.vzkoo.com/document/758af32f54695ab4f4f3386bca8c34cc.html.

[2]陈斯．饮料消费新趋势：口感立体、健康升级、情感共鸣[N]. 北京青年报，2021-8-18.

[3]上海市消保委．Z世代饮料消费调查报告[EB/OL]. https://www.foodtalks.cn/news/19822.

[4]2022年中国软饮料市场洞察[EB/OL]. https://www.36kr.com/p/1865086250709641/2022/08.

[5]朱会振．农夫山泉研究报告：自然匠心，饮水知源，水中王者瓶载乾坤[EB/OL]. https://new.qq.com/rain/a/20220514A0289K00.

第二节　森马

公司简介

森马创立于1996年，是一家以虚拟经营为特色，以休闲服饰、儿童服饰为主导产品的企业集团，旗下拥有以森马品牌为代表的成人休闲服饰和以巴拉巴拉品牌为代表的儿童服饰两大品牌集群。

森马品牌定位为以休闲服饰为主的大众日常生活品牌，为以18~35岁为核心的大众消费者提供有品质、有颜值、充满亲和力的服饰及生活所需的产品和服务。品牌产品线丰富、着力于打造一站式的购物体验空间，形成了包括男装、女装、家居服、箱包、鞋品在内的产品组合。

巴拉巴拉(Balabala)品牌于2002年创立，倡导专业、时尚、活力，面向0~14岁儿童消费群体，目标客户为中等收入小康之家。其产品线涵盖婴幼童、中大童、童鞋、内衣、配饰配件等数十个品类，满足不同年龄阶段与活动场景下的儿童服饰需求。巴拉巴拉品牌的市场占有率和品牌知名度都位居国内童装品牌前列。

森马一直以“小河有水大河满”为经营理念，所谓“小河”，是指员工、合作伙伴等利益相关方；所谓“大河”，则代表森马事业平台。森马相信，让“小河”先得到发展，森马这条“大河”才能汹涌澎湃、奔流不息，只有合作共赢，事业才会久远。多年来，森马先后荣获全国文明单位、全国五一劳动奖状、全国模范劳动关系和谐企业、中华慈善奖等荣誉。森马集团连续多年位居温州百强企业榜首以及中国民营企业500强。

案例梗概

近年来，服装行业面临着复杂的环境和激烈的竞争，消费主力军、消费观念以及消费方式逐渐转变。本案例简述了服装行业发展大背景和森马数字化转型背景，回顾了森马服饰企业在变化多端的环境下探索数字化转型之路的举措，从挖掘顾客价值和提升顾客忠诚度的3R营销理论出发，从顾客维护、多重销售、客户介绍三个角度详细阐述森马的数字化转型历程。在顾客维护方面，森马建立了森马电商、重塑了供应链网络、利用顾客数据库精准营销、推动了多部门智能协同；在多重销售方面，森马数字化打造新产品组合，大胆跨界；在推动客户介绍方面，森马建立了数据中心，创建"人工+智能客服"模式，还十分重视自媒体营销。在数字化转型下，森马成为国货崛起之中的标杆品牌，以及服装企业数字化转型样本。

关键词：森马；数字化；顾客价值；顾客忠诚度；3R营销

一、服装行业的发展情况

随着社会经济的快速发展，人们的物质生活水平日益提高，消费观念逐步演变，展现出对服装产品更高的要求，这给服装产业带来了挑战和机遇。

一方面相较于发达国家，我国的服装产业规模庞大但产业结构不合理，尽管国内总体产能仍处于较高水平，然而头部优质资源匮乏。另一方面随着近年来国家环保政策的日益严格，产业工人的转移和流失，导致纺织服装成本持续攀升，加上疫情影响，许多中小型服装企业濒临破产。长三角、珠三角等传统纺织服装基地快速转移，我国服装行业规模以上企业的数量逐年减少，2021年为12653户，比2020年下降647户，同比下降4.86%。

挑战往往伴随着机遇，产业结构调整加快，在明确的需求和先进的绿色科学技术的支持下，服装行业正在积极转型和改进，并获得了阶段性成果；同时，疫情的肆虐催生了全新的商业模式和业态，加速了企业数字化进程，服装行业也迎来了数字化时代。不少服装企业纷纷开始布局"互联网+"时代的商业生态模式，以实现新零售，中国的服装产业正在默默地经历着一场转型。此外，新一代消费主力军涌现于"95后"和"00后"，他们在安逸的成长环境中逐渐塑造了全新的服装消费理念、认知和方式，从而推动了中国服装行业的不断创新和发展。并且随着2021年纺织品服装市场的逐步复苏，该行业的经济运行呈现出平稳回升的势头，并对其拉动作用得到了进一步加强。根据数据，全国限额以上服装鞋帽和针纺织品类的零售总额在2021年达到了13842亿元，较2020年同比增长了12.7%（见图3-7）。

面对着错综复杂的环境和激烈的竞争，服装行业正处于蓬勃发展的黄金时

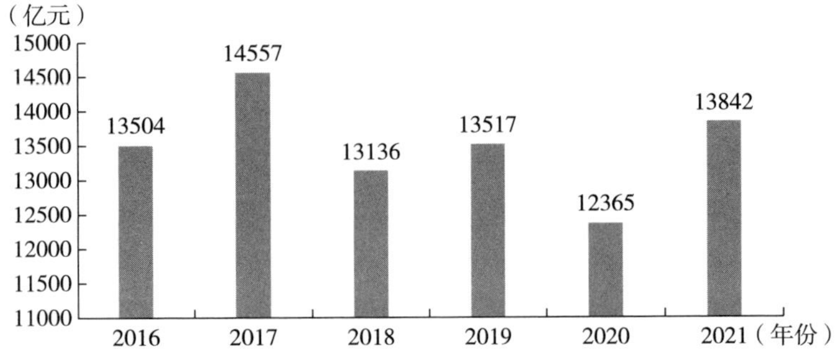

图 3-7　全国限额以上服装鞋帽和针纺织品类的零售总额

资料来源：国家统计局、中商产业研究院。

期和窗口期，既有机遇也有挑战。当前，我国服装产业已经具备较强的竞争力和较好基础。在未来，服装行业的竞争将逐渐从低成本向高性价比转变，从规模体量向创新应用转变，从广度拓展向深度主导转变，同时行业信息化和智能化水平也将不断提升，推动行业进步的主旋律将是创新和绿色发展。

二、森马数字化转型背景

当前，中国经济发展面临着需求收缩、供给冲击、预期转弱三重压力，如何解压成为各行各业深耕的课题。由于疫情的影响，服装业企业的经营基数普遍偏低，导致大多数企业出现业绩下跌的情况，这也导致了森马在 2020 年营业收入同比下降了 21. 37%，净利润同比下降了 48%。在新零售的背景下，服装业面临着严峻的挑战，因此，如何实现数字化转型已成为服装企业迫切需要解决的关键问题。服装产业作为我国经济发展中重要产业之一，其产业链条长，产品附加值高，对国民经济起着举足轻重的作用。近年来，随着国家和地方政府的倡导，各行各业的生产模式正在从传统的粗放式、规模化向更加精准、智能化的方向转变。《数字化助力消费品工业“三品”行动方案（2022-2025 年）》提出，要加快培育智能制造示范工厂，并且提出了新要求——企业进行全产业链的数字化转型。作为一家创立已逾二十载的品牌服饰企业，森马早已呈现出数字化的趋势，一直在推动企业数字化建设，并建立起一套完整的信息化体系和流程，不断探索数字化领域，2019 年，森马正式启动数字化转型，重点在 2021 年通过打造完整的直播产业链来发展直播内容业务，同时加盟伙伴可以更好地理解直播电商，推动店铺销售和收入效率的提升。2021 年森马在部分地区开始实施精益零售试点，通过更加精细的运营策略使试点门店在员工效率和利润率方面均取得了显著的提升。数字化转型对企业经营管理提出更高要求，森马通过数字化建设实现全域库存系统的无缝连接，从而提升运营效率。

下文将从 3R 营销理论角度详细阐述森马集团如何凭借数字化转型留住顾客，推广顾客所关心的商品和服务，鼓励他们分享自己满意的消费体验，从而获得更多的消费者认可，数字化挖掘顾客价值和提高顾客的忠诚度。

三、数字化顾客维护

森马始终坚持有品质、有品位、有态度的设计理念，以用户需求为产品导向，不断突破创新，从消费者的直观需求出发，打造产品，为产品生命不断注入新的创意。森马根据顾客需求，结合数字化，从产品、价格、渠道和促销等方面采取一系列的针对性策略，最大限度地培养和满足顾客的需求。

（一）建立森马电商，线上线下多渠道销售

在线上购物快速发展的背景下，2012 年起，浙江森马电子商务有限公司作为森马服饰的全资子公司，开始了其电商业务的开拓。森马电商的数字化策略以数据为核心，以技术创新为推动力，聚焦于业务重塑，构建全新的企业运营模式。森马旗下各品牌产品在多家第三方电商平台上不断开拓商品零售业务，从而实现了业务收入的增长。

在应对疫情冲击的过程中，森马全面升级企业的渠道布局，致力于实现线上线下的无缝融合，通过数字化经营方式如线上云店、社群营销等，以及社交平台如抖音、微博等的广泛应用，加大拓展产品销售渠道。

在线上和线下渠道融合的进程中，森马推出了一种新的零售模式——全员参与的营销内购活动，吸引消费者，第一次活动销售量就成功突破了千万元大关。森马电商利用大数据，为消费者提供准确的推荐服务，以扩大宣传范围并最大化消费者的利益，从而在直播销售方面取得更好的效果。通过运用直播模式和短视频营销策略，森马建立了一个可持续的销售链路，从而在提升品牌影响力的同时，实现了品牌价值的最大化。此外，线上渠道与线下门店相结合的体系也进一步强化了其品牌优势。

随着互联网时代的到来，传统的营销方式已经无法满足市场变化带来的需求，而电商颠覆了人们的消费习惯，也改变着企业发展战略。森马服饰的电商发展是其转型的主要动力，特别是在疫情期间，两大主要品牌全面发力，电商板块迅速扩张，目前公司已经构建了全渠道的零售体系，包括专卖店、购物中心、电商和小程序等。森马品牌在建立 8000 多家线下门店的基础上正将其推广重心转向线上和社交平台，致力于自主研发一系列数字运营平台和工具，以不断完善电商业务。

(二)重塑供应链网络，快速捕捉消费者信息

森马电商很早就提出了数字化、工具化、流程化三步走的战略。为了缩短产品周期并提高现货比率，森马电商正在进行供应链全链条的变革和优化，从传统的期货订货生产模式向期货和现货相结合的柔性供应链模式转型。

在产品设计的阶段，森马将产品研发转变成为客户导向的数字化研发模式，通过和知衣科技合作，凭借知衣的结构化数据库进行深入分析，协助设计师更加高效地收集和整合所要信息，以提升设计产能和款式研发效率。从供应链到销售预测和补货，森马电子商务公司通过大数据来提高个性化活动和销售计划的有效性，并增强在线客户体验；同时森马与览众数据合作，共同沉淀出适合森马的最佳商品管理路径。

在库存管理阶段，合理的物流和仓储分配使服务更有效率。公司还聘请了多名人才进行科学的物流配送规划。森马物流也基于大数据分析进行商品组合存储和仓间货品调拨，即根据加购的数量和款式，通过数据自动分配高重复率的衣服到一个仓库，实现了减少拆单比率和提高交付速度的目的，同时也节省了打包者的精力。

而在销售阶段，森马通过打造一个以消费者需求为核心的数据驱动的零售形态，以此来精准捕捉消费者的需求。此外，为了提升公司内部对于市场信息变化的反应速度以及挖掘消费者多元需求的能力，公司建立了数字化的系统，结合数据分析建成环式的管理系统提高运营效率，并以此洞悉消费者需求，同时优化商品与门店的匹配度来提高消费者线下门店购物体验。

(三)利用顾客数据库打造热门产品，精准营销

森马在其发展之初就非常注重信息化建设，先后投资 2000 万元，引入客户关系管理系统(CRM)，采用超前的数据采集、分析和处理技术，将企业的顾

客数据转化为有用的分析，与顾客分享结果，解决顾客管理中存在的某些问题，系统信息化流程管控得到实施，市场反应能力得到提升，强化了业务管理的核心。通过对消费者进行个性化营销策略制定及实施，提升了企业的竞争优势。

2020年森马品牌通过市场调研，对消费人群画像进行了整理，把森马品牌的核心价值定位于“工作玩乐/Work to Play”，并聚焦于“95后”新青年的高频生活情境与穿搭需求，为他们提供符合目标群体消费趋势的价值单品。同时，旗下童装品牌通过对目标消费群细分，开发出一系列以儿童服饰为主打品类的新系列，涵盖多个领域，形成系列化产品矩阵。比如巴拉巴拉品牌以全球前端时尚趋势和设计理念为基础，推出了原创角色“小章鱼”系列产品，并与“冰雪奇缘”“汪汪队”等明星IP合作推出了多款产品。

森马服饰为了满足年轻人对于多元化社交平台和体验式购物的需求，进一步拓展全域营销渠道，包括抖音、各大商场、电竞以及粉丝社群等，通过多样营销互动方式，如游戏化直播互动、社群互动、周边礼品等，为年轻人提供感兴趣的品牌体验和购买心仪的商品机会，让他们享受到更多的购物乐趣。

（四）多部门智能协同，提升制定促销与销售计划

为了实现数字化转型，森马通过整合多部门数据，让服务更加科学化。通过数据中心、运营部门和商品销售部门的紧密合作，森马能够及时调整各种促销、活动和节日的多种决策，从而使其营销策略和产品内容、方向更加清晰，实现“经营活动的数字化”，提高企业的数字运营能力。通过开发数字化的业财一体化系统，公司构建了一套完善的数字化管理架构，促进了业务、财务和管理的无缝融合，大幅提高了经营质效，让企业能以更快的速度满足消费者随时变化的产品需求。在数据应用管理方面，森马服饰实施整个业务架构的提升和策划，构建顾客需求驱动的流程体系，使离消费者最近的角色拥有更多的决策权和资源调配权；结合业务运营规划成果，界定各组织层次的核心职能；重新整合其他关键系统功能，建立多品牌共享的标准化平台管理体系。数据部分还会对比、借鉴竞争对手和整个行业的数据，不断进行优化调整。这些都有利于市场调查、产品的研制开发、定位及营销策略的制定。

（五）结合数据库营销、网络营销，实现价值共创

数据库是现代管理中非常重要的工具之一，它可以为企业提供决策支持，为企业创造巨大效益，同时还有利于企业文化的建立及品牌的推广。

森马将大量消费者信息进行收集、整理和加工处理，以预测消费者购买某种产品的可能性，通过市场影响因素进行抽象的量化和系统的统计分析，为产品提供精准的定位和预设价格，制定具有创造性和个性化的营销策略，针对性地制作营销信息，以实现与消费者的有效沟通，满足消费者的期望。在新冠疫情期间，森马运用信息收集技术，精准地锁定了与品牌相契合的外部人群资源，并将其转化为可供年青一代消费的资源。同时，森马还借助线上平台及线下渠道开展活动等方式扩大宣传，提升品牌形象。2020 年，森马分别与 4 位韩国设计大师、中国画家李知弥共同打造了一系列联名作品，还与明星姜云升联手打造了品牌的广告曲目。在 Z 世代备受追捧的名人资源的支持下，森马与 Z 世代人群进行了个性化的交流，从而引发了圈层之间的共振效应。

通过利用互联网和数字交互式媒体的强大带动作用，森马为企业和顾客提供了一种全新的沟通渠道，通过全方位的网络布局，实现了与消费者的双向沟通和市场信息的收集。森马运用抖音平台进行品牌直播和达人直播，结合短视频的优势，构建了一个矩阵式的直播地图，通过丰富的内容形式激发了消费者的购买欲望，从而实现了商品的销售。

四、开展智能多重销售

（一）数字化打造新产品组合

企业通过数字技术打造新产品组合，提升顾客价值空间。森马已不再局限于服装类别，而是逐步拓展了其品牌范围，涵盖了箱包、鞋帽、内衣等多个领域，以满足消费者对产品风格的多元化需求。例如，森马设立了 Mini Balabala，一个适用于 0~6 岁婴幼童的品牌，以及一个定位于成人的高端潮流的品牌——哥来买。

森马旗下原有品牌巴拉巴拉也基于大数据不断探究消费者生活方式的变化，针对消费者需求以及消费市场的变化，通过持续推动产品迭代升级、丰富购物场景、提升购物体验、增加产品品类、打造一站式购物平台等方式，满足消费

者追求品质并日趋多元化的生活方式需求，越来越多的学生用品如书包、书本、蜡笔、画册、玩具等周边产品出现在人们的视野。

（二）大胆跨界生鲜行业，打造现代化智能市场

2020 年 8 月，森马第一家现代化智慧菜市场——森活之家开业，目的是整合较好的资源、充分发挥品牌良好口碑、扩大客户群，打造高品质鲜活农产品供应、满足消费者高品质生活需要的品质社区综合体。凭借品牌渠道、门店运营、电商等各方面成熟的产业运营资源，森活之家将现代科技融入农贸市场，实现了线上线下一体化的智能化运营，从而打造出一个智慧的菜市场。此外，森活之家还建立了全产业链信息化平台，实现从生产到流通再到终端消费市场全过程管控。森活之家运用其丰富的产业运营资源和大数据技术辅助商户的运营，实现了经营采购的升级，使商户不再凭借主观感受进货，从而提高了其销售竞争力；通过运用标准化的运营模式和云管理技术，为用户提供高效便捷的体验，消费者无论何时购买都能享受到安心无忧的农产品，且可全程追溯；通过互联网技术建立线上平台和线下门店相结合的新型营销体系，提供线上下单小程序、高效配送和线下自提等服务，解决“最后 1 公里”时所面临的痛点。森马以跨界生鲜行业的非常规动态为基础，通过培养和运用有效的行为模式，打破单一的发展模式，实现了多元化的销售。

五、加大“客户介绍”营销方式的推动力

客户介绍是通过现有客户的推介扩大客户数量，因此顾客口碑很重要，而顾客口碑取决于现有顾客满意度，森马通过数字化转型强化了与顾客的关系，及时处理顾客的反馈，提高顾客的满意度和忠诚度。

（一）建立数据中心，创建“人工+智能客服”模式

2016 年阿里巴巴平台发布的“双 11”客服生态报告显示，森马官方旗舰店的客服指数排行总榜中，男装排名于首位，全网排名第二。巴拉巴拉在童装玩具类客服指数排行里遥遥领先。森马电商的客服秘诀便在于其“人工客服+智能客服”的模式，以及在特殊时段招聘兼职客服以提高顾客的满意度，而智能客服是森马电商 2016 年启动的一个新项目，能代替人工自动回答顾客关于尺码、款式、面料等问题。它的逻辑不在于智能软件，而是基于森马电商数据中心的数

据库。“数据库积累的问题越多，智能客服所给出的回答就越精准。”根据数据显示，在智能客服的作用下，森马电商 2016 年“双 11”全部询单流失量比未启动智能客服前下降了 5%。森马电商客服经理表示，2016 年智能客服约占当年“双 11”总量的 20%，响应速度比人工服务快十倍左右，具有较大优势。当人工客服的工作量达到饱和时，后台会自动切换到智能客服来回答问题。这让人工客服有更多的时间来提高回答的质量，提供更多的定制服务。甚至在“双 11”之前，森马电商就可以通过大数据平台测算出热销款式，并为客服提供更加详尽的培训，以帮助他们更好地应对不同的搭配需求。

（二）利用多方自媒体，树立数字化口碑

在数字媒体的环境下，消费者不再处于信息不对称或不完全的状态，而是进入了一种几乎透明的信息状态，个人价值不断提升，每个人都可以成为自媒体，话语权也从媒介组织向普通民众转移，消费者本身成为最有公信力的信息源。在这种情况下，传统广告模式已不能满足受众需求，而“数字化口碑”正是迎合了这一市场需求。随着数字化媒体和社交媒体的广泛普及，数字化口碑应运而生。“数字化口碑”作为一种新型营销手段，它能使消费者从被动接受转变为主动参与，从而实现消费者的自我塑造。森马紧跟时代潮流，以微博大 V 这样具有影响力的关键意见领袖为工具，积极推动消费，同时致力于打造品牌和终端店铺自媒体账号，建立自己的朋友圈，与广大顾客建立多方位的互动关系，从而培养顾客的忠诚度。许多森马线下店铺都会设立店铺微信，在店铺微信朋友圈发布新品和优惠活动，鼓励消费者在数字化生活空间通过品牌社区、社交媒体获取品牌信息，参加品牌活动，讨论品牌商品，分享他们的经验，也可以表达对品牌的改进意见，使消费者成为创造和分享信息的窗口。2021 年，森马在抖音站内发起了“穿什么就是什么”挑战赛，不少圈层博主和用户纷纷响应，该话题还从抖音发酵至微博、再到各大社交平台，引爆泛圈层的讨论声量，最终达成了超过 7000 万的全网曝光。森马不仅锚定营销带来的“品”之增益，也促成了“销”的闭合。森马的每一次传播动作，其实无形中都在构建不同消费场域，帮助用户实现即看即买，全渠道引流实现营销到消费的转化，不断树立数字化口碑。

六、结语

森马之所以可以成为国货崛起之中的标杆品牌，就在于它以数字化运营工

具推动产品、品牌精神、圈层文化再塑，从而让其品牌年轻化、活力化。在这个品类与文化战略共生的时代，作为中国休闲服装行业的领先品牌，森马一方面利用在线工具，运用其品类优势吸引了Z世代；另一方面凭借大数据分析，通过围绕Z世代的热点话题塑造品牌文化，让自己成为国货之光，影响着海内外的消费者，传递着中国产品价值感知，真正做到数字化顾客价值和顾客忠诚度。

案例思考题及分析

1. 从宏观环境分析森马数字化转型的市场原因。

政治：国家环保政策日趋收紧，鼓励企业进行数字化转型。纺织原材料价格大幅波动，成本持续走高。

经济：中国经济发展面临着需求收缩、供给冲击、预期转弱三重压力。尤其在疫情冲击下，人们的可支配收入减少会导致人们缩减需求，减少对服装的购买，森马推动加快数字化转型的步伐以渡过难关。

社会与文化：服装的消费观念、意识以及方式等方面都发生了变化，新的市场需求也在发生变化。

科技：随着虚拟现实、人工智能、区块链、大数据等技术应用日渐成熟，数据库平台建设日益完善，为企业数字化转型奠定了坚实的基础。

消费群体：消费主力军逐渐转变，“95后”“00后”成为新生消费主力军，随着互联网的快速发展，年轻人作为社交媒体主要的参与者在多方面发挥着作用。

因此，森马的数字化转型道路是在国家政策和经济大背景下，市场不断变化之下的必由之路。

2. 结合4C营销理念分析森马是如何实现数字化顾客维护，及其采取数字化顾客维护措施的主要影响因素。

森马为实现数字化顾客维护，从消费者、成本、便利和沟通等多个方面采取针对性措施，把追求顾客满意放在第一位，努力降低顾客的购买成本，充分注意顾客购买过程中的便利性，并以消费者为中心实施有效的营销沟通，以达到顾客维护的目的。

表 3-1 数字化顾客维护措施和主要影响因素

	措施	影响因素
消费者	利用顾客数据库进行市场细分，精准刻画消费者画像，打造热门产品 通过数据库系统分析，准确进行市场细分、定位，进而实施个性化的营销策略，按照顾客需求帮助顾客挑选产品。并且以此通过对供应链前端的销量预测和补货层面的优化，提高了定制促销和销售计划的效率，从而改善了线上消费者的购物体验	企业内部因素：森马始终以消费者需求为内层核心，以消费者需求为产品导向，从企业成立至今，目标客户群已经换代，需要森马更新消费者画像 技术环境：森马已经积累了大量内外部数据库数据，为顾客进行精准画像奠定了基础
成本	森马收集和积累消费者的大量信息，通过分析给产品以精确定位和预设价格、个性化营销手段使消费者感到物超所值 森马对爆款产品进行测试，观察预售和加购情况，在价格上进行微调	竞争环境：服装行业面临着激烈的竞争环境，行业竞争多数以价格战的方式，不利于企业发展 技术环境：森马已经积累了大量内外部数据库数据资源，在营销、产品、渠道等多个方面进行技术赋能，使产品价格更精确
便利性	建立森马电商，线上线下多渠道销售，转变新零售模式 森马通过数据算法来整体优化运营模式，转用柔性供应链模式，通过数据库分析，快速捕捉消费者信息，科学精细化管理研发、生产、存储、物流、销售等多个阶段降低期货比例，提升库存周转效率，增加销售机会	竞争环境：原本粗放的“街边店+专卖店”零售模式和期货订货生产模式，导致库存过高，削弱了企业竞争力。森马的高库存压力还受到国内服装行业的大经济背景影响，竞争异常激烈，因此需提高企业整体运营能力，为消费者提供更加便利的服务 社会文化环境：随着互联网覆盖范围的日益扩大，促使线上购物快速增长。新业态、新模式被催生，推动森马销售进行全渠道覆盖
沟通	通过多部门数据整合、协同作战，提升制定促销与销售计划，以更快地速度响应客户 森马构建“人工客服+智能客服”的模式，以及在特殊时段招聘兼职客服，快速解决顾客问题，以提高顾客满意度	企业内部因素：各部门无法从公司整体利益或协同的角度看待问题，造成了企业内部的“部门强”“数据孤岛”问题，导致企业在促销和营销活动中产生了错误决策，缺少明确方向

3. 以需求驱动原理阐述森马是如何实现顾客价值的。

根据需求驱动原理，用户的需求是供应链中信息流、产品/服务流、资金流运作的主要推动力，从而驱动整个供应链的运转。供应链系统的形成、存在和重构，均源于市场需求的变化，从而实现了对用户需求的精准响应，有效降低了库存成本，提升了物流速度和库存周转率，同时也扩大了市场容量。

森马通过数字化转型，借助内部数据库和外部科技数据企业合作，数字化客户关系管理，通过对客户进行精准而合理的分类和行为分析，进而根据企业适宜的客户和关键客户的需求特点进行产品设计和服务，以建立与客户之间良好的关系，最大化销售，通过供应链一体化有机整合，把满足客户的需求同提高企业经济效益统一起来。森马还通过柔性供应链，注重需求驱动营销管理的核心物流策略组合，实现资源最佳配置。

4. 数据已经成为现代企业日益重要的生产要素，结合案例谈谈森马是怎么将数据转化为顾客价值的。

通过构建越来越完善的消费者数据库，森马将各种数据全面打通共享，实现精准刻画消费者画像，利用数据库资源，进行市场细分，并将产品研发已经转变成为客户导向的数字化研发模式，凭借外部大规模的结构化数据库，分析市场数据，提高设计产能和款式研发效率。森马电商运用大数据技术，优化定制促销和销售计划，提升线上消费者的购物体验，从而在供应链前端实现销量预测和补货。森马物流运用大数据分析技术，实现了商品组合存储和仓间货品调拨，从而有效地降低了拆单比率并提升了发货速度。公司建立了数字化的系统，结合数据分析建成环式的管理系统提高运营效率，并以此洞悉消费者需求，通过优化商品与门店的匹配度来提高消费者线下门店购物体验。同时，通过大数据推算，森马可以给消费者进行精准推荐，提升宣传广度的同时最大化消费者效益。

5. 森马服饰是首批进行 O2O 商业模式改革的企业，请结合数字化转型趋势，谈谈森马服饰未来发展方向?

森马采用 O2O 模式，通过线上构建交易平台和线下积极拓展门店数量，同时利用两个交易渠道进行营销，以达到减少库存、提高销量的目的。但 O2O 模式也容易导致产品同质化严重，森马的数字化转型可以通过分析市场数据，辅助设计师更加高效地收集整理所需信息，提高设计产能和款式研发效率。

当今时代，消费者对于服装产品的需求越来越多元化和个性化，因此服装企业必须在保证产品品质的同时，注重打造时尚、多样化的服装风格。服装企业数字化转型的重要目标之一是提升产品研发和企业服务水平，以满足市场需求和客户期望。服装设计是服装生产制造过程中最基本的环节之一，对于产品质量以及品牌文化建设具有十分重要的意义，而 C2M 模式的核心内涵就是“定制化生产”，这恰恰迎合了年轻消费者追求个性化、差异化产品的需求。为了提供个性化定制服务，服装企业需要充分利用数字技术收集和整理消费者偏好需求的相关信息，并构建自己的消费者信息数据库。

参考文献

[1]森马官网：https：//www. semir. com/.

[2]中商产业研究院，2022 年中国服装市场规模及行业发展特点分析[EB/OL]. https：//www. askci. com/news/chanye/20220119/1742031729127. shtml.

[3]张爱琴 .21 世纪服务营销发展趋势初探[J]. 兰州学刊，2004(5)：101-102.

[4]田子露 . 顾客价值创造：数字化时代品牌危机化解方案[J]. 河南牧业经济学院学报，2021(6)：22-27.

[5]张秀芳，路晨，唐茂勇 . 我国服装行业的现状及发展趋势[J]. 中国纤检，2020(21)：160-163.

[6]陈晓 . 森马服饰：净利润暴增 19 倍背后的逻辑[J]. 浙商，2021(9)：51-53.

[7]张恒臻，刘鑫月，徐佳璇，闫心怡，田雨菲等 . 应激的 CPT 理论模型下组织韧性的作用过程——森马服饰应对新冠疫情并持续发展的案例研究[J]. 全国流通经济，2021(24)：74-76.

[8]中国政府网：数字化助力消费品工业“三品”行动方案(2022-2025 年)[EB/OL]. https：//www. gov. cn/zhengce/2022-07/06/content_5699439. htm.

[9]宁函夏 . 揭秘森马背后的超强客服体系，它竟藏着这些秘密武器！[EB/OL]. https：//www. sohu. com/a/119533483_474131.

[10]亿邦动力：十年业绩实现超 45 倍增长，揭秘森马电商成功背后的因子[EB/OL]. https：//www. xiaohus. com/newsDetails/508313.

[11]智慧零售与餐饮：实现巨幅增长，成为国货代表品牌——森马是如何做到的[EB/OL]. http：//www. retail-it. cn/m/view. php？ aid=2078.

[12]朱庆艳，费中华，石向阳. 服装企业智能制造转型模式的应用[J]. 染整技术(CAS)，2020(7)：39-42.

[13]森马服饰：公司在 2019 年开始进行数字化转型 实现线上线下销售融

合以及商品的全域流转［EB/OL］. https：//www. p5w. net/kuaixun/202204/t20220419_5540637. htm.

［14］森马 x 览众数据丨轻装上阵的森马，聚焦主业数字化商品运营改革［EB/OL］. https：//linezonedata. com/news-18.

第四章

数字化消费与企业市场竞争

第一节　古越龙山

公司简介

中华国酿数黄酒，天下黄酒源绍兴。绍兴黄酒凭借独特的环境、经典的工艺、传统的风味、健康的品质，已独领风骚数千年。作为中国黄酒业第一家上市公司，浙江古越龙山绍兴酒股份有限公司（以下简称古越龙山）无论是从生产规模、工艺技术、品牌实力，还是从经济效益维度来看，在全国黄酒企业中都处于领先地位。2020 年，古越龙山更是获得中国酿酒行业十强企业的美誉，2021 年荣获浙江省省政府质量奖。古越龙山还是黄酒行业首个中国驰名商标，销售网络覆盖全国各大中城市，远销日本、东南亚、欧美、中国香港等 40 多个国家和地区。在数字化改革浪潮中，作为中华国酿特色企业，传统的工作、生产、作业方式正根据市场需求而相应变化。

案例梗概

古越龙山为扭转形象危机与业绩低迷，通过数字化和年轻化为其带来全新理念和变化，实现了“全渠道覆盖，全场景传播”。通过构建与完善新媒体传播矩阵，创新性地在新媒体平台设立旗舰店。古越龙山以“黄酒企业大脑”建设为契机，整合原酒交易平台、数字酒证等体系，不断提升精准化营销管理，提高企业生产效率、经营效益。面对业绩困境，进行智慧营销，逐渐形成核心竞争力，并采取“一物一码，精准营销”，解决了产品防伪防窜的问题，推动黄酒技术创新，通过基础性、功能性研究，在黄酒风味口感、舒适度上获得新突破，提升了黄酒品质，开拓了黄酒新的市场和发展空间，渐渐走出江浙沪“舒适圈”，拓展新的消费场景和群体。

关键词：数字化；精准营销；黄酒

一、引言

绍兴黄酒一直是绍兴市的重要标识之一，当地政府高度重视将黄酒产业做大做强。2021年绍兴市发布了首个地方性法规《绍兴黄酒保护和发展条例》，明确了本地黄酒的历史文化、发展历程、知识产权保护条款以及行业监管制度等；还明确了黄酒产业发展的目标：建立全产业链发展的全新模式和业态，不断提高产品及品牌品质，打造千亿级支柱产业。数字经济持续深化发展带动了国内大众消费的不断升级转变，部分传统黄酒企业嗅觉敏锐，牢牢抓住新市场环境的良好机遇，积极进行理念、技术创新，通过大力投用新技术，加快推进全新产业及业态的转型升级，积极完善产品品类、拓展销售渠道，推广线上线下全渠道营销模式，短时间就为自身发展挖掘出了勃勃生机，而且向整个传统黄酒行业释放出了积极的信号。古越龙山黄酒企业历经多年的发展和沉淀已经成为行业龙头，在全国520户国家重点企业名列，在我国轻工业酿酒业排名前十，已经有70亿元的资产总规模，现有3500名各类员工，每年生产17万升各类黄酒。

古越龙山通过改革，高端化、年轻化、全球化、数字化战略的陆续落地，在中国黄酒行业走在前列，将为中国黄酒业发展带来巨大影响和变化，并且能够推动我国黄酒行业的良性发展。

二、黄酒行业的经营情况

黄酒源自中国，已有近3000年的发展历程，是全球三大古酒之一，但是黄酒企业普遍经营规模比较小、利润空间有限以及价格水平提高困难，一般在市场开发和产品研发投入方面有心无力，而且无论是黄酒生产还是销售都有很大的地域局限性，集中在江浙沪等区域难以有所突破。从行业发展情况来看，中国规模以上黄酒生产企业数量在2017~2021年不断减少，2021年中国规模以上黄酒行业企业数量仅为98家，表明古越龙山企业所面临的外部环境竞争情况有所缓解。从黄酒行业企业市场份额来看，黄酒行业的市场集中度并不高，2021年古越龙山黄酒企业市场份额以9%位居第一，会稽山、金枫酒业市场份额分别为8%和5%，对于古越龙山黄酒企业而言，这两家黄酒企业是古越龙山最强有力的竞争对手。

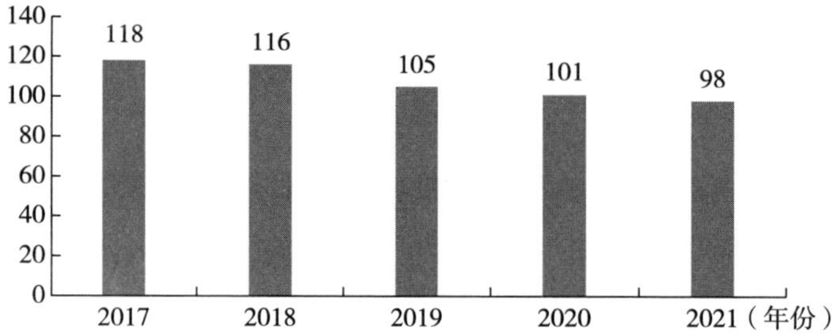

图4-1　2017~2021年中国规模以上黄酒生产企业数量变化情况

古越龙山黄酒企业是1994年在浙江绍兴成立的专业黄酒生产企业，初创资金为91200万元。现如今已经打造了多个优质系列品牌，如古越龙山、女儿红以及状元红等，均获得了中国首批国家地理标志产品的美誉，其中古越龙山属于亚洲五百强品牌名列，是钓鱼台国宾馆国宴指定的黄酒品牌。

三、捕获市场新需求 塑造生鲜消费新现实

（一）聚焦需求

企业要充分掌握市场需求、将产品推向市场消费者，就必须要高度重视市场营销活动。现如今已经进入信息时代，企业只是获得市场需求信息已经远远不够了，消费者需求多变、个性化且具有可预测性与创造性的特征。企业要高效开展市场营销活动，获得源源不断的发展动力，就必然要对消费者进行引导及对消费者需求进行预测。企业能便利地应用大数据进行数据收集和分析处理，所获得的结果能真实地反映出目标客户的消费变化规律、客户群体的特征等，因此，企业的营销策略更具有针对性，对客户也更具有有效性，消费者需求也

更具有可创造性。企业进行消费者需求预测主要是通过对网络数据的分析，通过找到本就存在但未被满足的需求或由企业通过创新产品、价值引导等方式，从供给端主动提供，从而引导消费者产生需求。

古越龙山从2020年开始收入情况就不容乐观，即便在2017~2019年其营业收入的增速也非常缓慢。为缓解这一现状，公司采取的主要措施包括：首先，积极进行产品结构的优化与品牌的重新定位，加快推进内部转型升级进场。强化高端市场定位，整合优势资源快速推出国酿1959、青花醉等高端产品。集中优势资源研发创新热门单品，带动产品升级、加快创新产品上市推广。对现有的库藏、清纯等系列产品大力整合，精简产品序列，相继筛选剔除出200多个过时产品，优化了产品结构和资源配置利用情况，大力推行物联网技术利用，全面实行“一物一码”的追溯管理制度。在此基础上，快速推出一系列明星产品作为新市场开发的生力军，诸如桂花林藏（女儿红）、来一坛及正红老酒等。为加紧塑造全新女儿红品牌，该公司大力开发酱酒系列产品，并且集中渠道优势进行全国范围内的推广宣传，该系列产品上市的第一年便获得了1823万元的良好业绩。

其次，公司对全新的市场大环境高度敏锐，积极采取科学举措进行转型，营销策略的智慧化初步显现，无论是在消费者需求数据收集处理方面还是在需求预测分析方面，都大力应用了数字化技术手段。一方面，实行智慧营销的初期主要是传统渠道与线上渠道相结合进行数据收集，公布专门的售后服务电话，主动联系客户了解消费体验。在官方网站开辟了客户留言通道，网店有专门的售后客服，微信微博公众号都设置有专门窗口进行客户沟通。此外，建成了门店终端管理系统，记录和保存了大量客户相关数据，通过数据分析了解消费者的行为模式、预测需求的变化等，为企业决策判断提供了重要的数据支撑。另一方面，构建专门的数据库进行消费者研究，通过这些需求行为数据分析出哪类产品销售更受欢迎，哪些产品销售减少，针对哪些区域、哪些项目投放什么产品，哪些产品实际使用效果好，哪些产品需要改进，需要增加什么样的售后服务，通过这些研判来预测消费者需求，调整相应的公司决策。

（二）动态沟通

现代化的智慧营销最大的特点之一就是动态沟通，企业的移动营销、社交媒体营销及精准营销等都是实现动态沟通目标的良好途径。在互联网日益普及与互联网经济欣欣向荣的背景下，国内各种社交媒体、电商平台及手机APP等迅猛发展，让信息交流和共享变得异常方便快捷，传统一对一、形式单一且静态的沟通模式逐渐消失，逐渐取代的是动态的、立体的及形式多元的沟通模式。

古越龙山实施动态的可视化的沟通机制，做到随时响应，主要体现在两个方面：首先，将焦点锁定在年轻消费群体并积极开展互动交流。借道钟薛高、百雀羚等渠道拓展新品类体验，在与国潮 IP 大力开展跨界联动的情况下，将国潮经典的良好形象展现在新生代消费者面前，促进该消费群体对我国传统黄酒文化的认可和产生兴趣，进而对品牌有更高的信任度，品牌影响力大幅提升。此外，积极组织“互联网+”模式下的品牌推广活动，如与京东联手举办品鉴会，力邀著名词人方文山参加以“古越龙山之歌”为主题的作曲比赛，抖音旗舰店隆重上线，携手专门机构创建中央酒库网红直播基地等。总之古越龙山黄酒企业高度重视短视频、直播等年轻消费者耳熟能详的新传播形式，快速获得了广大年轻群体的关注，实现了品牌年轻化的转型。其次，在社会化媒体营销和移动营销方面，先后在微信公众号、企业官网、阿里巴巴等电商平台开设了产品售卖链接和广告展示，同时也在淘宝、京东等门户网站开设店铺。

（三）价值传递

企业合理进行广告宣传、运营自媒体以及线下实体店铺等都能有效地向客户传递价值。顾客价值是指在评估顾客的感知利益以及获得产品或服务的成本之后，对产品或服务的效用进行总体评估。顾客价值的本质是顾客感受，即顾客在交易过程中获得的主观感受。

古越龙山开展了一系列传媒营销活动，或参加展会或提供赞助或参与行业人才培训等。具体是积极参加大型酒类专门的展览活动，积极为大型公开活动提供赞助，出资培训专业酒类品鉴师等。此外，组织以黄酒的历史文化及生产工艺和品鉴为主题的体验活动。古越龙山还上线了多个自媒体。定期更新维护官方网站、微信公众号，积极推送公司、行业发展动向，扩大了公司的品牌知名度。

（四）数据赋能

信息时代背景下的数据具有显著的 5V① 特点，在营销方面具有不容忽视的

① 大数据的 5V 特点：Volume（大量）、Velocity（高速）、Variety（多样）、Value（低价值密度）、Leracity（真实性）。

巨大开发利用价值。它的特性决定了传统工具和方法是很难满足应用要求的。企业要更好地开展智慧营销，必然要解决的问题就是如何高效应用各种先进信息技术，对大数据进行充分的价值挖掘，为智慧营销提供有力支撑。大数据作为实现智慧营销重要的支柱，对数据的存储、处理和应用是十分重要且必要的。

“好酒不上头”品牌是古越龙山黄酒企业实行数字化产品研发设计的代表作，获得了中国酒业协会的高度认可，也获得了“青酌奖”的荣誉。在此基础上古越龙山黄酒企业进一步推进数字化革新，加紧重造流程和体制。大力开展智慧营销系统试运行工作，随即上线了项目管理系统以及对防窜追溯系统进行优化。

综上分析可知，相较于整个酒水行业，黄酒占比不足2%，黄酒行业整体发展较为低迷。古越龙山作为黄酒行业的头部企业，且作为传统企业，为了提升公司销量，也紧抓智慧化营销的趋势，进行了一系列的智慧化改革，试图抓住智慧化营销的红利提升公司黄酒产品的品牌影响力并成功突破重围，提升企业可持续增长力与净利润空间。

四、构建新媒体矩阵 进军黄酒商业新模式

(一)聚焦于市场新需求 着力打造黄酒年轻化

古越龙山利用数字技术获取年轻消费者需求，利用“互联网+”新零售模式，携手京东举办“品鉴会”，与专业机构合作打造中央酒库网红直播基地，以短视频、直播等年轻人喜闻乐见的方式，推动品牌年轻化升级，积极拥抱年轻消费者，以新生代喜闻乐见的形式，紧紧抓住“新国货”潮流，使黄酒品牌轻化、时尚化。

古越龙山以需求为基，通过打造黄酒的应用场景吸引年轻消费者，利用各大媒体、各大平台紧紧抓住年轻群体的消费心理，利用“互联网+”新零售模式打造了品牌形象，加深消费者对于品牌的印象，并提升企业的传播力度。2021年，“古越龙山 · 慢酒馆”正式开放，将黄酒与咖啡融合，该酒馆在小红书、抖音等社交媒体上成为“网红打卡地”。

总之，古越龙山利用大数据抓住年轻群体的新需求，不断丰富产品类型与风味，以前瞻性的视野向市场推出年轻化、时尚型大众消费的各类产品，培育并形成公司新的增长点，满足年轻消费群体对酒类产品的多样化、时尚化、个

性化需求，逐渐打破消费者对黄酒产品的传统认知，使产品结构更加丰富和优化。

（二）开拓高端系列市场 积极推进黄酒高端化

近几年国内消费者的消费观念转变，健康意识逐渐增强，对健康及绿色环保产品日益青睐。而黄酒与其他酒类相比，酒精度比较低、有营养价值以及具有保健功能等，恰恰与市场消费者新的需求特征有较多的契合点，越来越多的消费者偏爱饮用黄酒。不过即便如此，我国黄酒企业普遍的市场定价比较低，又缺乏科学有效的品牌推广，很多年轻人对黄酒的印象就是低档次、过时、专门针对中老年人等，所以年轻人基本都很少购买和品尝黄酒，对相关品牌都比较陌生。

所以古越龙山坚持高端产品战略，通过成立高端酒事业部强化高端产品的运营与管理，着力开拓“国酿 1959、好酒不上头、青花醉”三大高端系列市场，积极推进高端传播渠道拓展，成功与中企万博、京广集团等达成合作，成为迪拜世博会中国馆、第 19 届亚运会指定黄酒供应商，并引领中国新高端、新商务黄酒消费，借助专业营销机构做好营销策划工作，充分利用公司“古越龙山”“女儿红”“状元红”“鉴湖”“沈永和”等品牌资源，明确古越龙山“中国高端黄酒引领者”的品牌定位，进一步协同推进、优势互补。

（三）全面布局数字化战略 共驱黄酒数字化转型

除了贴近年轻消费者，数字化是黄酒产业破局的另一出路。向数字化终端转型、利用数字化技术重构商业模式和提升核心竞争力，已经成为整个酒类产业未来发展的必然选择。互联网电商、移动互联网的发展改变了消费者接收信息的方式，也潜移默化地改变着企业传统的工作、生产、作业方式等。市场的变化、消费者的变化都开始推动古越龙山进行数字化变革。

于是古越龙山利用数字化实现质量管理，在生产端改善传统的工艺、控制产品的品质、提升产品的口感，不断推动黄酒基础性、功能性研究，在黄酒风味口感和舒适度上获得突破。并且与江南大学深度合作，以数字化酒体设计为抓手，引领黄酒品质提升，成功研发出了“不上头”系列产品。

除了利用数字化来管控、提升产品的质量，古越龙山还建设数字化管控中心、资产数字化管理平台、营销管理数字化平台、生产数字化管理平台、企业管理数字化协同平台和产业园数字化平台，推动传统产业向数智企业、数智工厂的方向迈进。并以“黄酒产业大脑”建设为契机，古越龙山将整合原酒交易平台、数字酒证等体系，着力打造智能化未来工厂、精准化营销管理，切实提高企业生产效率、经营效益。

五、探索营销新形式 实行全渠道覆盖传播

（一）融合新媒体营销渠道 创黄酒线上“旗舰店”

在传播层面，古越龙山注重新媒体传播矩阵的构建与完善，很早便开始了“触网”传播，并积极地与爱奇艺、搜狐、优酷等视频平台进行合作，广泛宣传黄酒文化和古越龙山品牌。

在渠道层面，古越龙山主动出击，与抖音沟通取消了原先对黄酒的限制，创新性地在抖音上开设了黄酒旗舰店。古越龙山利用线上抖音、淘宝、京东来弥补线下销售的一些不足，尤其是在西北、西南等偏远地区和海外地区，线下门店铺并没有那么完善，于是利用“互联网+”的形式抓紧偏远地区的消费，完善营销路径，电商和传统的销售渠道不是互相冲突，而是互相补充，核心是把控好价格，重点是通过电商实现“补充”。

古越龙山在各自媒体平台创立旗舰店，利用线上优势，创立营销新机制，带给消费者福利、增强售后服务，让更多人可以接触并认知到黄酒文化和古越龙山品牌。

（二）实行一物一码经销制 实现黄酒精准营销

无论是通过传统经销商，还是通过电商渠道，古越龙山对消费者都很难进行管理，不知道消费者在哪里，也没办法对消费者行为进行干预，在进行渠道布局和消费者营销时，就找不到抓手，无从下手。黄酒和白酒一样，价格高，利润也高。这就导致市场上难免会有卖假售假的现象，之前只在外箱赋码，希望通过这种方式可以杜绝市场上的假货现象。但后来发现外箱很容易被破坏，这样就无法追踪商品的流向，很难判断产品的真伪。

在这样的背景下，古越龙山正式上线了一物一码系统。解决了产品防伪防窜的问题。在产品外包装上贴标和产品瓶盖内外面上喷二维码，这样不容易被破坏。它也帮助厂商掌握产品的流向，避免不同区域、不同渠道之间的窜货，实现渠道的管控。同时消费者通过扫码验证产品的真伪，这在一定程度上减少

假货现象。

总之，古越龙山通过一物一码实现精准营销，分析消费者的个体差异，利用信息传播多角度、全覆盖，确保所有客户都能找到兴趣所在，并基于消费者所在的区域、手机号码、微信账号等对消费者做出基础的信息判断，建立初步的消费者画像。

(三)打造数字化生态种植 抓牢产品源头品质

好水出好米、好米酿好酒，鉴湖湿地公园位于绍兴古城东部，为古鉴湖遗存，总面积为 560.93 公顷，内有洋湖泊、百家湖、白塔洋三个淡水湖，湿地率超过 70%，水质基本达到Ⅱ类水。除了鉴湖水，古越龙山之所以在东鉴湖畔开设数字化绍兴酒糯稻基地，是因为鉴湖湿地公园分布了约 5600 亩泥煤层。

基于泥炭土具有高天然含水率且持水能力强的特点，并且富含有机物质，能改良土壤、促进农作物生长、改善水质等，此类泥煤属于低位泥煤，即富营养泥煤，处于地下 0.4~1.2 米深度，正好位于谷类作物根系生长区域，分解程度较高，氮和灰分含量较多，酸性较低，对稻谷等农作物的生长颇为有益。所以古越龙山选择在这里种植糯稻，确保产品的高品质。

古越龙山还将整个插秧过程通过慢直播向人们展示。今后，人们可以通过手机观看这片稻田和东鉴湖畔美丽的景色，见证糯稻的成长。数字化展示的绍兴酒糯稻基地由古越龙山绍兴酒股份有限公司与鉴湖湿地公园管委会联合打造，首批糯稻种植面积为 1000 亩，位于鉴湖国家湿地公园的核心区域。

总之，古越龙山进行高品质的生态种植，利用数字化抓产品源头品质，受消费者监督，完善营销新形式。

六、结语

在数字化时代，数字化转型已成为各行业的发展趋势，并得到政府的支持。古越龙山利用数字化进行智慧营销，实现从源头到渠道再到售后的数字化全覆盖，制定、优化并完善智慧营销策略是黄酒行业走出低迷的一个强有力的转机。

在当前复杂多变的市场经济环境下，各企业唯有紧跟智慧营销形势，通过有效的 4D[①] 营销策略尽快转变传统营销观念，大力应用数字技术手段，才能扭

① 4D 指 Demand(需求)、Deliuer(传递)、Dynamic(动态)、Data(数据)。

转营销颓势，为行业发展发掘出更大的生机与活力。

在智慧营销背景下黄酒企业要通过有效的4D营销策略实现破局，首先需要做的就是聚焦消费者需求，创造黄酒的应用场景引导消费者饮用黄酒的习惯。在此基础上为了更好地提供服务还需要建立动态沟通机制，加深消费者对于品牌的印象，提升企业的传播力度。作为黄酒企业要将企业的价值传播出去，这就要加强价值的精准传递工作，通过跨界借势营销、设计品牌故事等手段实现价值传递，进一步扩大企业的品牌知名度。而作为智慧营销，通过数据挖掘进行个性化的广告投放、做好销售预测工作同等重要。

案例思考题及分析

1. 结合黄酒行业的现状及市场趋势，分析古越龙山是如何利用数字化转型推动企业发展的？

从行业发展情况来看，中国规模以上黄酒生产企业数量在2017~2021年不断减少，2021年中国规模以上黄酒行业企业数量仅为98家，表明古越龙山企业所面临的外部环境竞争情况有所缓解。从黄酒行业企业市场份额来看，黄酒行业的市场集中度并不高，2021年古越龙山市场份额以9%位居第一，会稽山、金枫酒业市场份额分别为8%和5%，对于古越龙山而言，这两家黄酒企业是该公司最强有力的竞争对手。

古越龙山利用数字化进行智慧营销，开展直播营销、新建智慧网点。充分利用数字化手段整合线上线下资源，以数据和技术驱动业务发展，利用有价值的用户数据，挖掘用户需求，做精准营销和转化。首先，在构建会员画像的基础上进行科学分类，集中对特定群体进行需求发掘。具体可以是对价格敏感的用户重点推送降价促销的信息，对重视品牌的消费者加强品牌推广等。其次，消费者存在个体差异，信息传播应多角度、全覆盖，确保所有客户都能找到兴趣所在。

2. 古越龙山是怎么通过数字化赋能来引领黄酒行业的？

数字化时代到来的同时也意味着消费者对于黄酒产品的消费需求也在发生变化。随着消费者对于黄酒质量的提升和关注，消费者对黄酒品质也日渐重视，这种重视主要分为两种：一种是健康、安全，古越龙山开放种植地，利用数字化媒体向人们直播；另一种是质量、售后，古越龙山通过数字化收集消费者需求，从需求出发满足消费者，并建立微信粉丝群提高售后质量。

数字化赋能生产，利用直播的形式向人们展示稻田和东鉴湖畔美丽的景色，见证糯稻的成长。

数字化赋能营销，从京东、淘宝、抖音等电商平台的合作，打造“互联网+”的营销形式，建立消费者群，以线上的形式便利售后沟通、获得消费回馈，以打造更好的产品品质。利用电商平台、新闻门户、网络社区以及实体频道等都是重要渠道，消费者受到社交网络中的用户原创内容、意见领袖发布内容的直接影响，而且为消费者提供的售后服务与客户的产品忠诚度培养及品牌信任有着紧密的关联性。

3. 古越龙山是如何进行全方位营销活动的?

文化：古越龙山以新生代喜闻乐见的形式，紧紧抓住“新国货”潮流，使黄酒品牌进一步年轻化、时尚化。通过国潮 IP 跨界合作，以国潮经典吸引新时代消费者对中国黄酒文化的关注和认同；同时借势春晚舞蹈诗史“千里江山图”只此青绿，隆重推介“只此青绿只此青玉”联名款，发布香港回归 25 周年“只此青绿只此青玉”纪念酒。

线上：推出“互联网+”新零售模式，携手京东举办“品鉴会”，上架古越龙山抖音旗舰店，与专业机构合作打造中央酒库网红直播基地，以短视频、直播等年轻人喜闻乐见的方式进行营销。

数字化展示：通过慢直播向人们展示插秧过程，人们可以通过手机观看绍兴酒糯稻基地和东鉴湖畔美丽的景色，同时见证糯稻的成长。

线下：“古越龙山 · 慢酒馆”正式开放，将黄酒与咖啡融合，成为小红书、抖音等社交媒体上的“网红打卡地”。按照黄酒不同的消费场景，打造与消费场景匹配的酒具、饮用温度、配餐以及品鉴方法等创新型风味表达体系。

4. 说说古越龙山是如何取得市场竞争优势的?

从供应商来说，作为龙头企业，古越龙山掌握着大量的消费者信息，再加上近几年国内黄酒市场的产品类型日益丰富，企业原料的选择空间也越来越大了，这对原料供应市场形成了较大的冲击，供应商议价能力有所降低。

从产品质量来说，古越龙山的稻田处于鉴湖国家湿地公园的核心区域，古越龙山之所以在东鉴湖畔开设数字化绍兴酒糯稻基地，是因为鉴湖湿地公园分布了约 5600 亩泥煤层，泥炭土具有高天然含水率且持水能力强的特点，富含有机物质，能改良土壤、促进农作物生长、改善水质等。

从产品营销来说，古越龙山与京东、淘宝、抖音等自媒体平台开展合作，打造线上旗舰店，建立消费者群方便售后，建设数字化管控中心、资产数字化管理平台、营销管理数字化平台、生产数字化管理平台、企业管理数字化协同平台和产业园数字化平台，推动传统产业向数智企业、数智工厂的方向迈进。利用数字化，以“互联网+营销”的形式贴近消费者。

5. 数字化时代下，黄酒行业的消费者有何变化？

互联网电商、移动互联网的发展改变了消费者接收信息的方式，也潜移默化地改变着企业传统的工作、生产、作业方式等。市场的变化、消费者的变化都推动古越龙山进行数字化变革。而作为传统企业数字化转型的代表，古越龙山数字化转型的案例一定程度上也是很多传统企业数字化转型的缩影。

数字化时代，消费者对酒类产品的多样化、时尚化、个性化需求逐渐增高，他们逐渐打破了对传统黄酒行业的认知，在产品质量方面，古越龙山得从源头抓起，在产品风格方面，需要融合现代前列时尚元素，不断丰富产品类型与风味，以前瞻性的视野，向市场推出年轻化、时尚型大众消费的各类产品。从产品价格到售后服务，消费者的要求逐渐增高，快速交货和便利的售后趋势下使古越龙山不得不进行一系列的变革。

参考文献

[1]马明茜．大数据时代中小企业的市场营销分析[J]．营销界，2022(18)：14-16.

[2]战令琦．5G 技术背景下的场景营销传播与消费体验[J]．现代广告，2021(20)：59-63.

[3]吴恒，周子轩，桑霞．后疫情时期我国酒店智慧营销策略的研究[J]．湖北科技学院学报，2022，42(4)：55-61.

[4]赵玮，廖四成，廖波．面向用户体验的“社交+电商”全场景营销策略分析[J]．商业经济研究，2021(15)：68-71.

[5]伍锐．移动互联网下中小企业精准营销模型构建[J]．商业经济研究，2018(18)：59-61.

[6]卢晓云，徐帆．移动互联网时代营销传播范式革新的核心驱动源研究[J]．传媒经济与管理研究，2019(1)：13.

[7]董晓庆，袁朋伟，马池顺，张彩霞，张宝文．大数据在市场营销领域应用策略研究——运用 SWOT 模型[J]．中国管理信息化，2022，25(17)：112-

115.

[8]甘诗璐．人工智能与大数据技术在数字营销中的应用[J]．电子技术，2022，51(10)：160-161.

[9]傅祖康．中国黄酒产业分布现状及面临问题对策思考[J]．中国酒，2022，278(4)：42-51.

[10]徐梦，李生校．绍兴黄酒营销时尚化的营销观察与建议[J]．绍兴文理学院学报(人文社会科学)，2021，41(1)：115-120.

第二节　珀莱雅

公司简介

珀莱雅化妆品股份有限公司(以下简称珀莱雅公司)于2003年在杭州创立，已有20年的发展历程，珀莱雅是隶属于珀莱雅化妆品股份有限公司的一个子品牌。珀莱雅(PROYA)的英文含义为Pure(纯净)、Resource(资源)、Ocean(海洋)、Young(年轻)、Aesthetics(美学)。珀莱雅针对亚洲人群不同年龄段的9大肌肤问题，定制11项全面的护肤系列，同时推出底妆系列，涵盖日常场景，满足消费者需求。珀莱雅将“深度之美源自深海”作为产品的主要理念，以优雅、魅力、时尚、知性作为产品特性，一直致力于为广大中国消费者提供全面、深度、实用的护肤方案，开创了富有先导性的海洋护肤美学。

在发展过程中，珀莱雅凭借其品牌形象独具特色、市场细分精准、营销策略明确、产品质量优异等特点取得了极大的发展优势，一直保持着又快又稳的增长趋势，迅速占领了国内化妆品行业的大量市场，成为行业领军者之一。珀莱雅公司不仅立足国内还着眼于国际，打造了“珀莱雅”“优资莱”“韩雅”等一众热销品牌，更加奠定了自己在国内外市场的领军地位。珀莱雅公司拓展多渠道矩阵，及时调整市场营销战略，捕捉市场的最新动向，区别于众多国际品牌选择的高端产品市场，珀莱雅将视线聚焦于普通大众，将产品定位于中端护肤，并同时发展抗衰、彩妆等细分领域，走出了一条独特的属于自己的道路，成为国产“美妆第一股”。

案例梗概

本案例主要讲述了珀莱雅公司是如何妥善将自身的公司经营状况与新时代的数字化消费相结合的。随着新时代发展，化妆品行业的现状和对于化妆品的需求也在发生着飞速的变化，数字化转型一定是化妆品行业要做的必选题。珀莱雅主打大单品战略，然后完成了大单品从单品向矩阵的战略布局，并且构建了自己的产品组合矩阵。珀莱雅以线下消费者渠道起家，后转型线上，持续拓展渠道优势，并且施行立体式营销，持续向顾客输出品牌内容。面对企业竞争，珀莱雅通过可落地策略，带动整个品牌和系列产品的提升；面对无形壁垒，通过进行组织改革，从而更加快速和准确地应对多元化的消费者需求。珀莱雅也不忘社会责任，“美美相生 共向未来”正是珀莱雅一直秉持的理念。

关键词：珀莱雅；数字化转型；企业竞争态势；消费者需求

一、我国国产化妆品产业的发展状况

随着我国经济和国民收入水平的不断提高，人们对美好生活的需求变得日益广泛，化妆品已经成为许多女性消费者的刚性需求。我国是全球第二大化妆品消费市场，2023 年上半年，我国化妆品零售总额首次突破了 2000 亿元大关，出口额也增加明显，充分体现了我国化妆品市场未来发展的巨大潜力。

巨大的市场发展前景在给予行业信心的同时，也对化妆品行业的产品研发和质量控制提出了更高的要求。一方面，化妆品行业的竞争压力较大，目前化妆品行业产业链完善，多种因素共同作用下导致了化妆品市场竞争激烈。中国的化妆品市场经过 20 年的竞争和发展，已形成了国际品牌、本土品牌和新锐品牌三股力量。总体来看，国际品牌凭借领先的技术和成熟的市场以及品牌效应，在市场的竞争中占据了先机。在国际品牌的冲击之下，本土品牌经历了一个艰难的时期，有些品牌迅速消失，有些品牌仅以“怀旧”的方式存在，虽然之后由于大环境的变化和资本的参与使本土品牌迎来了快速发展时期，但要想在市场上取胜并保持优势，国产化妆品依旧任重道远。另一方面，消费者需求也在不断地发生变化。随着互联网的普及，消费者能够随时随地接收海量信息，消费者选择产品正从被动变为主动，研究型消费者成为主要的消费人群。最后，在政策方面，新版《化妆品监督管理条例》对产品从新原料申报、生产工艺、质量控制和安全风险评估等方面都做出了严格要求，这就意味着化妆品行业已经迎来了新的挑战。

二、珀莱雅数字化转型背景

在互联网、人工智能和新兴技术等广泛应用的背景下，数字化转型已成为各行业发展的趋势。为了实现可持续发展和转型升级，数字化生产和经营已经成为化妆品企业的必然选择。2022 年 4 月，国家工业和信息化部公布《消费品工业数字“三品”行动方案(2022-2025)(征求意见稿)》。该方案通过促进数字增品种、提品质、创品牌“三品”战略的深入实施，推动了消费品工业的高质量发展，加速了消费品工业数字化转型。然而严格的标准也给生产企业带来了巨大的压力。因此，越来越多的化妆品企业选择数字化生产模式，向数字化转型。

此外，随着消费者护肤科学意识提升，功效性护肤备受关注。功效性护肤趋势涵盖着消费者对产品成分的日渐重视，最初的目标客群为肌肤敏感或对产品成分等有特定护肤需求的消费者，他们追求成分的安全、简单、温和等；还有的消费者追求成分的有效性，各大品牌通过研发专利活性成分，将其添加在产品中形成差异化优势，这类产品在保证安全性的基础上，通过实验或临床验证，可以有针对性地解决某类皮肤问题。因此如何及时调整自己的产品策略，使之及时契合消费者的不断变化需求，将成为珀莱雅施行数字化消费战略中十分重要的一环。

从整个大环境层面分析，对珀莱雅来说，线上渠道崛起，全渠道运营成为必然之选。到目前为止，我国的自媒体经历了新浪微博、腾讯微信、小红书、视频 APP 的流量变迁，淘宝等的流量也发展到直播时代。这些流量和技术都推动着珀莱雅随化妆品行业进行新一轮数字化改革。与此同时，如珀莱雅这样的规模化企业在数字化转型中也面临着一系列挑战，包括路径依赖、系统惯性以及员工转型的困难。特别是在线下营销、平台电商和社交媒体内容电商等领域，需要采用不同的运营模式、组织架构和激发员工不同的技能。这些企业可能受限于过去的做法和既有系统，难以迅速适应新的数字化环境。

三、以全域化运营 助数字化消费

(一) 深耕大单品，以点带面拓展品类消费

产品数字化是珀莱雅最重视的一环，整个闭环都围绕消费者展开。大单品战略指的是公司在研发技术加持下推出自身核心大单品，从而建立起产品护城河优势、打开品牌知名度。2020 年珀莱雅公司创造性地提出“6 * N”战略。其核心内涵是特异化打造出满足多样消费者需求的独特品牌。2020 年之后珀莱雅的大单品策略逐渐明晰，“6 * N” 战略夯实发展基础，打造出高性价比精华爆品，并成功出圈。此后又陆续推出多种大单品，不断扩充明星单品产品线。

珀莱雅不仅施行大单品战略，而且持续不断拓展类别和构建套装，完成了大单品从单品向矩阵的战略布局(见图 4-2)。类别层面珀莱雅独具匠心，围绕核心能效和组成成分，由精华类外扩为面霜眼霜、面膜等不同种类。通过单品的矩阵化实现了功效的升级和改造，满足消费者需求的多样化，构建产品套装组合。2022 年“双 11”期间，珀莱雅天猫平台上中大单品销售额占比超过 20%、前五大单品占比超 75%，核心大单品对销售的拉动作用明显，大单品战略效果显著。

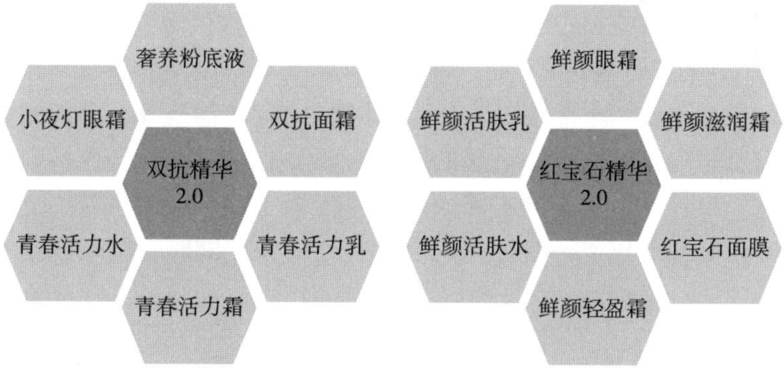

图 4-2 珀莱雅产品“单品矩阵”

资料来源：珀莱雅官网。

珀莱雅持续不断上市多款新品，探索品类方向。随着既有的大单品布局成熟，公司也在不断寻找新的大单品方向，以及构建自己的产品组合矩阵。例如

2022 年 7 月，珀莱雅推出“双白瓶”精华，拥有美白功效、契合肌肤的成分，紧跟了功效组合化的市场热点。与此同时，公司在原材料方面不断加大研发投入力度，与世界级原材料供应商强强联手，与法国科研机构 CEVA 和 CODIF 签约并成立了海洋护肤研究中心；2021 年与德国巴斯夫化妆品原料生产商签约合作，共研双抗精华液；与荷兰的知名生产商帝斯曼联手打造珀莱雅烟酰胺精华液。根据药监局披露的备案产品数统计，2022 年珀莱雅品牌累计备案产品 68 件，彩棠品牌累计备案产品 17 件，产品库储备充足，为未来长期推新奠定了基石。

（二）全渠道布局，数字布局共驱消费

珀莱雅以线下消费者渠道起家，做大品牌后转型线上，持续拓展渠道优势。早期的线下消费者渠道红利，为珀莱雅做大规模奠定了坚实的基础。近几年，化妆品行业渠道不断发生变革与转化，原有的线下消费者渠道开始逐渐没落，线上渠道逐渐地兴起。2012 年珀莱雅开始尝试进入电商渠道市场，设立了美丽谷用以网络渠道的销售。2020 年后，珀莱雅抓住短视频和直播风口，开始进军抖音，推广其大单品以及主打产品。

在线下渠道方面，珀莱雅采用全渠道策略，服务中高端品牌定位，进一步优化网点结构。

在各个线上渠道，珀莱雅也一直在进行着提前规划布局。在天猫客户端上，珀莱雅做到了高效引流+优质成交，同时留住新老顾客，布局构建流量基石，以 1700 余万粉丝数领先大部分国货品牌，与海外龙头相比仅逊于欧莱雅和雅诗兰黛。在热门抖音平台，珀莱雅先发布局+品牌自播+店铺矩阵，品牌流量居国牌首位。珀莱雅是最早布局抖音渠道的国货美妆品牌之一，并且在抖音建立专业的自播团队，培养品牌自有的主播人才。不仅拥有多个自播账号，还拥有一支专业的自播团队，形成了一套完整的自播运营体系。同时，珀莱雅还有针对性地组建电商团队，根据不同的平台特性和产品特点，进行精细化的运营管理和投放。在自营店方面，珀莱雅也没有落入下风，同时兼顾达播和自播，一方面与优质主播合作，充分发挥其引流作用，另一方面也自建团队保证官方店铺全天候直播，以此减少断播导致的消费者流失。

总的来说，珀莱雅是一个具有前瞻布局能力的美妆品牌，在 21 世纪信息时代，珀莱雅抓住了机遇，充分利用数字化消费的特点，结合适合市场的渠道战略，构建了渠道+数字化的数字化消费新模式，成为国内美妆产业的龙头企业。

（三）立体式营销，持续输出品牌内容

2022 年后，珀莱雅持续加码情感营销。珀莱雅使用情感营销输出价值，注重品牌情感建设。2021 年与中国妇女报联合发起“性别不是边界线，偏见才是”话题，收获了极高的关注和播放；此后珀莱雅再推“开学来信，写给 18 岁的自己”；2022 年的妇女节、母亲节、七夕及 2023 年春节，珀莱雅均有内容持续输出。珀莱雅的广告活动之所以出圈，离不开在融媒体平台上进行的传播。珀莱雅通过具象的语言情景来传达品牌内涵，说情绪不好，不是用话语和文字来表明人物有多生气、多心烦，而是通过“你是否会怀念，曾经想笑就笑，想哭就哭，想说的话不多等一秒”等看似简单通俗的文案来刻画一种直观的情绪体验，这样的文字是具象化的、亲近受众的。

珀莱雅在品牌定位和代言人方面日趋年轻化，签约代言人也从品牌早期的大 S、佟丽娅、章子怡等明星过渡到更为年轻化的章若楠、范丞丞、黄明昊等明星。同时，珀莱雅将产品特质和明星气质相互结合营销，比如孙俪代言红宝石、范丞丞代言彩妆板块等。珀莱雅积极把握网络热点，跨界合作扩大受众群体。

四、内外因促竞争 快速应变开新局

（一）市场竞争加剧，国牌不断崛起

如果将我国化妆品市场按价格和目标消费群划分，主要可以划分为高端（奢侈）化妆品、高档化妆品、中高端化妆品、大众化妆品和极致性价比五个细分市场，五个细分市场均处于多品牌竞争状态。其中，高端（奢侈）化妆品市场和高档化妆品市场主要由欧莱雅、资生堂、雅诗兰黛等国际顶尖品牌占据，这些处于第一梯队的龙头企业都有着悠久的发展历史和过硬的产品技术。以欧莱雅为例，欧莱雅各类化妆品畅销全世界，而研发+数字化+运营正是欧莱雅能够立于化妆品行业不败之地的“三驾马车”。在多品牌运营上，欧莱雅通过外延完善产品矩阵，再依托公司强大的渠道和研发能力，使欧莱雅具有全球最多的品牌数量。而早在十年前欧莱雅就坚定地进行数字化转型，公司在渠道、营销、消费者体验、数据、公司运营等多方面做了变革。正是由于欧莱雅战略上对研发的重视，成功帮助欧莱雅创造了多款明星产品，不断让公司研发赋能品牌能力。

国产品牌则主要定位于中高端、大众化以及极致性价比市场。从国内上市美妆十强公司的排名来看，2022 年化妆品行业头部美妆企业竞争进入白热化阶段(见表 4-1)。

表 4-1　2022 年全国十大美妆个护上市公司

排名	公司	营收(亿元)	增幅(%)	净利润(亿元)	增幅(%)
1	上海家化	71.1	-7.1	4.7	-27.3
2	珀莱雅	63.9	37.8	8.2	41.9
3	华熙生物	63.6	28.5	9.7	24.1
4	贝泰妮	50.1	24.7	10.5	21.8
5	水羊股份	47.2	-5.7	1.3	-47.2
6	逸仙电商	37.1	-36.5	0.4	/
7	上美股份	26.8	-26.1	1.5	-56.6
8	巨子生物	23.6	52.3	10.0	21.0
9	鲁商发展	19.7	31.7	/	/
10	丸美股份	17.3	-3.1	2.5	-29.7%

资料来源：各企业招股说明书和上市公司年报(其中鲁商发展仅为化妆品业务)。

国内与珀莱雅同级竞争企业有贝泰妮、上海家化及水羊股份。贝泰妮是以“薇诺娜”品牌为核心，重点针对敏感性肌肤，专注于提供温和、专业的皮肤护理产品，是一家在产品销售渠道上与互联网深度融合的专业化妆品生产企业；上海家化主要从事护肤、个护家清、母婴产品的研发、生产和销售；水羊股份主要从事化妆品的研发、生产与销售，以自主品牌为核心，进而实现自主品牌与代理品牌双业务驱动。这三家企业在《2022 年全国十大美妆个护上市公司》中排名分别为第 1、第 4、第 5 名，不论是从市场定位、产品结构还是研发力度上，这三家企业都相差无几。

(二)行业新政加严，回归研发本质

2022 年 5 月，国家药监局印发了关于《药品监管网络安全与信息化建设“十四五”规划》的通知，对化妆品行业发展提出了加强化妆品监管能力建设、完善信息化标准体系、强化风险管理能力建设的目标。相关法规出台，为化妆品企

业提供衡量产品质量的重要标杆。在强力度监管下，产品和研发能力将成决赛胜负手。

随着Z时代的到来，Z世代人群成为新消费市场的重点关注对象。从消费者行为习惯来看，Z世代人群更注重自我满足，在生活中表现得更“精致”。新时代消费者心智更加成熟，在护肤时更关注成分和功效，强调科学性和安全性。此外，中国消费者越来越重视化妆品的复合功效，越来越多的消费者对化妆品功效的重视程度已经超过品牌、价格、促销力度等因素。综合来看，行业规范化的不断推进，化妆品的产品质量和技术水平的不断优化都促使化妆品消费者变得更加理性，更注重产品的效果、复合功效和价格的亲民性。在经历了激烈的营销竞争后，化妆品企业开始注重科技创新，增加研发投入，并不断提升产品的功效和性能。

过往外资品牌在国内化妆品市场占据绝对主导地位，然而近年来，一些头部的国产品牌通过具有前瞻性的市场布局，针对特定市场人群的需求和痛点进行营销，成功地实现了差异化优势。这使它们在各自的领域中取得了快速发展，超越了竞争对手，背后反映其拥有敏锐的消费者需求洞察能力以及与之匹配的研发创新能力。2023年，在国内各大美妆企业的财报上，我们可以看到研发的比重不断提升，有些公司在投入比例上已经赶超国际巨头。虽然与国外化妆品巨头依旧有所差距，但不少企业的研发费用率已经高于3%的行业标准。目前国货龙头品牌已经开始新一轮的产品布局，并持续进行产品结构升级和拓展品牌矩阵。

（三）有形之策略，无形之壁垒

针对行业新政和新时代消费者需求新变化，珀莱雅通过有形之策略、无形之壁垒与市场竞争者们逐渐拉开差距。

所谓有形之策略，即产品策略、渠道策略和营销策略。大单品除稳定贡献高销量外，还具备持续迭代的能力。近年来，随着科技的进步和消费者购物习惯的变化，一些新兴的销售渠道正在崛起并逐渐成为化妆品市场的重要组成部分。而珀莱雅屡次把握时代红利通过先发布局抢占蓝海市场，线下入驻中高端百货、深耕品牌店，线上深化平台合作、发力新零售渠道、把握电商红利。关于营销渠道，珀莱雅自2021年起加大情感营销的力度，不断输出优质内容，鼓励年轻群体勇于探索，以增强消费者对品牌的认同感。珀莱雅选择的签约代言人也随着品牌的重新定位日益年轻化，从而吸引年轻消费者的关注。

所谓无形之壁垒，则是指难以被模仿的管理机制和快速升级的研发布局。珀莱雅率先实施新型组织结构，借鉴互联网公司的经验，将管理架构从垂直型转变为网状型。这种扁平化的组织结构使沟通高效、反馈快速，能够更迅速、准确地应对不断变化的消费者需求。同时在各部门之间采用竞争机制，促使企业高效率运行。珀莱雅不断充实研发人才队伍。2016～2022 年公司研发团队由 82 人扩充至 159 人，专业内容覆盖皮肤科学、生物化学、生命科学、材料科学等。同时设立了多个实验中心，完善自身研发硬件基础。早在 2008 年珀莱雅就成立了研发中心“科学护肤实验室”，主要用于产品端的研发。公司转向产品力驱动后，对研发需求提升，以及消费者对原料的重视，珀莱雅及时调整研发中心布局，分设研发创新中心和国际科学研究院分别聚焦研发。

五、美美相生，共向未来

面对日益增多的环境问题和社会挑战，可持续发展的环境对人类提出了更多要求，珀莱雅深刻认识到自身在全球可持续发展中的责任，连续两年发布了《可持续发展报告》和《环境、社会与公司治理报告》。在 2022 年，基于全面评估和内外部利益相关方的调研，珀莱雅制定了名为“美美相生，共向未来”的首个可持续发展战略规划。

（一）以业务创造美

可持续发展的业务是珀莱雅可持续发展的原动力，是珀莱雅持续创造环境与社会贡献的基础。因此，可持续发展的第一个支柱是可持续发展的业务。产品是珀莱雅业务可持续的核心动力。所以珀莱雅除致力于业务的可持续发展外，还持续关注自身生产和业务模式转型，推动产品全生命周期的可持续转型。包括研发、原材料采购、生产、销售、使用和废弃等环节，努力打造安全的产品、卓效的产品和可持续的产品。

珀莱雅计划到 2025 年，推动基础研究与功效性原料的研发，打造更卓效的产品，实现更安全有效的功效性原料开发应用；同时对主要品牌的新产品和更新产品进行全面评估，包括安全性、功效和可持续属性，专注于改善产品在绿色包装、碳足迹和生物多样性保护等方面的表现。以 2021 年为基准，单位产品温室气体排放量下降 25%，自身运营碳达峰。包装减量、改进包装材料、包装回收以及包装材料中可持续使用的包装材料的比例提升 20%，包装使用强度降低 15%。2025 年使用清洁能源的比例达到 50%，实现自身运营碳达峰，2030 年实现自身运营净零排放。

(二) 以价值链传递美

作为价值链的重要环节，珀莱雅深知自身行为对价值链的重大影响，需站在价值链系统的整体高度审视自身责任。因此，珀莱雅可持续发展的第二个支柱是“可持续的价值链”，也就是在立足自身业务的基础上，珀莱雅将自身的可持续发展理念，传递给所有利益相关方，带动全价值链的可持续转型并将关注重点放在赋能合作伙伴、倡导绿色生活和推动行业发展。

在可持续的价值链中，珀莱雅持续关注着合作伙伴、消费者和行业伙伴三大利益相关方，引领合作伙伴实现可持续转型，倡导消费者绿色生活，并与行业伙伴分享可持续理念、知识和解决方案，推动整个行业实现可持续转型。到 2025 年，珀莱雅计划带动所有价值链合作伙伴实现可持续转型，100%开展 ESG 环境、社会和公司治理符合性评估，为所有合作方提供 ESG 管理支持，通过价值链减碳倡议和激励，推动所有战略合作伙伴碳排放降低，并向同业分享自身可持续行动，以及通过多种方式的产品可持续信息披露，面向消费者传递可持续消费理念。到 2045 年，将实现全价值碳链中和。

(三) 以社会生态成就美

在立足自身业务和价值链基础之上，珀莱雅关心人类面临的共同挑战，为更可持续的社会生态贡献力量。关注社会的包容与发展、人与自然的和谐共生，这既是珀莱雅对美好社会的共同向往，也是其业务与价值链能够长足发展的前提与保障。因此，珀莱雅可持续发展的第三个支柱是“可持续的社会生态”。

珀莱雅不仅从原材料采购、生产、物流仓储到消费使用和废弃的全过程坚持可持续发展，同时还专注于女性由内而外的美丽事业。长期以来，珀莱雅将打破性别偏见作为自身的价值主张，鼓励女性以及男性突破性别观念设置的种种限制，追求自我价值实现。因此，2022 年珀莱雅延续了“性别不是边界线 偏见才是”的传播主张，深入个体成长的不同阶段，倡导性别平等的理念。

在原材料使用方面，珀莱雅推行卓越绩效和精益管理，建立了节水管理领导小组，由节水管理领导小组统筹节水管理工作，建立用水节水考核奖惩机制，完善用水计量体系，规范用水行为，鼓励员工在生产中随时提出改善建议，减少废品率，从而提高原材料的使用效率，推动水资源利用效率的不断提升，为社会绿色发展贡献了一份来自珀莱雅的力量。

案例思考题及分析

1. 结合化妆品行业的现状及市场趋势，分析珀莱雅是如何利用数字化转型推动企业发展的。

化妆品行业竞争激烈，国际品牌占据市场优势，本土传统品牌经历了困难时期，但随着资本的参与和大环境的变化，本土品牌迎来了快速发展时期。数字化转型是珀莱雅发展的必然之路，线上渠道崛起，全渠道运营成为必然之选。珀莱雅要想以数字化转型推动企业发展，就必须紧紧抓住时代机遇，积极进行企业改革，顺应新时代消费者需求的变化，以此谋求更好的企业发展。

2. 在数字化背景下，化妆品行业的新时代消费者发生了怎样的变化?

数字化时代到来的同时也意味着消费者对于美妆产品的消费需求也在发生变化，新时代的消费者在护肤时更关注产品的成分和功效，强调科学性和安全性。消费逐渐回归理性，产品回归质量与功效。消费者从主要追求成分的安全、简单、温和等，逐渐转变为追求成分的有效性以及化妆品的复合功效，越来越多的消费者对化妆品功效的重视程度已经超过品牌、价格、促销力度等因素。

3. 简述珀莱雅是如何妥善利用全域运营战略在数字化消费时代取得发展先机的。

首先，产品方面，公司创造性地提出“6 * N”战略，其核心内涵是基于六项能力打造，赋能、孵化出满足“不同”消费者“不同”需求的“不同”品牌。同时珀莱雅也提出了大单品战略，在研发加持下推出自身核心大单品，从而建立起产品护城河优势、扩大品牌影响力。目前，珀莱雅公司主打的产品是“红宝石2.0”和“双抗精华2.0”，公司通过围绕这两个产品建立产品矩阵，全方位布局。通过单品矩阵化实现功效的升级和扩圈，满足消费者多样化需求。随着既有的大单品布局成熟，公司积极构建自己的产品组合矩阵。在渠道方面，珀莱雅以线下消费者渠道起家，做大品牌，然后转型线上，持续拓展渠道优势。在线下渠道方面，珀莱雅采用全渠道策略，服务中高端品牌定位，网点结构优化。珀莱雅线下渠道已经进入转型周期，服务大单品战略，促进品牌升级进军中高端档次。公司持续收缩线下渠道，线上渠道运营将会是未来发展重点。在各个线上渠道，如天猫和抖音，珀莱雅也一直在进行着规划布局。

4. 通过企业竞争态势，分析珀莱雅是如何在市场竞争中占据优势的?

在市场竞争加剧的同时，企业也面临着更加复杂的宏观市场环境。国家出台相关法规，为化妆品企业提供衡量产品质量的重要标杆。

有形之策略：珀莱雅通过大单品策略到单品矩阵化，再到品类扩张研发新品的一系列产品策略，帮助构建品牌体系和增强用户黏性，从而带动整个品牌和系列产品的提升；在渠道策略方面，珀莱雅善于把握时代红利，线下入驻中高端百货、深耕品牌店，线上深化平台合作、发力新零售渠道、把握电商红利。

无形之壁垒：在组织管理机制方面，珀莱雅率先完成新型组织结构的搭建，效仿互联网公司，将管理架构从垂直型改为网状型，通过扁平化组织实现高效沟通和快速反馈，从而更加快速和准确地应对不断变化的消费者需求。

5. 从可持续发展的角度，展望珀莱雅未来发展趋势。

首先，珀莱雅从自身产品研发方面提出了第一个支柱“可持续发展”的业务。其次，珀莱雅提出的第二个支柱是“可持续的价值链”，也就是在立足自身业务的基础上，珀莱雅将把自身的可持续发展理念，传递给所有利益相关方。最后，在立足自身业务和价值链基础之上，珀莱雅关心人类面临的共同挑战，为更可持续的社会绿色发展贡献力量。珀莱雅一方面将打破性别偏见作为自身的价值主张，认为实现性别平等的前提在于打破性别刻板印象带来的社会规训，鼓励女性以及男性突破性别观念设置的种种限制，追求自我实现；另一方面在生产经营过程中，珀莱雅鼓励员工节水、节电，提高原材料使用效率，在企业绿色发展方面做了相应的可持续发展规划并做出实质性改变。

参考文献

[1]中国美妆行业发展现状分析：人均美妆消费金额逐年攀升[EB/OL]. https：//www. sohu. com/a/588360025_121388913.

[2]刘玉亮，邓静．中国化妆品行业的现状与未来[J]. 日用化学品科学，2016，39(1)：1-8.

[3]多维度进行营销数字化，是珀莱雅月均约 6000 万的原因吗？[EB/OL]. https：//www. sohu. com/a/481813555_505786.

[4]陈寿，赵瑞丽，王鑫，张岩，涂建国，唐华平．化妆品行业的数字化转型之路[J]. 中国化妆品，2022(Z3)：119-123.

[5]刘婷婷，李娅玲，张鑫山．数字经济视角下国产化妆品企业盈利模式分

析——以珀莱雅为例[J]. 现代商贸工业，2023，44(8)：31-33.

[6]民生证券. 2022年珀莱雅业务布局及竞争优势分析，珀莱雅逐渐向高端化转型[EB/OL]. https：//www. vzkoo. com/read/20220511b1e9e898331a3b75ec464684. html.

[7]上海证券. 2022年珀莱雅核心竞争力及业务布局分析，珀莱雅多品牌蓄力布局持续夯实品牌矩阵[EB/OL]. https：//www. vzkoo. com/read/20220707f9b24fee851eb724c2ead91d. html.

[8]中信证券. 珀莱雅(603605)深度复盘与展望报告[EB/OL]. http：//stock. finance. sina. com. cn/stock/go. php/vReport_Show/kind/lastest/rptid/728340273251/index. phtml.

[9]华泰证券. 珀莱雅(603605)披荆斩棘，持续进化[EB/OL]. https：//max. book118. com/html/2022/0606/8073074035004106. shtm.

[10]段淳林，周琴雪. 发掘用户情绪价值，珀莱雅回声计划[J]. 中国广告，2022(12)：69-72.

[11]光大证券. 内外因促行业竞争加剧，期待国货积极突围——化妆品行业2022年中期投资策略[EB/OL]. https：//pdf. dfcfw. com/pdf/H3_AP202212011580713101_1. pdf? 1669883207000. pdf.

[12]广发证券. 珀莱雅(603605. SH)大单品出圈+新渠道放量，快速应变开新局[EB/OL]. https：//max. book118. com/html/2021/0826/7156021141003165. shtm.

[13]马嘉. 化妆品行业迭代加速[J]. 中国商界，2023(1)：22-23.

[14]化妆品行业“十四五”发展规划[J]. 日用化学品科学，2022，45(1)：1-5，17.

第五章

数字化市场细分与市场定位

第一节　娃哈哈

公司简介

杭州娃哈哈集团有限公司(以下简称娃哈哈)创建于1987年，是专业从事食品饮料研发、制造，设计并制造饮料生产装备和工业机器人的综合性食品企业。目前，娃哈哈已经在全国29个省份建立了81个生产基地和187家子公司，拥有员工近3万人，其企业规模与企业绩效在过去的20年里一直处于行业领先地位。

娃哈哈自成立以来，一直开拓壮大，锐意进取，产品种类繁多，涵盖包装饮用水、蛋白饮料、碳酸饮料、茶饮料、果蔬汁饮料、咖啡饮料、植物饮料、特殊用途饮料、罐头食品、乳制品、医药保健食品等十余类200多个品种，其中，纯净水、AD钙奶、营养快线、八宝粥是家喻户晓的产品。除食品饮料研发、制造外，娃哈哈还是食品饮料行业少有的具备自行研发、自行设计、自行制造模具及饮料生产装备和工业机器人能力的企业。娃哈哈坚持发展实体经济、发展先进制造业、抢占战略新兴产业，在巩固饮料行业龙头地位的同时，进军大健康产业、数字化领域，构建全产业链优势。

多年来，娃哈哈位居中国企业500强、中国制造业500强、中国民营企业500强前列。公司先后获得国务院520家国家重点企业、中国食品工业科技进步优秀企业、全国质量管理先进企业等荣誉，得到了国家级企业技术中心认定、国家级实验室认定，代表着娃哈哈30多年来坚持技术研发，从跟进创新到引进创新再到主动全面创新的多层次发展。

案例梗概

伴随着数字化时代的到来，许多企业因产品同质化、营销方式保守、传播渠道单一等原因，面临品牌形象老化、市场份额下降的困境。娃哈哈成功运用数字化技术，深度剖析市场变化，适应消费群体需求，加强产品研发生产管理，并通过搭建社交媒体传播矩阵、布局自建电商平台、开展跨界营销等举措，转型升级商业模式，全方面拥抱数字化，在激烈的市场竞争中转型突围。

关键词：娃哈哈；数字化；市场细分；市场定位；OAO

一、食品饮料行业发展情况

根据前瞻产业研究院的数据，2022年中国饮料类累计零售额达到了3022亿元，累计增长5.3%。飞速发展的居民生活水平和大众消费水平，对食品饮料行业提出了新的要求，食品饮料行业自身环境也不断变化。在消费者偏好方面，由生产者占主导地位的卖方市场转变为由消费者占主导地位的买方市场，年轻消费者逐渐成为市场的主力军，使我国食品饮料消费呈现出精细化、多元化、个性化、差异化的特点，一般性、温饱性的支出在家庭消费中的比重逐渐下降，反映生活质量和生活方式的消费支出占比逐年增长，有益于身体健康、提高生活品质的高端产品受到消费者的青睐；越来越多的消费者更加关注食品安全，绿色食品、无公害食品、天然有机食品需求快速上升，呈现出良好的发展势头；在消费模式方面，随着电子商务平台的不断普及与发展，越来越多的食品、饮料交易在互联网平台上完成，极大地挑战了食品饮料企业原有的线下渠道布局模式，扩充了较为传统的销售渠道，社交网络、搜索引擎的信息变换，时刻影响着食品饮料企业在消费者眼中的口碑，并为企业留下了更加清晰的消费者需求信息。

新消费时代，食品饮料企业的生产模式由原来的批量化、标准化生产，转向定制化、个性化、柔性化生产，这对企业的研发、生产、管理等各方面都提出了更高的要求，是娃哈哈数字化转型的大方向；另外，伴随着传统企业与数字经济融合的逐渐深入，企业需要思考如何将自己的数字化能力全面发展，通过数字技术的深化应用，更全面地拥抱市场。

二、娃哈哈数字化转型背景

在1994年初的全国经销商大会上，娃哈哈提出了“联销体”的雏形——保证金制度。“联销体”网络是适应中国市场环境而形成的垂直渠道模式，即一个由不同层次的独立制造商和中间商以合同为基础建立的联合渠道系统。经历了传统的国营糖酒公司分销、利用批发市场个体户分销之后，娃哈哈的新产品能利用联销体在最短的时间铺向全国，甚至乡镇农村，足以显现联销体模式早年的成功之处。

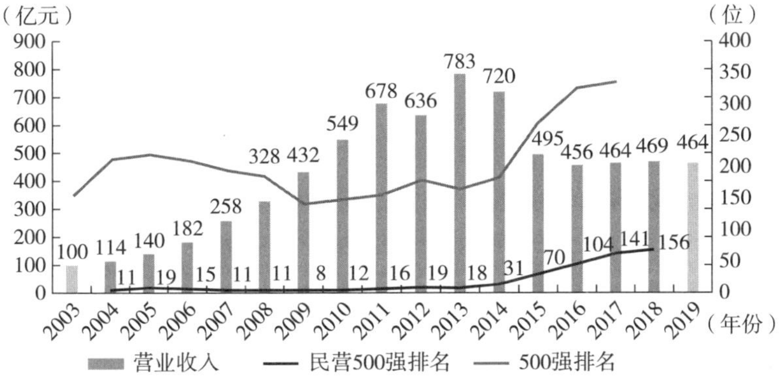

图5-1　娃哈哈历年营业收入及500强排名

资料来源：搜狐网。

然而，伴随着我国社会经济不断发展，人民生活水平日渐提高，本该步入多元化发展时期的娃哈哈却日现颓势，不仅在品牌延伸的其他领域遭到打击，其本身的销售业绩也开始下滑，娃哈哈的销售额在2012年出现首次下滑，2014年后，娃哈哈的销售额就开始快速下滑（见图5-1），究其原因，2013年娃哈哈营业收入达到峰值后，饮料行业传统跑马圈地式的渠道铺设告一段落，行业体量增长达到顶峰、产品品质需求不断提升，新消费群体求新求异的特征被不断放大。在此背景下，娃哈哈这样的传统渠道型企业，原有的核心竞争优势递减，放大了其“强渠道、弱创新”的缺点，面临着艰难的转型需求，需要以新的增长驱动推进企业发展；而如元气森林、农夫山泉等具备产品创新力的企业，在行业情景不断变化之间，通过加速推新与产品迭代，开始了对龙头企业的迅猛追赶，在新消费群体逐渐崛起的这些年，娃哈哈原有的“跟进式创新”道路，已然不能适应激烈竞争、同质化严重的市场。

三、数字化市场细分

近几年，食品饮料行业被市场给予更多诉求，从口感到功能化再到健康需求，市场的快速裂变驱动着食品饮料品类的逐级分化。作为该行业的龙头企业，娃哈哈深耕经营30多年的客户数据，紧扣新时代消费者的个性化需求，以大数据细分不同市场、以智能渠道接收市场反馈，以智能工厂调整改良产品，通过后端的数字化升级，满足前端细分市场多重需要。

（一）剖析消费新主力，挖掘市场新需求

新时代消费人群对产品的品质和健康有着极高的需求。《美好生活2021中国消费者品牌榜单子榜单》显示，新时代消费者的第一诉求逐渐变为健康有益的产品，且社会环境广泛认同并支持追求美好生活的新时代消费者价值观，响应该价值观的产品层出不穷。《2020百度营销趋势洞察报告》显示，受Z世代年轻人驱动，消费者对产品品质的需求上升了3倍，个性化需求上升了5倍，“新的审美维度”上升了5倍，说明年轻消费者不仅要喝得健康，还要喝得“美”，让产品兼具颜值与健康。在饮料领域，自打出“0糖，0卡，0脂”招牌的元气森林一路爆红，喜茶、奈雪的茶等网红茶饮企业也纷纷推陈出新，以牛奶代替勾兑糖精，制作茶饮时提供无糖选项等；娃哈哈的竞争对手康师傅也推出一系列低糖高蛋白的能量棒品类产品，解决年轻人关注的产品成分健康问题。

于娃哈哈而言，其招牌产品仍为AD钙奶、营养快线、矿泉水等老式经典，已不符合新时代消费者在产品颜值、健康方面的需求，这进一步要求娃哈哈推陈出新，重新划分细分市场，明确自身市场定位，以符合新生代消费者需求的产品，抢占市场份额。娃哈哈先后通过问卷调查、大数据等调研手段，获取消费者信息，并通过数字化交互平台的直接交互，有效对用户进行画像，对产品的定位、研发、销售等提供决策业务模型，以研发出针对性产品，满足消费者的个性化需求。

（二）数字化市场动态，指向化满足痛点

在产品的整体布局上，娃哈哈以市场细分引导产品细分，以顾客需求差异化引导产品研发差异化，从多种使用场景规划产品，以满足不同人群的细分需求。娃哈哈的细分化产品背后，是对消费者偏好的洞察。都市白领偏爱咖啡，娃哈哈就有 U-YO 厚乳拿铁；商务差旅偏爱喝茶，娃哈哈就有“入茶里”低糖茶饮；聚会宴请偏爱含气饮品，娃哈哈就有非常可乐和奶啤；学生党和上班族早起匆忙、来不及吃早饭，娃哈哈便推出了“代餐新选择”小麦胚芽营养粥。娃哈哈非常重视产品与消费群体的“配适度”，处处从用户思维出发。

在大健康方面，《健康中国 2030 规划纲要》明确提出，要加快生物医药和大健康产业基地建设，培育健康产业高新技术企业。伴随着经济发展水平和居民生活水平不断提高，年轻人失眠、焦虑、没空吃早饭和病态减肥成为社会热点问题。为此，娃哈哈主动求变，加快健康产业领域的布局。娃哈哈联手开域集团推出“轻奈”系列产品，主打轻食、轻饮、轻补 3 大系列 8 款产品；针对年轻消费者将“健康焦虑”作为重要话题的现象，娃哈哈逐渐将大健康的产品线转向了年青一代，娃哈哈研发了包括“蓝帽产品”和功能性产品在内的多款大健康新品，关注亚健康群体、儿童群体、女性群体等多类人群的健康需求。

在产品焕新方面，娃哈哈选择赋予有情怀加持的门面单品潮趣、年轻的崭新形象。例如，围绕非常可乐，娃哈哈采用“视觉+味觉+理念”的焕新模式，在视觉上，打造国潮版包装的非常可乐，以“百鹿迎福归”和“千鲤共婵娟”为主题，以中国传统文化中具有美好寓意的鹿和锦鲤为设计主体，在味觉上，推出人参、油柑、话梅三款无糖非常可乐；在理念上，推出前充分调研了国人口味与喜好，气泡量足，爽口解渴，口感柔和舒适，为国人量身定制，是真正“中国人自己的可乐”。

同时，娃哈哈还积极通过“娃哈哈+”的营销模式，频频展开跨界联名，塑造年轻有趣的品牌形象。2020 年，娃哈哈推出有多重口味的全球限量定制版盲水；2021 年，娃哈哈携手网易手游阴阳师，推出“娃哈哈×阴阳师新年奶萌礼盒”，上线淘宝店当天就被一抢而空。

（三）数字化生产思维，精准化产品研发

对降糖技术和先进生物技术等多重技术研发底蕴的加持，娃哈哈新品频出。在降糖方面，娃哈哈研究并建立了饮料的无糖、低糖复配使用模块，做到降糖

减糖与维持产品口感兼得。同时，娃哈哈连续 10 多年远赴西藏、贵州、新疆、云南、青海、广西、四川、内蒙古等地采集优质菌种资源，建立了涵盖 4000 多种菌种资源的菌种库，目前已获得 16 株功效清晰的益生菌功能菌株，申请相关发明专利共 24 项，并建设智能化菌种生产车间，成功打造目前国内一流的智能化菌种生产线。

此外，娃哈哈还以市场为导向积极建立智能工厂，以高效、灵活、可协调的生产制造，为品牌年轻化和市场争夺战赋能。娃哈哈智能工厂解决了柔性化生产的核心难点，依靠先进的制造技术、自动化技术的工业技术和物联网、大数据、人工智能、工业物联网、数字孪生等新一代的信息技术，将先进生产装备、技术、数据和管理有机融合。以娃哈哈文成基地为例，可以为产品的生产制造提供智能化全流程解决方案，生产线从准备到生产，整个过程只需 2.5 小时；不同口径的瓶型转换只要 3.5 小时，更换整套模具只需 32 分钟，即便市场迎来巨变，娃哈哈也可以凭借智能工厂的高效灵活性，快速追逐市场热点并及时推出新品。

四、数字化市场定位

（一）构造数字化营销平台

针对线上销售模式的蓬勃发展，娃哈哈推动其线下营销体系同步进行了数字化转型，将 APP、小程序和 PC 三端互通，形成由厂家、经销商、批发商、终端零售商和消费者组成的营销体系，线上线下协调运行。在布局其他电商平台的官方店的同时，娃哈哈也积极打造自有电商平台。2018 年，娃哈哈进入微商领域，“哈宝游乐园”便是娃哈哈的自建电商初步尝试。哈宝游乐园上线 2 年后，2020 年，娃哈哈正式宣布将进军电商，打造保健品电商平台“康有利”、食品饮料电商平台、跨境电商平台以及哈宝游乐园这四个电商平台。2021 年，娃哈哈的 S2B2C 实体电商平台快销网正式上线，娃哈哈积极邀请中小企业免费入驻，以快销网为支点，帮助中小企业解决渠道下沉、集中采购、配货分销等多种问题。作为娃哈哈依托线下渠道优势和经销商体系、积极融合电商平台与联销体模式的重要媒介，在试运营期间，娃哈哈快销网内入驻终端店 89 万家，定位终端店 177 万家，平台总业务交易金额达 45 亿元。

快销网的建立有利于娃哈哈进一步打通供应链配送体系，布局大数据营销网络，实现数字赋能实体经济。在快销网上，终端店主可以通过实时数据反馈与数据分析，选择动销更快、利润空间更大的商品，并通过娃哈哈多年以来完善成熟的线下渠道，快速实现热销产品的更换，实现线上下单、线下就近配送。相关数据也将被及时地传递到娃哈哈云计算平台，全面记录消费者的购买偏好和终端店的销售情况，进一步刻画消费者画像。于消费者而言，在快销网上购买商品，意味着购买减少中间商的厂家直供产品，更加物美价廉，也经过了严格的质量检验。于经销商而言，快消网提升了经销商自身的供应链管理效率，实现了数字营销的精细化管理。

与快销网同为娃哈哈旗下自建电商平台的康有利，则是娃哈哈升级并实施大健康战略的主要场所。康有利平台不仅销售娃哈哈自有的大健康产品，还在逐步吸纳国内外知名品牌入驻；在经营模式方面，康有利专注于社交电商，以社交裂变带动数字化推广和数字化销售；作为娃哈哈自建电商的初步尝试，哈宝游乐园瞄准了追求个性表达与差异化的年轻人，先后推出“娃哈哈 &LPL 线上青训营”活动，“营养快线×斗罗大陆瓶身互动”活动，建立“全力苏出，美好生活请签收”“有童心，哪里都是游乐场”等讨论话题，以数据中台为底层架构，品牌 IP、电商售卖、社交互动为主要驱动，形成品牌、售卖与社交三位一体的新格局。

（二）打造立体化媒体矩阵

面对互联网环境下社交媒体的蓬勃发展，娃哈哈结合自身长期优势，在传统媒体上，坚持头部平台战略；在社会环境中，以实际行为宣传品牌形象；在社交媒体上，频频与年轻消费者展开互动，依靠精准定位步入圈层，最终打造立体化、全方位、有广泛影响力的媒体矩阵。

在传统媒体上，2020 年，娃哈哈先后与多家头部平台展开合作，通过头部平台的权威性，于消费者心中塑造年轻化、高品质的品牌形象。2020 年娃哈哈重点参与了中央广播电视总台的品牌强国工程，依托中央广播电视总台及其旗下的各个平台，娃哈哈得到了强有力的品牌背书。通过在头部平台上的频繁亮相，娃哈哈向全国人民讲述娃哈哈近些年来的数字化举措，如进军电商产业，打造自建电商平台，加快智能工厂建立等。2022 年，娃哈哈入选中国品牌强国盛典十大国品之光、助力共同富裕民企样本，并成为多个春节特别节目的指定饮品，广泛地影响了消费者。

在社会环境中，娃哈哈以实际举措，表达其健康与陪伴的理念。2022 年，娃哈哈为浙江省市公安、消防支队、区派出所等单位送出 10 万余瓶清凉解暑的纯净水，将清凉送入一线；为感谢前线防疫工作人员在疫情期间的辛苦付出，娃哈哈赠送 100 吨纯净水，向奋斗在前线的防疫工作者送去关心和支持；在绿色低碳方面，娃哈哈与国内最大的分布式能源提供商联盛新能源联手，打造了中国最大的电力改造系统，项目全部并网后，娃哈哈集团全国近 80%的子公司都会使用清洁能源电力，成为名副其实的“绿色智能工厂”。

在社交媒体上，娃哈哈充分利用社交平台的传播渠道与销售闭环，将品牌内容、产品信息、口碑推荐与销售渠道入口同时呈现在一个场景中。以 B 站的二次元圈层为例，2020 年 8 月，娃哈哈正式入驻 B 站，在 B 站上传视频并开展话题讨论，同时与热门国漫 IP“斗罗大陆”开展联名合作，播出由“斗罗大陆”经典人物“小舞”作为主角的营养快线新品广告。在微博上，娃哈哈瞄准了电竞粉丝群体，通过推出联名款式与赠送比赛门票，娃哈哈新浪微博官方账号不断涨粉。2020 年，娃哈哈正式成为英雄联盟职业联赛官方合作伙伴，并顺势推出 LPL 联名苏打水，举办娃哈哈苏打水“英雄联盟城市挑战赛”，在英雄联盟电竞嘉年华开办装潢潮流的娃哈哈展馆，吸引年轻人前来打卡；2021 年，娃哈哈举办 LPL 线上青训营；2022 年，娃哈哈与 LPL 人气战队 RNG 正式开启战略合作，推出 RNG 战队同款娃哈哈苏打水——敬电竞水，利用电竞战队的粉丝效益打造周边款式。

五、数字化商业模式

OAO（Online And Offline）是将线下（实体店）和线上（网店）有机融合的一体化“双店”经营模式。2016 年 10 月 26 日，由娃哈哈主办的“中国首届 OAO 峰会”在上海举办，娃哈哈集团创始人兼董事长宗庆后将 OAO 商业模式提升到了新的高度。作为 O2O 的升级版，OAO 将 O2O 从线上到线下或者线下到线上提升为线上线下的融合发展。

（一）销售渠道融合数字化

通过 OAO 新模式，娃哈哈福礼惠将带动着产生一个新的商业生态，即基于移动互联网和大数据的“智能+”的商业新生态。由于娃哈哈的产品被赋予了一物一码，因此，基于 OAO 和大数据，每一个产品都成为收集用户数据的采集器，这不仅便于娃哈哈根据这些数据及时迭代产品，也便于在商家与消费者之间架起一座沟通的桥梁。未来，更多的企业将在数据和智能化层面展开竞争，而娃哈哈福礼惠也将会是其中之一。快消品的高消费频次，使娃哈哈的海量瓶身及一物一码成为最大的线下流量入口，通过一定的优惠和返利方式，让消费者与瓶身资源积极互动，并获取相关数据，分析消费行为，形成数据池，进而对消费者进行更精准的资源投放。这对于传统的零售商业将会产生质的飞跃。

(二)数字化商业模式优化市场定位

娃哈哈福礼惠的 OAO 模式不是基于自身企业或商业团体的运营模式，而是立足于整个商业生态圈的运营模式。以实体的饮料连接用户和虚拟的商业平台，基于庞大的用户数量吸引各行业商家，通过福利、游戏等途径拉近用户距离，甚至最终达到需求分析和精准内容推送，实现平台、商家和用户三方的互惠互利，共存共赢。用户通过购买娃哈哈产品可以得到其他产品的优惠，如打车券、电影优惠券等。此举一方面促进娃哈哈自身产品的销售，另一方面让消费者了解其他产品品牌。以往的 O2O 平台大多以网络进行推广，不可避免地会限制部分用户群体。而娃哈哈福礼惠通过最普通且必需的饮料产品进行推广，几乎所有用户群体都能覆盖到，将平台用户拓展至整个消费群体。由于娃哈哈福礼惠流量巨大，因此可以通过客户扫码、购买、关注内容等行为，对有关数据进行统计分析，为用户精准画像并提供给商家。同时，娃哈哈平台以用户画像为基础，通过细微调整营销策略来满足用户需求，并提升用户购物体验。

案例思考题及分析

1. 请结合波特五力模型，分析娃哈哈目前面临的竞争环境。

在购买者的议价能力方面，伴随着我国经济发展水平的提高，消费者的口味日渐多元化、消费者的消费方式日渐多样化，可供消费者选择的商品也种类繁多。互联网的经济环境，更是将消费者的需求提升到了前所未有的高度，企业纷纷依靠大数据平台与算法，以顾客需求为核心进行创新，却也相应地增加了可平替的产品选择。

在供应商的讨价能力方面，作为中国最大的饮料生产企业，娃哈哈集团经过了近 30 年发展，已经形成了较为稳定的购货渠道和稳固的供应商关系。

在潜在进入者的威胁方面，食品饮料行业各竞争者新品研发不断，苏打水、果汁饮料、茶饮料等领域竞争激烈，奈雪的茶、喜茶等网红奶茶品牌纷纷建立低价平替品牌，推出瓶装饮料款式，进军食品饮料行业。食品饮料行业作为快消品的典型代表，存在着薄利多销、市场易进入的特点，潜在进入者的威胁较大。

在替代品的威胁方面，娃哈哈目前在食品饮料领域的主要"台柱"，依然是AD钙奶、营养快线等经典老款，这些产品在食品饮料领域的业绩贡献额占据了娃哈哈总营收的半壁江山。

2. 请结合娃哈哈推出快销网的举措，分析数字化背景下娃哈哈的目标市场发生了怎样的转变?

快销网目前集PC、APP和小程序三端于一体，是娃哈哈原有联销体网络的延伸和升级。在快销网上销售的不仅仅是娃哈哈自己的商品，作为一个电商平台，快销网更像是帮助部分中小厂商用娃哈哈的成熟渠道连接消费者的纽带。于娃哈哈而言，在快销网上线后，其服务对象已由原来的食品饮料市场消费者，拓展到了快销网上的第三方厂家和购买其他商品的消费者，一同成为娃哈哈线下渠道的线上使用者。这代表着在数字化背景下，线上线下一体化正在成为行业未来发展的方向。本身就拥有强大线下渠道、市场资源、现货、仓储、物流、服务经验等优势的实体企业娃哈哈，开始为自己配上一套合理的电商工具，用数字化手段打开线上市场的大门，将目标市场从线下渠道不断延伸，以数字经济赋能实体经济。

3. 请从消费者市场细分标准出发，谈谈娃哈哈如何利用数字化进行市场细分?

消费者市场细分标准可归纳为地理因素、人口因素、心理因素、行为因素四大类。数字化环境下，消费者追求自我与个性体验的特点越发明显，驱动消费者的消费行为更加趋向于感性消费、个性化消费，传统的市场细分标准也因此发生了变化。

在地理因素方面，长期以来，娃哈哈面向全国市场，根据地方经销商的特性，选择合适的区域推行两套网络营销，合理分配产品品项。

在人口因素方面，新世代消费者逐渐成为市场主力，消费者的取向正在不断升级重构。娃哈哈通过大数据分析与社交媒体布局，积极迎合年轻人喜好。

在心理因素方面，伴随着我国居民生活水平的不断提高，大健康领域日渐受到消费者重视，展现出良好的前景。以儿童营养口服液起家的娃哈哈瞄准了这一细分市场，并将其与娃哈哈的智能制造转型紧密结合。

在行为因素方面，伴随着线上电商平台使用率快速上升，娃哈哈对线下营销体系进行了数字化转型，使用 APP、小程序与 PC 三端联网，将原有的营销体系通过数字化串联，在数字化快销体系网络的助力下，保障线上市场茁壮成长。

4. 请结合娃哈哈大力打造智能工厂的举措，分析娃哈哈的市场定位战略发生了哪些转变?

早年，娃哈哈的市场定位战略以产品差异化战略为主，AD 钙奶正是娃哈哈于 1996 年饮料市场口味选择较少时，针对儿童市场推出的兼备营养与口感的产品，在可乐与果汁占据主导地位的市场中另辟蹊径，顺利成为一代消费者记忆中不可磨灭的“童年味道”。

如今，娃哈哈在食品饮料领域，依然采取以产品差异化战略为主的市场定位战略，譬如，在低糖低卡的健康食品成为潮流后，娃哈哈顺势推出了低糖营养快线、无糖非常可乐、藜麦牛奶粥等产品。

表 5-1 娃哈哈数字化举措

企业采取形象差异化战略的要点	娃哈哈相应的数字化举措
企业必须通过一种与众不同的途径传递形象特点	产品是联系企业与客户的桥梁。面对竞争激烈、环境复杂的市场和要求多样化、个性化需求十足的消费者，近年来，娃哈哈不断开发高技术含量和高附加值的新产品，打造多元化的产品矩阵，以实体产品的变化触达消费者，传达与众不同的品牌形象
企业必须产生某种感染力，从而触动顾客内心的感觉	在大部分消费者心中，娃哈哈的代表依旧是幼时的 AD 钙奶与八宝粥等拳头产品。怀旧的滤镜于娃哈哈而言，无疑是一把双刃剑：一方面，消费者会出于怀旧的目的而购买娃哈哈的老产品；另一方面，这样的购买行为却加重了对娃哈哈“中年企业”的刻板印象，且不利于娃哈哈旗下新品的推出
企业必须利用可以利用的每一种传播手段和品牌接触	于娃哈哈而言，其传统传播手段为电视媒体平台和线下渠道运营。但是伴随着网络平台和自媒体的逐渐兴起，娃哈哈的广告开始向目标顾客最为日常接触的渠道空白填补，以大数据为导向进行定向宣传。针对不同社交平台上的使用者特质，娃哈哈在 B 站瞄准二次元群体，在微博瞄准追星女孩与电竞粉丝群体，多管齐下展开差异化营销，积极与消费者互动，博取正面反馈

5. 娃哈哈在O2O的基础上开创性地提出了OAO模式，请结合娃哈哈的数字化转型举措，分析OAO模式如何为娃哈哈的未来发展持续赋能?

O2O模式，是指线上营销、线上购买带动线下经营和线下消费，通过打折、提供信息、服务预订等方式，把线下商店的消息推送给互联网用户，从而将他们转换为自己的线下客户的商业模式。不同于O2O模式，由娃哈哈提出的OAO模式是一种线上线下融合发展的模式，更趋向于将线下的实体店与线上的电商平台有机融合，打造一种一体化经营的“双店”运营模式。

伴随着互联网、大数据、云计算等技术的快速兴起，娃哈哈可以逐步构建全面的消费者数据信息，在了解消费者个性化、多样化的需求后，依靠大数据与算法，逐步细分市场，将原有的“企业生产什么，消费者购买什么”转化为“消费者需要什么，企业就生产什么”，避免旗下产品多而不精的情况。

同时，娃哈哈在网络平台上大力布局立体营销的新媒体矩阵，进行企业品牌形象、品牌价值与品牌概念的宣传，频频进入消费者视野，增加企业的曝光度，吸引线上的流量进入线下渠道消费，并将线上渠道介绍给线下顾客，使线下的消费者同时成为线上的消费者，媒体矩阵的存在使娃哈哈降低了营销渠道的投入。

参考文献

[1]赵小芳．娃哈哈的数字化营销[J]．企业管理，2012(12)：54-56.

[2]金珺，李诗婧，黄亮彬．传统制造业企业数字化转型影响因素研究[J]．创新科技，2020(6)：22-34.

[3]赵昊．国产零食品牌：留住“舌尖上的童年”[N]．人民日报海外版，2022-8-5(第10版).

[4]吴哲．发力智能工厂，看娃哈哈如何稳中求进[J]．销售与市场(营销版)，2022(6)：46-49.

[5]刘洋．顺势而为，国民品牌娃哈哈的焕新之路[J]．国际品牌观察，2020(10)：47-51.

[6]陈亮．娃哈哈：以智能制造领跑饮料行业[J]．机器人产业，2016(9)：104-107.

[7]李振兴．连推四个电商平台，娃哈哈开启数字化转型[J]．中国食品，2020(9)：94-95.

[8]姚恩育．电商时代，娃哈哈的花式打法[J]．浙商，2019：56-58.

[9]新浪看点：娃哈哈 2022 新品和营销战略出炉，拉动食品饮料“新饮擎”[EB/OL]．https：//cj. sina. com. cn/articles/view/2951102395/afe63fbb00100uoh7.

[10]武文博．娃哈哈饮料大连市场营销策略研究[D]．大连：大连理工大学，2017.

[11]李进．基于标准化视角探讨如何推进食品产业供给侧改革[J].《中国学术期刊(光盘版)》电子杂志社，2016(10)：311-314.

[12]于文惠，安增龙．疫情对食品饮料行业广告投放的影响[J]．合作经济与科技，2021(8)：68-70.

[13]李紫轩，王萌萌，王娟．互联网经济下企业商业模式转型研究——以娃哈哈集团为例[J]．电子商务，2018(12)：31-33.

[14]关键．新消费品牌：Z 世代“心头好”[J]．企业管理，2021(10)：31-33.

[15]姚恩育，张莹月．快销网——娃哈哈实体电商再出发[J]．浙商，2021(16)：59-64.

[16]薄利娜．我国休闲食品行业全渠道营销对策研究[J]．河南财政税务高等专科学校学报，2017，31(5)：44-47.

第二节　喜临门

公司简介

喜临门创立于 1984 年，是一家以“致力于人类的健康睡眠”为使命，专注于设计、研发、生产以床垫为核心的高品质家具的企业集团。喜临门目前在全球设有 9 大生产基地，在国内外拥有超 5000 家门店，全球员工超 9000 人，拥有“喜临门”、“法诗曼”、“SLEEMON”和“爱倍”四大品牌，核心产品床垫的年生产能力达 130 万张，产品远销超 50 个国家和地区，为六千万家庭带来健康睡眠。2012 年 7 月 17 日，喜临门完成 A 股上市，成为中国床垫行业的第一家上市公司。

信息化为喜临门提供了强大的产能保障。2016 年，喜临门将精益制造、智造升级作为核心战略。2018 年初，喜临门智能制造中心成立，负责研发行业领先的制造控制技术，并率先将研究成果投入旧有设备的智能化改造和新产线的整体布局中，以喜临门自主研发的SCADA系统为基础，构建了基于5G技术的工业物联网系统。

喜临门强大的生产研发实力在精益制造的核心保障下，为企业带去累累硕果。目前，喜临门已获得"国家高新技术企业""国家示范院士工作站""国家知识产权优势企业""浙江省重点企业研究院""浙江省三名企业""浙江省企业技术标准创新基地"等荣誉，是国家轻工行业标准QB/T 2603-2013《木制宾馆家具》和QB/T 1952.2-2011《软体家具 弹簧软床垫》的主要起草单位。截至2023年，喜临门共获得超1000项专利。

案例梗概

作为中国床垫行业的领军企业，喜临门常年保持着研发领域的高投入，并积极投身数字化营销与智能工厂建设。在新冠疫情期间，其他床垫品牌纷纷面临着线下流量和营业额较为低迷的困境，喜临门借助数字化转型，优化升级产品，以睡眠经济市场带动整体营业额增长，以高科技含量产品吸引新一代消费者，以线上引流、线下消费的O2O模式保证喜临门在新冠疫情期间门店营业额不减反增。本案例从喜临门集团的数字化转型入手，分析其数字化市场细分后前端与终端的共同变化，阐明其数字化市场定位如何在O2O模式的加持下持续引流。喜临门集团对市场的精准认知和商业模式已经证明，数字化转型和智能化产品将是家居行业和床垫行业的未来出路。

关键词：喜临门；数字化；智慧化；市场细分；市场定位

一、床垫行业发展情况

20世纪80年代初，我国床垫业逐步兴起。弹簧软床垫均从外国引进，其生产线规模不等，分散于全国各地，在此背景下，我国床垫行业的发展基础和市场雏形初步形成，国内床垫企业多为中小型，总数虽多，但专业化水平参差不齐。大量床垫生产企业的涌现，使行业整体竞争加剧，但这些床垫企业在生产规模、工艺、技术、资金等方面都存在着较大的差距，全国性的床垫企业寥寥无几。随着我国经济水平的不断发展，在房地产业蓬勃发展的助力下，国内床垫行业消费规模近年来快速增长，市场扩容能力巨大。华金证券股份有限公司的研究数据显示，2010~2020年，我国软体家具的总产值和消费规模年均复合增长率分别为6.1%、4.9%，床垫品类占软体家具增长规模的近50%。

由于床垫进入中国市场的周期较短，发展不成熟，市场渗透率仅有60%。消费者5年更换床垫的比例仅为14%，远低于美国5年更换床垫的比例(48%)。中国床垫品类从木板床发展到现在的弹簧床垫、乳胶床垫，不超过30年，发展周期同样较短。各类数据显示，国内床垫市场仍有较大的发展空间，床垫行业的规模潜力可观。

自生产床垫伊始，喜临门便明确了自己的定位和价值观——"致力于人类的健康睡眠"，旗下所有的生产工作都围绕"健康睡眠"这一核心展开。在做好做精产品、实现用户健康睡眠的同时，喜临门通过数字化转型加持，研发新材料、新技术、新工艺来提高床垫的附加值和技术含量，核心的床垫业务不断发力的同时，也完成了第二销售增长曲线的快速提升，即使在市场疲软的大背景下，喜临门依然保持良好的发展势头。

二、喜临门数字化转型背景

在现代化高速发展的今天，公众的生活质量日渐提高，睡眠问题却越来越普遍，已成为社会上的一个突出问题，威胁着中国乃至世界各国公众的健康，这导致消费者对与睡眠联系紧密的床垫有了更高的要求。《2022中国职场青年睡眠质量报告》指出，过半职场青年每晚睡眠时间在0点以后，超过70%的年轻人每天平均睡眠不足7小时。严重的失眠问题，催生了千亿级别的睡眠经济市场。《艾媒咨询2021年中国睡眠经济行业研究报告》显示，近年来，我国睡眠经济进入高速增长期，2016~2020年，中国睡眠经济市场总规模已从2616.3亿元增长至3778.6亿元，预计2030年将突破万亿元。与睡眠密切相关的床与床垫也颇受消费者重视。《2022线上睡眠消费报告》指出，2021年智能床垫的总销量同比上涨2.4倍，26~35岁年龄段人群智能床的成交额同比增长106%。风口之上，越来越多的助眠产品相继研发问世，众多企业争相入局，试图在睡眠经济中分一杯羹，较为传统的床垫已经逐渐被市场淘汰。

另外，每个人身体的差异性导致不同人体的重量和结构等要素完全不同，要实现床和人体的完美贴合存在客观条件上的困难；同时，根据中国社会科学院发布的《中国睡眠研究报告2022》，2021年中国民众睡眠指数较上一个十年呈锐减趋势，仅为 64. 78 分。中国拥有失眠困扰的人群可覆盖职场白领、老人、孕妇等不同群体，这使健康睡眠需求在数量猛增的同时，呈现出多样化、个性化的特点，市场对产品的技术创新与个性化也都提出了更高的要求。与市场蓬勃发展相对应的是，我国消费者对睡眠的认知还存在一定误区，这不利于相关企业进一步深挖睡眠经济市场。和其他家具与日用品不同，睡眠背后的床垫市场更需要对消费者进行教育和引导，从而进一步细分市场、扩大规模、掌握资源。

三、数字化市场细分

(一) 多系列产品齐发力，深抓睡眠市场

近年来，职场人士的睡眠健康成为公众关注的热点话题。根据喜临门睡眠研究院与中国社会科学院社会学研究所联合发布的《中国睡眠研究报告 2022》，在针对我国居民睡眠情况的调查中，近七成受访者每天实际睡眠时长不足 8 个小时。手机游戏、工作压力、情绪因素、饮食问题等长期困扰着现代人的休息睡眠。其中，新手妈妈、大学生、职场人士、中小学生，这些群体的睡眠问题更为突出。与日俱增的失眠人群，正撑起一个规模超万亿元的大市场，也为身处其中的企业提出了新的挑战。

面对市场提出的崭新要求，喜临门先后推出了一系列科技含量较高的智慧睡眠产品，如电动床——会按摩的舒压智能床，自带按摩功能，可实现分段式拉伸，帮助“996”加班人缓解久坐肩颈，减少腰酸背痛；助眠音乐枕，采用双向三曲线人体工学设计，以 45D 亲水海绵为枕头主体，枕内填充环绕式发声系统和平衡扩音腔，做到睡眠时舒缓音乐无死角环绕，进一步帮助失眠患者拥有优质睡眠；智慧健康枕——携手华为智慧生活 APP，可根据睡眠情况显示睡眠评分及报告，清晰展示心率、呼吸率、睡眠周期等多种重要睡眠数据，量化使用者的睡眠情况，协助调整睡眠作息。在床垫领域，喜临门耗时 9 年研发的 Smart 1 智能床垫被誉为深度睡眠领域里程碑式的成功，该床垫改变了 200 多年来使用钢铁弹簧做床垫的传统，创新性地使用了空气弹簧。床垫还内置“Smart Wave 护脊深睡系统”，可以自主提供个性化睡眠优化方案，实时追踪人体身高、体重、脊柱曲线、心率等信号，精确识别睡姿变化，借助智能算法，从“人适应床”升级为“床适应人”。

在助力消费者科学睡眠的同时，喜临门还通过构筑多品牌矩阵，打造囊括高中低端 12 大品牌的睡眠产品。这种产品布局也奠定了喜临门全周期陪伴消费者的基础——在不同人生阶段、不同经济情况下，都能找到适合自己的喜临门睡眠产品。

（二）多渠道销售齐布局，深挖细分市场

喜临门的自主品牌零售渠道分为线下门店销售和线上平台销售。随着喜临门品牌力逐步增强，线下加盟商管理体系日益完善，线上平台运营与服务的不断创新，喜临门自主品牌零售渠道得到迅速扩张。

喜临门始终秉承“诚信、责任、同进、共赢”的企业文化，支持经销商进行优化升级。在线下渠道拓展上，喜临门主要采取专卖店模式，形成以各大直辖市、省会城市为中心，各地级城市和经济发达的县级城市为网络的基本营销布局，并拥有一支实力雄厚且具有忠诚度的加盟商团队。目前，喜临门、夏图、M&D 自主品牌旗下的专卖店数量约 4500 家。随着与红星美凯龙、居然之家、月星等大型连锁家具卖场长期战略合作关系的确立，一方面，喜临门逐步加强对销售终端和门店的控制，在商场位置、店面资源、联合营销等方面获得明显优势；另一方面，喜临门抢占市场资源优势，下沉渠道，建立较为健全的分销体系，助力经销商扩大品牌渠道优势。

针对线下门店的终端服务，喜临门分别优化了“硬件”和“软件”这两个层面。在“硬件”方面，主要对店招、陈列展示进行改造提升，打造五星级门店终端品牌形象，为消费者带去更高效、更专业的星级服务，有效提升了线下门店的销售业绩；在“软件”方面，喜临门加强了对经销商和销售人员、终端导购的教育培训工作，使其掌握科学睡眠的相关知识，在向消费者科普健康睡眠、完成商品购买的过程中，全面传递喜临门的品牌理念。

在线上平台，喜临门着手搭建渠道自播和达人直播，目前已在抖音上搭建 10 余个直播间，并与天猫、京东、苏宁易购等各大电商平台形成深度合作，线上销售硕果累累：2021 年“双 11”期间，公司在天猫、京东、苏宁易购三大电商平台上均斩获床垫类目销量第一，同时在智能床垫、乳胶床垫、弹簧床垫等五个细分市场上夺得第一。

（三）多科技智造齐投入，深耕产品市场

采用高新、智慧、先进的数字化生产工艺，不仅使喜临门的企业经营生产

提质增效，还促进一批批智慧化产品的先后问世，更给喜临门数字化转型提升带来了全新的动力，为整体处于传统生产过程的家居行业的数字转型指明了样板和道路。

2016年，喜临门将提高设备智能化、优化设备、提升生产线综合效率、降低制造成本作为公司战略，为研发行业领先的智能制造技术，每年投入超过500万元研究经费，并将研究成果应用于旧设备、旧产线的智能化改造，和新设备的研发、引进与生产布局中。2017年8月，喜临门首个智能立体仓库正式投入使用。该智能立体仓库占地约4000平方米，拥有5000个库位，可同时容纳约5万张床垫，床垫日吞吐量7500张，是中国家具行业首个智能立体仓库，也是目前国内最大的智能仓库。该智能立体仓库的启用，基本上实现了整个物流仓储的无人化作业，高精准度的操作使床垫运输损耗趋近于0。

此外，喜临门具有全国家具行业首个具有自主知识产权的5G工业互联网平台，通过5G工业互联网平台的投入使用，喜临门生产平台基本完成生产过程的无人化、智能化，也彻底解决传统生产设备移动不便、延时较高、加工精度低、稳定性欠缺等一系列问题。

四、数字化市场定位

（一）多平台流量齐触达，深化品牌形象

近年来，喜临门持续从品质领先转向品牌领先，加速推进产品转型升级，不断明确“保护脊椎”和“深度好睡眠”的品牌定位，注重品牌的内生培育与层次搭建，携手国际高端意大利沙发品牌“夏图”和“M&D”，构建稳定的金字塔格局品牌矩阵，以适应不同层次消费者的品牌需求。作为中国床垫行业的龙头企业，喜临门率先转向消费者开展数字化品牌营销，从而提升品牌在睡眠领域的品牌形象和国民认可度，提升企业年轻化的焕新能力。

消费者通过大量的联合互动与多元化的深入沟通，逐渐认知并了解一个品牌。在以往的营销定位中，喜临门率先瞄准的是老牌渠道——线下门店的品牌形象传播推广。2013年3月，喜临门发布“喜临门中国睡眠指数”，同时与红星美凯龙达成战略合作协议，在红星美凯龙3~4月的所有终端宣传广告中，都有喜临门的身影，作为健康睡眠相关话题的主导者，喜临门的营销影响力一飞冲天；2013年11月6日，“喜临门中国睡眠指数调查”活动再次于北京新华社总

部启动。通过活动营销以及背后的立体推广传播，引起广大消费者对健康睡眠和喜临门产品的关注，有效地放大了喜临门的品牌声音，利用品牌背书来提升品牌知名度的同时，也提升了喜临门的品牌美誉度。

在传统的品牌背书后，喜临门也重视年轻消费群体的市场反馈，敢于突破圈层。在数字化时代背景下，喜临门以多种方式与消费者建立品牌联系，如与零点咨询深度合作，启动中国睡眠指数调查，获取关于消费者的生活习惯和兴趣偏好的海量数据。喜临门连续发布中国睡眠指数，长期坚持贯彻倡导科学睡眠方式和观念，得到了广大消费者的普遍认可。同时，喜临门还选择了Z世代最乐于接受的线上媒体宣传，用于传递健康意识、树立品牌形象。近年来，喜临门相继入驻抖音、微信、小红书等新兴社交平台，打造符合Z世代传播需求的公域流量内容生态，与广大消费者产生共鸣，让热门因内容再次成为爆款，并使科学睡眠的健康理念融入品牌形象。

除了多样化的营销方式，喜临门还冠名了《跨界喜剧王》《奔跑吧兄弟》《青春环游记》等综艺，这些类别囊括Z世代最为关注的主流综艺类型，实现了对这一群体的精准覆盖。喜临门不仅通过冠名综艺宣传品牌，还全面向Z世代传播“深度好睡眠”的生活观念和积极向上的生活态度，以贯彻品牌的社会使命。

(二)多社会责任齐担当，深研国人睡眠

2013年起，喜临门携手权威专业机构，连续发布《喜临门中国睡眠指数报告》，《喜临门中国睡眠指数报告》是研究国人睡眠的专业指标体系，其科学性、全面性、权威性得到广泛认可，内容被国内外机构、媒体、各领域权威专家广泛引用。

2022年3月18日，喜临门睡眠研究院主编的《中国睡眠研究报告2022》在北京发布。这是我国睡眠领域的第一部蓝皮书，也是第一部全面反映国人睡眠状况的学术出版著作，由中国社会科学院社会学所研究完成，中国睡眠研究会提供学术支持，从社会学、社会心理学视角出发，聚焦国人睡眠问题背后的深层影响因素，旨在唤醒国人的睡眠健康意识，推动国人睡眠状况的改善。

以连年“中国睡眠指数”研究数据为基础，喜临门对睡眠样本进行采集、分析，解读社会经济变迁背后的国民睡眠变化，以及典型人群的睡眠问题和诱因，深度探索科学的睡眠解决方案。在此基础上，喜临门提出了“人一生要睡好8种觉”的理念，根据身体发育的不同阶段，“8种觉”包括0~3岁启能觉、3~12岁补能觉、12~18岁优能觉、18~30岁蓄能觉、30~50岁聚能觉、50~65岁复能

觉、65~85岁养能觉、85~118岁以上续能觉。这“8种觉”的明确定义，有利于引导国人在不同的人生阶段，选择更换合适的床垫，帮助自己获得科学健康的睡眠。在喜临门8张床垫更换标准的指导下，消费者可以轻松找到最适合自己的床垫，如18~30岁人群，正处于从校园到社会的快速过渡阶段，在不同城市间工作生活，压力大、爱熬夜、睡眠少、睡眠质量差，构成了这一类人群的睡眠图谱。在挑选床垫时，透气性良好、便携、容易打理的乳胶弹簧床垫能够更有效地改善睡眠品质。

（三）多低碳意识齐体现，深植环保理念

家具行业绿色转型不仅是责任担当，还是发展机遇。我国是目前世界上最大的家具制造国和主要出口国，生产总值超1.5万亿元。由于家具行业处于产业链下游，对生态环境保护的影响较大，绿色转型已然势在必行。随着国家绿色经营发展政策不断优化，生产制造水平和工艺技术不断迭代升级，消费者对绿色环保产品的认可度不断提升，家具行业必将通过绿色转型进入崭新的发展轨道。

为了带给消费者更舒适、更环保的睡眠体验，提升行业的标准规范水平，促进国人科学睡眠，喜临门床垫采用精湛的床网结构设计和制造工艺，运用新型材料和技术，在构建个性化睡眠空间的同时，用科技带来更科学、更舒适、更绿色、更健康的睡眠体验。2011年，喜临门联合中国科学院生态环境研究中心，共同研发了家具行业的净化甲醛技术，并将此技术运用于喜临门净眠系列产品。实验数据表明，喜临门净眠系列产品在一般室温条件下，可以将甲醛完全净化转化为二氧化碳和水，并在长时间内做到甲醛转化率100%。同时，喜临门所使用的净化剂与面料360°覆合，在有效保护床垫零污染的同时，还能净化室内环境中的甲醛。从传统的普通选材到纳米竹炭海绵、天然乳胶、记忆海绵，从柔性支撑设计、双层睡姿感应设计到床芯五段分区设计等诸多人性化设计，喜临门床垫正不断实践着“科学睡眠”的设计宗旨，为消费者带去舒适与低碳兼得的健康生活。

五、数字化渠道建设

（一）自主品牌工程渠道

喜临门的自主品牌工程渠道，主要合作伙伴为高星级酒店经营管理公司、

连锁酒店集团、酒店式公寓等客户，同时，喜临门也不断拓展游轮、军队、高校等社会服务渠道，并通过与其形成持久、深入的合作伙伴关系，为其开展了床垫、床及其他相关的配套产品和木质家具制造安装施工业务。此外，喜临门不断探索全新的合作模式，在扩大新建酒店床垫市场份额的基础上，赋能现有酒店升级改造，创造新的市场需求，与酒店共营共赢，拥有多样化的主题房型资源，以改善用户住店睡眠体验。作为全球酒店健康睡眠领导品牌之一，喜临门酒店家具产品已被万豪、希尔顿、温德姆、雅高等千余家星级酒店采用，并与多家知名房地产集团达成战略合作；还是人民大会堂、国家大剧院、钓鱼台国宾馆等国字号单位的优质供应商、诚信供应商，在业界享有较高的知名度和美誉度。

2021 年，喜临门启动“喜临门深睡房”项目，联动携程、同程等 OTA 大流量平台，推出一站式睡眠场景解决方案。仅用时不到半年，“喜临门深睡房”已在 100 多个城市上线，帮助 500 多家酒店 10000 余间客房完成睡眠场景升级。2022 年 7 月，在第十一届中国饭店文化节上，喜临门与中国饭店协会正式签订战略合作协议，将围绕“酒店睡眠质量和服务提升”，联合相关头部品牌生态链企业组建专班，筹备健康睡眠工作委员会、开展酒店业睡眠产品标准化研究、中国酒店睡眠指数调查以及国际品牌酒店合作等专项工作。酒店健康睡眠产业链和消费场景需要细分培育。筹备成立酒店健康睡眠工作委员会，将会吸引越来越多的国内外酒店集团关注睡眠产品质量和投入产出；酒店睡眠标准化研究、酒店睡眠指数发布以及睡眠酒店标杆案例的调查，将填补行业的空白，增进酒店睡眠经济生态的研究。

（二）OEM 业务渠道与其他市场

OEM 业务范围主要涵盖了国际、国内代加工业务，主要向国内外知名的家具经销商供应床垫、床、沙发等商品的代加工服务，如宜家、NITORI、欧派家居、索菲亚、尚品宅配等。其中，喜临门与宜家集团合作超 10 年，作为宜家亚太地区唯一的床垫主力供应商，供应床垫占宜家集团总采购量的 90%以上，双方已经形成比较稳定的相互依存关系。喜临门与日本最大的家居连锁企业宜得利合作，实现大批量供货，合作方式正在由 OEM 向 ODM 过渡，这将为喜临门的海外业务贡献增量。和其他床垫品牌相比，从 OME 渠道起家的喜临门拥有多年海外代工经验，在产品质量上有较为独特的优势，在 OME 业务渠道上更是遥遥领先，助力喜临门进军海外市场。

在其他市场方面，2015 年 5 月，喜临门收购浙江绿城文化传媒有限公司，开始涉足影视业。收购完成后，喜临门将绿城文化传媒有限公司更名为晟喜华视。然而跨界影视行业并非易事，2021 年，喜临门正式剥离晟喜华视影视业务，对喜临门资产结构进行合理调整，有利于喜临门进一步专注家具产业，集中资源支持主业发展。重新专注于主营业务的喜临门，2021 年加大了在研发领域的投入，研发经费达 1.83 亿元，同比增长 47.05%。在产品线上，软床及配套产品在 2021 年迎来了高速增长，同比增长 70.2%。2022 年，喜临门以睡眠产业为核心，坚持品牌产品领先战略。

案例思考题及分析

1. 请使用驱动力分析法，简述喜临门进行数字化转型是如何助力公司未来发展的。

驱动力分析法有如下三个步骤：①识别驱动因素有哪些；②从总体上评估变化的驱动因素是否使该行业更具有吸引力；③公司需要确定哪些战略变化，以应对驱动力造成的影响。经分析认为，喜临门数字化转型的驱动因素主要有行业、消费人群、技术和营销方式这几种。

在行业因素方面，《2021 喜临门中国睡眠指数报告》显示，2002 年以来，中国床垫消费总额从 2002 年的 306 亿元增长至 2019 年的 768 亿元，2019 年增速达 13.1%，已超越美国成为全球最大的床垫市场，但中国床垫品牌渗透率仍有提升空间，更新需求不断释放，行业前景一片大好，引来了诸多竞争者。

在消费人群方面，《2021 家装消费调研报告》显示，家装消费的绝对主力为“80 后”至“95 后”，年轻化趋势明显。人口结构、消费主力的变化引起主力消费群体的信息接收渠道、消费频次、消费习惯、成交场景发生改变。

在技术因素方面，喜临门正式启动了全国家具行业首个具有自主知识产权的 5G 工业互联网平台，促进上下游全产业链的整体智能化升级。这个智能化平台将在“整家定制”趋势中进一步发挥先发优势，助其突破行业白热化的“整家定制”竞争，抢先向着“整家智定”发展，乃至推动带领国内家具行业智能制造更快步入 5G 时代。

2. 结合目标市场营销战略理论与喜临门的数字化转型措施，分析喜临门目前的细分市场状况。

目标市场营销战略主要有无差异营销战略、差异营销战略和集中性市场战略这几种。其中，差异性营销战略是指企业把整体市场划分为若干需求与愿望大致相同的细分市场后，根据企业的资源及营销实力，分别为各个细分市场定制不同的市场营销组合。

2013 年起，喜临门携手权威专业机构，连续发布《喜临门中国睡眠指数报告》。基于多年“中国睡眠指数”研究，喜临门对这些睡眠样本和数据进行采集、分析，解读社会经济变迁背后的国民睡眠变化，以及典型人群的睡眠问题和诱因，进一步探讨科学睡眠的解决措施，并在上述基础上，提出了“人一生要睡好 8 种觉”的理念，将这“8 种觉”作为划分整体床垫市场的底层依据，解决“如何在人生不同阶段睡好 8 种觉”的问题。

这“8 种觉”的明确有利于引导国人在人生的不同阶段，通过更换合适的床垫帮助其实现科学健康的睡眠，也奠定了喜临门在数字化转型背景下，全力实施差异化营销战略的基础，并推出与营销战略相符的优质产品，满足不同年龄段消费者对高质量床垫的追求。

3. 请分析喜临门原有的目标市场选择模式在数字化时代下发生了怎样的改变。

目标市场选择有五种模式：市场集中化、产品专业化、市场专业化、选择专业化和市场全面化。其中，市场专业化的定义是指企业专门经营满足某一顾客群体所需要的各种产品，较为符合喜临门目前的经营模式。市场专业化经营的产品类型众多，能有效地分散经营风险，同时基于专门性的服务，公司容易获得良好的声誉，并成为顾客群体所需新产品的渠道。

基于深耕“睡眠经济”的主基调，喜临门积极推进行业科技迭代，用全球领先的智能科技，研发出能够帮助消费者实现“睡眠自由”的高质量床垫，以产品品质吸引消费者购入，从而提升企业的市场占有率。同时，喜临门还启用了全国家具行业首个具有自主知识产权的 5G 工业互联网平台，通过该平台，喜临门生产车间基本实现了无人化和智能化操作，解决了传统生产设备移动不便、延时较高、精准度不高、可靠性相对较差等问题。

4. 请结合 O2O 模式理论，分析喜临门是如何实现新冠疫情期间线下目标市场逆势扩张的。

2022 年上半年，全国新冠疫情呈多点散发、局部暴发的态势，各地经受着疫情反复的严峻考验。喜临门对各种突发情况迅速做出反应，保障了日常生产运营稳定，并在上半年逆势开店。喜临门、喜眠、M&D(含夏图)自主品牌专卖店数量达 4837 家，整体门店数量较年初净增加 342 家，较 2021 年同期增长 20.41%，有力地提振了喜临门的销售收入。

在新冠疫情持续冲击和线下渠道遇到较大挑战的情况下，喜临门反其道而行之，大幅发力线下渠道。2022 年上半年，喜临门创新开展数字营销，实现多平台联动，线上线下均通过店铺自播+达人直播策略拓宽销售、引流造势。公司通过小红书、B 站、抖音、微信等众多头部 KOL、KOC 的深度种草、背书，逐步构筑全新的品牌公域流量内容生态。此外，喜临门依托直播平台可实现全场景购物的优势，积极培育线上第二销售增长曲线，持续丰富多元化软体产品矩阵，实现线上、线下协调发展，最终使线下目标市场逆势扩张。

5. 目前，睡眠经济市场前景广阔，其他床垫品牌纷纷入局，请结合市场定位的方式，分析喜临门的数字化转型是如何增加其竞争力的。

市场定位的主要方式有避强定位、迎头定位和重新定位这三种。在床垫领域，喜临门的主要对手是同样深耕“睡眠经济”的慕思。截至 2020 年底，喜临门共拥有门店 3643 家，然而在 2019 年慕思门店数量就已经达到了 4800 家。为了提高市场占有率，喜临门提出“赶超慕思”的口号，开启大规模门店新增计划。显然，喜临门采取了迎头定位的方式。为增强自身竞争力，喜临门采取了多种数字化转型措施。

在数字化营销方面，以喜临门“618”全平台成交破亿元的佳绩为例，2022 年“618”大促前夕，喜临门携手居然之家发起了“梦想直播”，引燃了“梦想喜临门”IP 营销爆点。

在数字化产品方面，除了招牌的智能床垫，喜临门还抓住了年轻消费者信奉“质价比”，追求便捷与高效，力求省时省力还省心的特点，将“一站式解决方案”的“整家定制”数字化、智能化。

参考文献

[1]陈文丽．我国睡眠市场规模五年增长 44.42%[N]．中国商报，2022-03-30(004).

[2]环球家电网．喜临门数字化转型跑出“加速度”，为家具行业树立转型旗帜[EB/OL].[2021-04-12]．http：//www.cheari.com/npage.html？id=5598.

[3]优居世界. 加大品牌焕新力度，睡眠经济龙头喜临门开辟新增长极[EB/OL].[2022-04-21]. https：//m. huanqiu. com/article/47h7nkbicHt.

[4]搜狐. 喜临门：深耕睡眠经济，品牌领先战略全面发力[EB/OL].[2023-03-06]. https：//www. sohu. com/a/650251792_120084481.

[5]国际在线. 喜临门：技术沉下来，品牌升上去[EB/OL].[2022-08-02]. https：//talk. cri. cn/n/20220802/9c0244a3-9b9e-1c46-b995-1dd64be253ce. html.

[6]搜狐网. 前沿科技拓展深睡价值，喜临门助推酒店睡眠经济[EB/OL].[2023-03-22]. https：//www. sohu. com/1657705576_116082.

[7]雪球网. 喜临门经销商交流纪要[EB/OL].[2021-11-25]. https：//xueqiu. com/4322057841/204092807.

[8]好设计装修网. 喜临门获得“绿色先锋”大奖[EB/OL].[2024-02-20]. http：//www. haogu114. com/xinwen/1befb1d3e8fada76. htm.

[9]张旭. 品牌嬗变法则[J]. 销售与市场(管理版)，2014(3)：43-45.

[10]赵晓萌. 生产线上的精益革命[J]. 销售与市场(管理版)，2014(3)：41-42.

第六章

数字化生产与产品开发

第一节　纳爱斯

公司简介

纳爱斯是专门经营洗涤与个人护理产品的制造公司。纳爱斯集团前身为创建于1968年的地方国营丽水五七化工厂，2001年组建集团。纳爱斯在改革与开放中的长足发展，已成为中国国内洗涤领域的“龙头”公司。目前纳爱斯集团总公司位于中国华东地区的浙江省丽水市。公司目前共有职工20000余人，公司所有品牌产品均具有独立知识产权，其中纳爱斯、雕牌为国家知名、驰名商标。纳爱斯为中国香皂行业标志性品牌，雕牌为中国洗衣粉行业标志性品牌，并且是中国日化行业“标王”。近年来推出的西丽、100年润发、超能、李字等品牌，一经推出就深受顾客欢迎。集团拥有完善的营销网络，在国内拥有超过50个销售分支机构，3个海外分支机构，许多产品远销欧洲、非洲、大洋洲等。

近年来，纳爱斯先后获得“全国轻工业优秀企业”“全国轻工业系统先进集体”“全国轻工业质量效益型先进企业”等荣誉称号，并连续获得“全国文明单位”称号。在此基础上，纳爱斯又荣获“诚信示范企业”“AAA级信用企业”“国家生态工业示范点”等荣誉。成立以来，纳爱斯在每一次改革的过程中，都创造了独具特色的企业文化，并将继续激励着纳爱斯人向着“明天的纳爱斯，是世界的纳爱斯”这一宏伟目标阔步前进。

案例梗概

纳爱斯集团前身是创办于20世纪60年代的丽水五七化工厂，其主营范围包括洗涤和个人护理用品。本案例通过考察和收集纳爱斯集团数字化生产与产品开发情况，从RPA三件套（控制器、设计器、机器人）、全栈自研AI云脑（算法平台、标注平台及决策平台）、智能外呼、智能客服质检等方面入手，探讨了纳爱斯发展到如今阶段在生产上做出的努力，基于其自身品牌战略以及发展态势，分析智能生产对企业发展及数字化转型的重要性。

关键词：纳爱斯；数字化；日化；浙商；产品开发

一、日化产业的发展情况

日化指日用化学产品，主要包括人们日常生活中常用的化妆品、洗涤用品以及口腔护理产品等，与人们的日常生活息息相关。目前，国内的日化市场分为两大类，一类是个人美容护理品，另一类是家用护理品，其中以宝洁、联合利华等国际知名日化公司为主。随着国内经济的不断发展，国内的日化公司已在洗漱用品、口腔护理等行业中占据了一席之地。

据统计，2015~2019年全球日化市场的规模一直在不断地增长。但由于新冠疫情的影响，人们的消费受到了打击，对于高端日化产品的购买力也降低了。在这一过程中，全球日化市场的规模第一次出现了下滑，但2020年我国的产品市场仍然以5.83%的速度增长，这在世界范围内都是少有的。中国的日用消费品市场在2020年达到了906.75亿美元，与上年同期相比增长了5.83%。

随着国家经济的发展，人民的生活水平不断提高，消费者对日用化学产品的需求由“能用就行”逐步转向了对质量的要求，这使我们的日化市场规模不断扩大，在世界市场中所占有的份额也不断增加。2020年，中国的日化行业在世界范围内的市场占有率达到了13.89%，比2015年提高了3.86个百分点。

我国日化行业在与外资企业的竞争中，也存在被本土品牌和外国品牌包围的现象。据了解，在中国化妆品市场中，国产品牌的份额已不足30%，而外资品牌的份额已达到60%以上，基本被宝洁、欧莱雅、资生堂等跨国集团旗下众多个品牌瓜分、垄断。在中国的十大日化品牌中，中国本土品牌只占据了第六、第九和第十的三个名次。但近几年来，中国本土日化公司已开始注重品牌的建立，并在研发上加大投资，争取在国际上与跨国公司竞争，并在品牌、技术和销售渠道上建立起自身的优势。根据《2018 中国制造业企业 500 强》榜单数据，雕牌的母公司纳爱斯集团年营收达到了 230.4 亿元，同时也是我国日化用品行业中收入最高的公司。

综上所述，在日化产为的波特五力分析中，最大的威胁来自现存竞争对手。为此，要把重点放在与已有竞争对手的竞争上，寻找适合自己的竞争战略，不断地进行产品创新，使本土企业不断地发展壮大。

二、纳爱斯产品发展之路

纳爱斯的前身是一家地方性国营化工厂，超能皂的成功为纳爱斯掘到了第一桶金，透明皂又为它完成了企业的原始积累。从选取一样核心产品集中力量发展，到多品类的百花齐放，再到规划产品长期发展方向，不难发现每个发展阶段，纳爱斯皆能踩准时代脉搏，积极主动地走在转型升级的前沿，打造富有鲜明的民族、民企特征的日化品牌，并持续从产品研发、产品生产、产品组合等全方位对品牌进行绿色创新，驱动品牌建设不断发展，促进企业持续转型升级，引领消费者追求美好生活。

(一)坚信品牌效应，择定产品策略

首先，坚信品牌效应，打造品牌战略。纳爱斯公司坚持“品牌经济”的理念，认为市场的竞争是“品牌之争”。正因如此，纳爱斯公司一直在努力建立自己的品牌策略。这一点，从这个牌子的名字中就能看得出来：“纳爱斯”是“Nice”的谐音，意为“美好”“令人愉悦”。用这个名字来命名肥皂，不仅有美好的意义，而且有很强的象征意义，它能给人一种对生命的向往，与中国人的传统文化、传统观念、道德观念相一致。在确定品牌名称之后，打响品牌知名度的第一炮便是大范围投放广告。纳爱斯 1996 年在 CCTV 的广告费达 1.2 亿元，由于 CCTV 家喻户晓的独特性，纳爱斯公司以 1 亿元的投资，打出 7 亿元的广告效果，使得“雕牌”品牌策略取得了令人吃惊的“裂变”效应。仅仅一年，“雕牌”就成了中国最大的香皂品牌。之后，纳爱斯又继续推出了好几代广告，如用一对外国母子沐浴的场景，突出了家庭氛围的温馨、幸福，甚至还邀请了当红歌手范晓萱担任女主角，提高了名人效应和渲染效果，更好地将纳爱斯推向消

费者的视野。

其次，制定物美价廉、薄利多销的价格策略。雕牌的广告口号是“只买对的，不选贵的”，因此雕牌选择了“雕牌超能皂百万元大赠送”这个活动。毫无疑问，对消费者来说，物美价廉的产品满足了他们的需求，将洗衣皂市场推向了一个新的高度。

最后，占领先机，抢夺市场。纳爱斯擅长从市场需求和产品痛点入手，寻求改变方式，从而达到快人一步占领市场的目的，而这也要求纳爱斯从产品质量入手，对本身缺陷进行改造。不仅如此，还要保证敏锐的商机洞察力，对市场风向标产生灵敏的嗅觉感知。

(二)先“富”带动后“富”，助力“雕牌”发展

20 世纪 90 年代初期，纳爱斯把发展的主力放在了雕牌透明皂上，全部精力主推一样产品，确保效用最大化。当时国内的洗衣皂市场并不成熟，国内外品牌众多，却没有一个品牌形成市场垄断地位。与此同时，公司领导人庄启传在市场调研中发现，市场上主流的洗衣皂不仅体积很大，而且做工粗糙，颜色也是非常难看的蜡黄色，几乎都没有外包装。最重要的是，因为制造工艺落后，那时的洗衣皂一般都是气味较重的“臭肥皂”。庄启传意识到了这个问题，立刻开始研究雕牌透明皂，开发出了新一代洗衣皂。从将香味变为淡淡清香，到配以中档价位，再加上广告的大规模投放，透明皂一经上市就迅速被消费者接受。透明皂的成功为雕牌收获了第一桶金。在随后的几年里，雕牌的新品迭代不断提速。甚至，雕牌在国内市场首次推出了体积小、香味浓的透明皂，凭借着更为人性化的使用体验，一经上市就形成热销局面。正是基于这一点，“雕牌”成为中国人尽皆知的著名品牌。随后，纳爱斯将目光转移到了雕牌洗衣粉上，加大了投资力度，走乡村路线，以中低价位的产品吸引了更多的顾客，成为继洗衣皂后的另一个销量冠军产品。在经过深思熟虑后，纳爱斯在继续主打雕牌核心产品的同时，开始进一步拓展延伸产业布局。一方面，它的产品开发和营销渠道的开拓，已经从大众化的市场转移到了中高端的洗漱用品。另一方面，纳爱斯公司也将重点放在了高附加值的个人护理用品上，如牙膏、洗发水、沐浴露等洗漱类的新产品，都在陆续推出。

(三)多品百花齐放，站稳日化市场

随着洗涤香皂、洗涤剂等产品在日用化工产品中渐渐占据了一席之地，纳

爱斯又将目光投向了其他产品，以稳固自己在这个行业中的主导地位。2001 年开始，纳爱斯集团的雕牌洗衣粉供不应求，公司带头人庄启传开始趁热打铁，制定出了六壁合围的战略决策。在这一年，纳爱斯公司又推出了新的系列产品，如水晶皂、沐浴露、香波等。洗衣皂的火爆、洗衣粉的规模化效应，以及“优势捆绑”方式，将肥皂推上一个空前的高峰。雕牌牙膏在一次试水中取得了胜利，而雕牌洗洁精也在朝着冠军的宝座迈进。到今天，纳爱斯集团旗下共有 10 余个子品牌，如超能、西丽、百年润发、伢牙乐、李字等。纳爱斯认识到如今快速消费品的成功几乎都是通过品类扩张实现抵御市场风险的。品类的突破降低了品牌的成本，丰富的品牌资源则给了品牌建设的资本。与此同时，多元化的品类保障了纳爱斯以技术为根基，以多元化的品牌形态为消费者提供了多元化的界面，从而为消费者提供了多元化的认识。通过多个品牌的成功案例，我们可以看出，在中国这个高度竞争的市场中，保持多品牌、多品种的战略无疑是更为明智的选择。因此，在这样的战略布局之下，从多品种、多品牌同时出击的角度来看，进军宝洁一统天下的高端洗护市场，无疑是为纳爱斯的发展提供了一个绝佳的机会，在战略上可以分散对手的注意力，增加品牌的抗风险系数。因此，可以说正是因为这样的布局，才使得纳爱斯真正地打破了宝洁在日化行业的封锁，在日化市场站稳了脚跟。

（四）转变产品战略，拓宽销售路径

有业内人士认为雕牌是在短期内发展起来的，与经销商的关系也属于短期关系，这种不稳定的关系是埋在雕牌身边的一颗“炸弹”。不可否认，在洗衣粉市场上异军突起的雕牌显然也意识到了这一点。因此，雕牌开始转变市场战略。以雕牌为首，纳爱斯在全国建立了分店，直接进入超市和购物中心，采用扁平化的网络结构，以减少转运环节，降低运营费用。同时，继续推行交易商保证金制度，在国家的不同区域，采取不同的销售方式，各个省份的渠道负责人承包自己负责的渠道，公司以底价给负责人，由负责人和经销商一起进行产品的经营。这样既能确保公司盈利，又能大大激发员工的工作热情。2016 年，纳爱斯升级了合同制度，启动了全民采购活动，使所有人都成为经销商。所有人都是二批商，所有人都是配送商，这使资金周转变得更加顺畅，也更容易消化库存。公司还建立了对应的保价制度，这样就可以确保产品在市场中的价格，同时也确保了每一个员工的利益。

（五）制定未来计划，推行招标管理

纳爱斯重新调整了自己的“航道”：纵向，将产业链的上下游连接起来；横向，将触角延伸到了多个行业。建立起自己的品牌，也成为纳爱斯的重点工作。2022年，纳爱斯集团通过中国权威品牌价值评价机构——中国品牌建设促进会高标准、严要求的评审，从数以万计的参评品牌中脱颖而出，正式成为中国首家日化行业的“品牌建设领跑者”。为使公司经营更加规范，纳爱斯公司开始在内部实行以财务为主的招标制度，从而使员工的素质与管理水平得到了进一步的提升。同时，还与新惠普公司签订了合同，利用信息产业的互联网技术，对配送物流体系进行了重新设计，并将促进该技术的研发和应用，通过不断地对原来的产品进行改进及改变包装，让其以全新的形象呈现给消费者，适应并满足新的消费需要。

三、纳爱斯的产品创新

（一）联合“滴普科技”，赋能数字化产品

滴普科技是业内领先的数据智能服务商，其基于最新的数据智能技术，围绕数据的商业价值，应用新一代的存储和计算分开的数据处理技术，协助企业构建“流—批”“湖—仓”一体的分析性数据库、可秒级的PB级数据库，这些数据库是支持企业数字化转型的重要基础软件架构。滴普科技还向用户提供大数据基础软件产品和服务，已经为100多家著名的大中型企业成功地提供了优质的服务，用数据的智慧来驱动各个行业的数字化改造和提升。

日化行业需要通过建设企业自身的数字化能力，实现对企业全链路数据赋能。纳爱斯与滴普科技的强强联合，是在数字经济蓬勃发展的当今阶段企业双赢的具体表现：纳爱斯集团是中国日化产业的领头羊，它将全面贯彻“产业数字化，数字产业化”的方针，以数字化创新技术为抓手，打造数字化增长新引擎；滴普科技作为数字化转型领域的先行赋能者，将基于自身丰富的行业经验，以创新赋能实体经济发展。两个企业的联合推动效益最大化，也将充分激发数据要素潜能，实现数据赋能业务发展，打造领先的增长新模式。双方将对齐顶层设计，打造更加敏捷高效的数据体系，共创新未来。

（二）牵手“智能 RPA”，插上数字化翅膀

《中华人民共和国国民经济和社会发展第十四个五年规划和二〇三五年远景目标纲要》发布以来，数字化逐渐从行业头部企业的“可选项”转变为“必选项”。在纳爱斯走的数字化变革推动业务增长的道路上，实在智能公司以全国产、全自研的 AI 技术与 RPA 产品助力纳爱斯向大国品牌全面升级，以数字技术驱动其企业更轻、更快、更强发展。

2015 年，纳爱斯集团和爱易特科技，就六台视觉机器人的订单，进行了正式的签订。在纳爱斯公司的制造车间里，一台已经投入使用了大半年的“图像视觉识别”测试机器人，凭借其稳定的性能，赢得了公司全体员工的一致好评。正常情况下，一条生产线上，每秒钟都会有数十支牙膏和清洁剂流过，因此在检验环节，每一头都要配备两名工作人员，以降低错误率。有了这台智能的测试机器人，接下来的测试工作完全可以由机器人来完成，而他们只需要在旁边做些辅助工作即可。

通过引进智能机器人，可以使企业的智能化技术改造和诊断得到更深层次的推动，从而加速推动工业企业智能化技术改造进程，提高企业的整体竞争力，帮助企业实现高质量发展。

（三）生产全线自动，引领“机器换人”

2016 年底，随着牙膏车间的两台牙膏管自动装箱机、5 套牙膏封尾缺陷自动检测剔除设备的全面运行，纳爱斯集团的牙膏生产线正式实现从“头”到“脚”自动化。在追求每一支牙膏包装精美的背后，是纳爱斯集团对牙膏生产标准的严格要求。

纳爱斯不仅对包装进行统一，而且引入全线自动化生产，将工作分配给机器，降低了人力成本，优化了运输方式，更好地避免废管流入生产。同时，与引进的灌管机相比较，该设备的维护、故障排除等操作更加简单，便于车间人员掌握、使用、维护和维修。

（四）主抓产品核心，带动行业发展

目前，纳爱斯主抓的研发攻关项目有洗涤剂全生命周期高效节水技术、多维立体抗微生物技术平台、在线连续配料技术、除菌系列洗涤产品等。纳爱斯坚持技术创新，一直处于业内领先地位。在此基础上，以“生态”为途径，强化

了对自然可再生材料的研究和利用；在制造环节方面，结合智能化和绿色的发展，使制造流程的节能和节水得到了有效的提高；在消费者方面，掀起了洗衣节约的新时尚。

纳爱斯的每一步跨越都以创新为着力点。自成立以来，坚持“只为提升您的生活品质”的宗旨，持续开发高质量的产品，颠覆了业界的传统。自主创立的“雕牌”“纳爱斯”两大品牌先后被认定为“中国驰名商标”，不仅在日化行业首屈一指，在中国创自主品牌的历史上也走在了前列。从颠覆黄肥皂开发出品质变革性创新的“雕牌超能皂”，在全国刮起蓝色旋风；从普通洗衣粉到推出天然更健康的“天然皂粉”，引领健康环保洗护潮流；从行业首创透明牙膏管和膏体、差异化定位“营养”平台的纳爱斯牙膏，到“中国儿童营养牙膏第一品牌”伢牙乐，推动品牌产品精细化、个性化发展；从常规洗衣液到“国家发明专利”“护衣护色去毛球”的超能 APG 系列产品，以及于行业中率先应用独立自主研发“水溶膜包裹技术”“5 效合 1”的超能 APG 旋风珠等。

纳爱斯通过对产业链各个环节的不断创新，持续不断地为企业发展注入活水，同时也为纳爱斯成为行业龙头奠定了技术支持与保障。

(五) 走上全新路径，生态共同保障

纳爱斯于 2020 年 11 月在杭州发布了一个千亿元规模的产业计划，引起了业内的广泛关注。纳爱斯于 2020 年初在海外建厂，在国内日用化工领域尚属首次。这也就意味着纳爱斯将不再局限于制造行业，成为一个涵盖了一二三产业的平台型公司。

纳爱斯为实现“金山银山”的转变，积极探索出一条新的转型之路，并以此为契机，大力发展生态产业。需求在哪里，市场就在哪里。共同构建一个开放的体系和生态，借助成熟的技术和渠道，使小而灵活的企业能准确地生产出个性化的产品。作为一个连接国内外资源的平台，纳爱斯的思维方式，将会带来一种全新的可能性。从第一产业的原材料种植，到第二产业的化妆品和精油，再到第三产业的工业、农业、旅游、康养、美容、理疗，纳爱斯都有自己的产业。这对于上下游企业来说，无疑是一个很大的发展空间。这条被彻底改写的产业链，也必将带来更多全新的商业模式。

2019 年，纳爱斯与巴斯夫合作，推出了一款名为“超级内衣洗衣液”的产品，销量超过了百万份。原料和配方框架由巴斯夫提供，纳爱斯负责产品中试，用天猫“小黑盒新品”推向市场，一起成功地实现了 C2M 逆向定制。从有想法到

产品最终落地，只用了半个月的时间。

传统的产品研发周期为3~4个月，与之相比，纳爱斯杭州研究院3天就能研发出一款产品。在2019年，这家研究院成为纳爱斯公司的“技术大脑”，并为纳爱斯公司的每一款产品，都提供了全新的技术支持。纳爱斯很早就开始研究绿色天然原料，天然原料可以摆脱对石油资源的依赖，原料来源和成本更可控。纳爱斯2019年度的高附加值产品占到了公司总产值的80%以上。纳爱斯公司自身的生态产业也逐步形成了一套完善的系统，这种绿色理念与世界500强企业不谋而合。以巴斯夫为例，它为世界各地的分支机构制定新的标准，即在不增加碳排放的情况下，销售额继续增加。

四、结语

纳爱斯在50多年的岁月中，不断地积累和沉淀，不仅有品牌、口碑，还有技术。纳爱斯创新发展研究院和“新模式”团队在2020年这一年中，研发出超过100款的新产品，以满足人们不同的需求。新品推出速度越来越快，产品与市场需求的契合度越来越高，这正是纳爱斯深化创新所显现的魅力。一批又一批畅销的创意产品层出不穷，为我们带来的不仅仅是实用与惊奇，更多的是一种生活美学。更重要的是，纳爱斯孵化出了一支能够适应互联网的新队伍，在新的品牌、新的领域里，它的拼搏精神让人耳目一新。我们由此可以知道，坚持创新、坚持自身特有的发展道路，才能引领企业进入一个全新的发展阶段。

“明天的纳爱斯，是世界的纳爱斯”。从为别人代工，到为国际大公司代工，从开拓海外市场，在海外建立工厂，再到海外建立研究中心，纳爱斯公司一直在努力，步履稳健。潮平两岸阔，风正一帆悬。纳爱斯正将一幅更加宏伟壮丽的发展蓝图徐徐展开，开始书写浓墨重彩的崭新篇章！

案例思考题及分析

1. 试分析纳爱斯在国内外日化品牌夹击下，如何通过数字化转型稳固自身的市场地位?

在生产方面，人工智能和自动化的运用在纳爱斯的数字化转型中占领了技术的高地。人工智能（AI）技术(如机器学习)支持计算机或机器模拟人类大脑的能力。AI从示例中学习，识别对象，做出决策等。与自动化技术结合后，AI可以将智能和实时决策融入任何工作流程中。

在渠道方面，纳爱斯在新冠疫情初期就携手上海文沥潜心打造了更新换代的数字化移动分销体系——“纳快销”，利用移动互联把经销商管理系统(以下简称DMS)从电脑端延伸到手机端的一体化升级系统，助力深度分销的进一步升级与落地，稳固自身市场地位。

在数据挖掘方面，纳爱斯与滴普科技、实在智能等智能服务商联手，基于最新的数据智能技术，以数据的商业价值为核心，为客户提供数据智能领域的大数据基础软件产品与服务。实现数据赋能业务发展，打造领先的增长新模式。

2. 运用产品层次理论，结合案例分析纳爱斯的数字化生产与产品情况。

产品层次是探讨消费者对产品的感觉，以及如何进一步刺激消费者消费的改进方向。

在核心产品层次方面，纳爱斯的核心部分集中在日化产品如洗衣皂、洗衣液等，并在不断提升技术的同时，提升了核心产品的竞争力，在去污、气味、外观方面纷纷升级，满足了消费者的不同消费需求。在形式产品层面，纳爱斯打造了“雕牌”品牌。雕牌致力于打造体积小、香味浓的透明皂，并且非常人性化地在中间设计有凹线，整体的质地非常柔软、去污能力也非常强，深得消费者喜爱。在期望产品层面，纳爱斯推行经销商保证金制度，在全国的不同片区实行不同的销售方案，各省份渠道负责人对自己所负责的渠道进行承包，这一举措不仅给经销商谋得了福利，还为消费者压低了价格。

3. 结合纳爱斯发展历程，试说明数字时代下公司对不同产品生命周期所做的不同策略。

在形成期，生产者为了扩大销路，不得不投入大量的促销费用，对产品进行宣传推广。在纳爱斯发展初期，着力发展“雕牌”品牌。在对消费者进行分析之后，雕牌认识到产品质量、外观以及知名度和美誉度都是产品被选择的关键。

当产品进入引入期，销售取得成功之后，便进入了成长期。成长期内经过试用后，该产品得到了消费者的认可，从而使其在市场上站稳了脚跟，并取得了成功。步入成长期，雕牌采取了快速渗透策略，推出“一元体验”的活动，即以低价格和高促销费用推出产品，目标是抢占先机，迅速占领市场。

成熟期指产品进入大批量生产并稳定地进入市场销售，成长期之后，由于购买该商品的人越来越多，市场的需求趋于饱和。这个时候，产品的普及性和正规化程度越来越高，成本也越来越低，但产量越来越大。

最后，雕牌逐步走向衰退期，此时消费者的兴趣已经全部被转移。随着技术的进步、消费习惯的改变以及其他一些因素的影响，企业的销售、利润不断下降，使得企业的产品在市场上已经落后，无法满足市场的需要。

4. 结合包装在营销中的作用，分析雕牌超能皂能占据洗衣皂市场的原因。

纳爱斯在前期的市场调研中发现，市场上主流的洗衣皂不仅体积很大，做工粗糙，颜色也是非常难看的蜡黄色，几乎都没有外包装。并且，由于生产技术跟不上，当时的洗衣皂普遍是味道难闻的“臭肥皂”。纳爱斯雕牌超能皂和传统洗衣皂相比，不仅造型华丽蜕变，而且非常人性化地在中间设计有凹线，整体的质地非常柔软、去污能力也非常强。

凭借着与众不同的产品特色，雕牌超能皂投入市场后很快就打开了销路，也迅速奠定了纳爱斯在洗涤市场的品牌竞争力。1992 年，纳爱斯与香港丽康发展有限公司共同组建了浙江纳爱斯日用化学有限公司，开始围绕洗衣皂和香皂产品加大研发力度。在随后的几年里，纳爱斯的新品迭代不断提速。

5. 结合智能生产的意义，思考纳爱斯坚持不断地开发新技术、推出新产品的方式与手段。

未来的市场，智能制造已经成为企业发展的迫切需求。对于纳爱斯来说，使用智能制造之后就能够很好地提升产品的制作效率以及制作质量。智能制造就能够有效地减少企业原材料的浪费，同时还能够提升产品生产的质量。智能车间、智能机器人的引入能够使纳爱斯的生产效率成倍地增长。纳爱斯公司如果不能跟上时代的步伐，那么很快就会被市场抛弃。然而智能制造的出现很好地帮助了纳爱斯进行转型，使纳爱斯更加适应现代社会的发展。

产品创新既是企业各项创新的核心，也是最能体现企业核心竞争力的要素。一个公司的运作与顾客的需要最终都会通过公司的产品与服务来反映，而在顾客的心目中，产品与服务就是公司的名片与象征。纳爱斯从节水技术到除菌系列再到抗微生物技术，不断的技术进步也说明了随着生产的发展和人们消费水平的提高，在市场需求日益多样化、个性化的情况下，产品的生命周期也在不断缩小。

参考文献

[1]中国商报．纳爱斯集团×滴普科技｜推进企业数字化转型，赋能日化行业高质量绿色发展[EB/OL]．[2022－04－02]．https：//baijiahao. baidu. com/s? id＝1728983569418269591&wfr＝spder for＝pc.

[2]中国发展网．纳爱斯高效节水技术节水率可达 30%以上[EB/OL].[2021-01-28]. https://baijiahao.baidu.com/s?id=1690094145055695849&wfr=spider&for=pc.

[3]中国洗涤用品行业信息网．纳爱斯从“三步走”到千亿级生态产业发展综述[EB/OL].[2021-01-28]. http://www.ccia-cleaning.org/content/details_28_35589.html.

[4]许强，张力维，杨静：复合基础观视角下后发企业战略变革的过程——基于纳爱斯集团的案例分析[J]. 外国经济与管理，2018(7)：19-31.

第二节　正泰

公司简介

正泰集团股份有限公司(以下简称正泰)始创于 1984 年，是全球知名的智慧能源系统解决方案提供商。创立以来，正泰始终聚精会神干实业、一门心思创品牌，聚焦绿色能源、智能电气、智慧低碳城市核心业务，培育科创孵化器，形成“3+1”产业体系。持续深耕国际市场，业务遍及 140 多个国家和地区，全球员工 5 万余名，年营业收入逾 1000 亿元，连续 20 余年上榜中国企业 500 强。旗下正泰电器(股票代码：601877)为中国首家以低压电器为主营业务的 A 股上市公司，位列亚洲上市公司 50 强。先后荣获了“全国就业和社会保障先进民营企业”“全国民族团结进步模范集体”“全国先进基层党组织”“全国就业先进企业”“全国五一劳动奖状”“中华慈善奖”“中国机械工业最具核心竞争力十强企业”“国家级智能制造试点示范工厂”等荣誉和称号。

此外，正泰抢抓数智化，率先构建能源物联网、工业物联网平台；正泰坚持开放发展、全球布局不动摇，积极构建资源智慧共享与协同业务平台，拥有 4 大全球研发中心，建立 6 大国际营销区域，制造基地遍布温州、上海、酒泉等，并在泰国、新加坡、越南、马来西亚、埃及、柬埔寨等国家实现本土化制造，与当地伙伴密切合作，持续实现全球业务稳定增长。正泰坚持实业发展、创新驱动理念不动摇，拥有以正泰集团研究院为核心的 24 个研究院，已形成多元化、开放式研发体系，年均研发投入占销售额的 3%~12%。截至目前，累计授权专利9000余项，参加48个国际及国家标准化技术委员会，累计主导及参与550余项国际、国家、行业及团体标准制修订。

案例梗概

如今，“双碳”减排目标已成全社会共识，智慧能源的发展如日中天，能源产业发展势头迅猛。作为一家以低压电器为主营业务的公司，正泰抓住市场机遇，坚持对产品线进行改革创新，使用智慧产业，围绕“数字正泰”建设，用互联网思维、数字技术全面建设提升各个环节，积极推进“一云两网”战略布局，持续分阶段推进大数据、物联网、人工智能与制造业的深度融合，着力打造平台型企业，引领行业发展新风向。同时，作为龙头企业的正泰也担起了企业应尽的责任，面对资源紧张、环境污染、气候变化三大全球性难题，切实落实“大力发展新能源，培育壮大节能环保产业”，促进用户、企业、政府机构共赢。

关键词：浙江正泰；电力电器；数字化转型；产品生产

一、智慧能源行业发展现状

（一）智慧能源行业需求分析

“碳中和”愿景将加速推动能源清洁低碳转型，中国在全世界的能源市场上有着不可替代的地位，作为庞大的生产和消费国，能源的发展促进了国内外的经济发展，并且提供了广泛的机遇，也为能源的安全提供了应有的保障。中国宣布2030年前实现碳达峰，2060年前实现碳中和，并且利用能源实现社会发展目标。能源绿色高质量发展仍面临油气依赖进口、新能源消化困难等问题。根据国家能源局数据，2006~2020年，风力发电装机由207万千瓦增长到2.8亿千瓦，增长了130多倍。太阳能发电装机由2011年的220万千瓦增长到2.5亿千瓦，增长了110多倍。

能源行业利润普遍大幅下降，经营压力激增。近年来某些地区的电煤价格稳步增长；与此同时，受电力零售业的市场化影响，煤电、气电标杆上网价格在一些地区有所下降；发电小时数常年处于低位；2020年，由于煤价、气价、电价等外部因素的变化，传统电力企业的经营压力进一步加剧。当前能源供给高效满足多元化能源需求的难度日益增大。

（二）智慧能源行业发展前景

从互联网发展来看，目前无论是在中国还是在其他国家，其提供的服务可以满足人类信息、消费、购物等各方面需求，技术不断进步。智慧能源的发展得益于大数据技术的不断突破和相关产业的快速发展。利用物联网、移动互联网和海量实时数据的动态分析模型，结合各类数据源如设备数据、电网数据、气象数据、交易数据和使用数据等，智慧能源可以实现设备的无人值守、远程监测、远程诊断和智能预警。通过大数据分析和挖掘，智慧能源可以更加精准地预测市场需求和用户行为，优化能源的配置和供应，提高能源的利用效率和可靠性。同时，智慧能源还可以帮助企业降低成本、提高生产效率、实现可持续发展。在当前信息技术飞速发展的背景下，智慧能源将会得到进一步的发展和应用。我们需要加强大数据技术的研究与开发，构建更加灵活、高效的数据分析模型和算法，推动智慧能源产业的不断升级和发展。

二、正泰生产的起步与发展

（一）以质量求生存

在企业发展过程中，提高产品质量被认为是“求精开关厂”解决生存问题的最好法宝。面对激烈竞争和市场需求变化频繁的挑战，正泰选择借助人才与技术的帮助来提升自身的产品品质，于是聘请了上海的技术专家，并在他们的指导下开始关注每个质量环节，严格控制产品的品质。因此，在“求精开关厂”的成功经验中，我们可以看到追求卓越品质的重要性。作为一个企业，无论在何种行业，提升产品品质都是持续发展的关键。尤其在一个市场竞争激烈的环境中，企业如果没有足够的品质保障，就无法立足于市场。因此，对于企业来说，注重质量、创新改进和不断追求卓越品质，才是向持续成功迈进第一步。

（二）重塑温州电器新形象

1991 年 9 月，中美合资企业温州正泰电器有限公司的成立，标志着温州电器行业开始向更专业、更先进的道路转型。为了发展壮大企业实力，正泰积极引进国外先进技术和设备，并充分利用了合资企业的优惠政策。这些举措不仅帮助企业迅速成长，确立了电器专业化发展方向，而且也对整个温州电器行业起到了示范作用。南存辉的“重塑温州电器新形象”口号不仅使公司取得了成功，更给整个温州电器行业注入了新的动力和活力。

最初正泰做的是低压电器，和新能源似乎没有什么关系。但其实正泰已在那时(进军新能源前)逐步涉足了高压电器，一步步从元器件做到了成套。当时，政府在推动转型升级，正泰审时度势地认为最好从电力设备向新能源发展。能源领域的设备属于工业范畴，可以造出来。此外，能源还有消费属性，那么，如何把服务做好？结合行业和正泰所处的历史方位，从问题导向入手，根据战略目标导向和市场需求导向去预判将来的发展方向，于是正泰提出在工业电器、电力设备领域(包括太阳能领域)中进行创新整合，既能在生产方式上创新，又能进行技术装备创新，从而全面深入整个工业核心大脑。

(三)着力打造世界一流电气制造企业

从国内上市公司角度看其行业地位，申万三级行业分类：电气设备—高低压设备—低压设备共 11 家，从 11 家企业的 2021 年营业收入来看，正泰电器处于龙头地位。虽然国际巨头企业具有很强的竞争力，但在服务上国内企业仍有一定的优势。以良信电器、正泰电器等代表的国内电力企业发展势头良好，市场占有率稳步提升。

正泰积极实践四个转型推动企业发展，并确立了“打造世界一流电气制造企业”的目标。为此，正泰建立了几大支柱产业，并形成了以温州、上海和杭州为基地的“长三角”产业布局。其中，正泰在 2006 年为响应国家节能环保号召，积极进入新能源产业——太阳能光伏电池产业，既提供了清洁能源，缓解了国家能源紧缺问题，又推动了公司在新领域的发展。除此之外，正泰还从零部件生产制造商向系统集成解决方案转变，从传统制造业向新能源转变，从卖产品到卖服务，再到企业经营方面的转变，将各种规模经济特性及传统电气和现代智慧电气进行结合，成为中国低压电器供应商的龙头。

三、正泰产品开发及生产革新

(一)“一云两网”战略

随着资源紧缩、环境污染、气候变化等挑战的到来，优化能源格局成为全球的必然趋势。在数字化转型潮流下，全球制造业正加速发展。正泰公司针对这一趋势，构想了基于大数据的战略蓝图，旨在成为全球领先的智能能源解决方案提供商。

正泰云是智慧科技与数据应用的载体，连接了企业内部制造与经营管理数据，实现企业对内与对外的数字化应用与服务。正泰云的架构由设备层、网络层、PaaS 层、SaaS 层、安全防护体系组成。通过云端科技，不仅具备了各类强壮而有效的特性(安全性、可扩展性、数据交互性、可伸缩性等)，并且能适应各类复杂的业务场景，如智慧电力、智慧新能源、智慧储能、智慧供热、智慧制造等。

为促进企业数字化转型并构建具有灵活、高效、智慧的工业体系，正泰工业物联网应运而生。正泰工业物联网致力于推动安全管理标准的制定和实施，以保障企业数字化转型的稳步推进。无论是安全加密机制的完善管理，还是实时监控与操作审计的严格把控，都有助于提高企业的安全风险管理水平，并让其能够在不断变化的市场环境中保持竞争优势，实现可持续发展的目标。该工业系统具有高度灵活性，可以自动化控制和适应各种繁琐的业务流程，进而成为生产过程中最值得依赖的一部分。正泰工业物联网提供了一个安全管理模块，提供多个层面的有效安全机制，以确保平台与数据的安全。其中，SSL/TLS 协议是互联网上常见的安全协议之一，通过对数据进行加密并避免信息泄露和窃听等问题而受到广泛认可。

(二)智能渗透生产

正泰在线服务平台为消费者提供近百项涉及售前、售中、售后环节的问题咨询与技术支持服务，充分利用互联网和移动平台，将高品质的服务内容在线上和线下实现全面覆盖，使消费者可以随时随地享受正泰服务带来的便捷体验。搭建的服务平台既提供了专业、及时的人工服务，又满足了客户全面的自助服务，提供客户意见反馈渠道及常见问题解答，使信息的获取变得更加简单灵活。

在制造执行系统方面，作为面向车间生产执行层的管理系统，MES 位于上层的企业资源管理系统与底层的工业控制层之间，通过对设备的驱动，实现管理指令下发及设备控制，并同时实现生产过程数据的实时采集上传。

在仓库管理系统方面，通过入库业务、出库业务、仓库调拨、库存调拨、虚仓管理、库位管理、批次管理等功能，有效控制并跟踪仓库业务的物流和成本管理全过程，实现或完善仓储信息管理，提升物流及物流管理水平，提高公司仓储利用率，规避仓库人员操作错误，降低人工及管理成本。

正泰后期的产品线涵盖了图像识别、算法定制、机动车占道识别、图像分类、自定义表格文字识别系统、通用 OCR 文字识别等方面。用人工智能技术代替大量的人力劳动，采用深度学习算法，在缺陷检测、工业自动化、视觉检测上大大提高制造生产效率和产品质量、节约人力成本。

(三)智能工厂建立

站在历史的时间轴上，2018 年 6 月 22 日，也许只是一个平凡的日子。但就是这一天，正泰“基于物联网与能效管理的用户端电器设备数字化车间的研制与应用”智能制造专项项目，通过工业和信息化部、浙江省经济和信息化厅组织的专家验收。这是目前智能化技术、自动化水平，均处于业内领先的低压电器生产线，也是中国制造业智能制造自主创新的又一个新注解。正泰在该领域的自动化水平，即使与国际同行比，在节拍、效率、性能等方面也优势明显，而且正泰完全自主研发，因此在实力、水平上更胜一筹。

正泰低压电器数字化车间通过采用自主研发全自动生产线、搭建企业信息化平台、构建工业互联网平台等手段，实现了全过程自动化生产和整个价值链的数字化。数字化升级大幅度提高了生产效率和能源利用率，降低了生产成本，缩短了产品研制周期，并且将产品设计数字化率和关键加工工序数控化率提高到 100%。同时，在基于数字孪生技术的生产模式的基础上，正泰未来工厂向数字化迈进。在社会和科学技术不断进步的“新常态”下，市场环境日新月异，制造企业面临着越来越大的竞争压力。国际及国内市场均相继提出智能制造战略计划。基于“两化融合”理论的不断成熟和“两化融合”实践的不断深入，正泰在五个方面进行深耕：以产品的智能化为导向、以装备智能化为支撑、以生产智能化为核心、以管理智能化为保障、以服务的智能化为辅助，为企业持续稳定的发展打下坚实的基础。在数字化托举能效管理之下，生产工业制造开启了低碳时代。

(四)总体技术创新

从一家小厂成长到可与国际巨头抗衡的国际化集团，正泰的发展历史堪称传奇。

论起步时间，正泰只能算是较早，1984 年求精开关厂创立时，柳市镇已经有上千家低压电器厂，最早的一批创业者已经在市场中摸爬滚打了三四年。论企业规模，求精开关厂亦不占优，20 平方米的厂房面积，全厂连职工带老板只有 8 人，丝毫看不出百亿元产值集团的发展潜质。

正泰集团在如此困难的情况下，依靠着创新之道，成功地走出了一条自主创新之路。通过向欧美国家和地区学习先进技术和经验，结合实际情况创新自己的技术，正泰把技术创新作为公司发展的核心，达到了以技术创新为引领的产品研发和制造，使公司的产品从跟随型向领先型发展。正泰还注重人才引进和培养，通过聘请退休工程师等方法吸引优秀人才，并建立共享机制来保持员工的积极性，在技术创新方面不断探索，形成了多层次、开放式的技术创新网络，不断提高产品质量和市场竞争力。此外，在公司管理方面，正泰建立了完善的质量保障体系和专利授权体系，参与制定和修订了 190 多项行业标准，为公司的发展和壮大提供了坚实的保障。

正泰非常重视技术创新和科技进步，通过建立国家级的技术研发中心、理化测试中心、计量中心和低压电器检测中心等，提高自身的研发能力和技术水平，帮助企业实现可持续发展。同时，开放式的信息网络和技术研发体系也为企业的创新提供了更广阔的平台和机遇。在加强技术创新的同时，正泰还采取了经济投入的措施，为研发提供充足的资金支持。

在能源新格局下，正泰新能源把握多元融合创新发展新趋势，积极从传统光伏领域逐步向储能、配网售电、微电网、热电联产、多能互补等综合能源业务开发、建设和投资领域延伸。正泰集团凭借“发、储、输、变、配、售、用”智慧能源产业链优势及品牌、渠道、资本等资源优势，充分利用大数据、云计算，构建“源—网—售—储—荷—云”一体化的智慧能源互联模式，为政府、工商业及终端用户提供一揽子智慧综合能源解决方案，实现节能减排、降本提质，有效提升全社会综合能效，积极推动能源高效协同和可持续发展。

正泰集团坚持走技术兴企之路，自主创新，不断加大技术研发力度，硕果累累。目前，共获发明专利、实用新型、外观专利等 200 多项。正泰浙大中自全集成新一代工业自动化系统荣获国家科学进步二等奖，“正泰”牌 NA8-1600 万能式断路器荣获 2006 年度中国机械工业科学进步一等奖，“正泰”126kVGIS 等 7 种产品通过了国家级鉴定并被专家认定为达到国际先进水平，并已具备了 220kV 及以上电压等级产品的生产能力，自主研发的 CCGZ127-4 型低压电力载波集中抄表系统获 2006 年度浙江机械工业科学技术二等奖。

（五）知识产权运营新探索

正泰在2016~2018年连续三年荣登全球领先的智能信息服务提供商科睿唯安（Clarivate Analytics）发布的“中国大陆创新企业百强”榜单。这样的成绩离不开企业多年来的谋篇布局。

在大力推进科技创新，不断涌现具有标志性意义的重大科技成果的同时，和创新有直接关联的知识产权被正泰提高到战略高度。正泰早期设置了知识产权部门，吸纳并培养专业人才，建立完善知识产权管理制度，将其嵌入立项、研发、采购、制造、销售、并购等全过程中，开展知识产权风险管理和保护，并推行知识产权文化建设。为提升核心竞争力，正泰积极探索专利协同运用体系建设，并通过建立知识产权协会、产业知识产权联盟、参与知识产权运营联盟等多种途径，加强内外部资源整合，构建产业专利池，推动知识产权运营。

“未来，知识产权已经不仅关系企业活得好不好，而是企业能不能活下去的问题。”正泰知识产权部负责人表示，“强化知识产权管理和运用，有效支撑企业创新和公司战略目标的达成，也是衡量一个企业管理成熟度的标志之一。”目前，正泰进一步完善本地专利数据库并建立知识产权数字平台，从跨数据库的海量专利和非专利数据中，检索分析收录正泰涉及领域的专利等知识产权数据，为知识产权规划和运营等提供决策支持。

经过多年努力与探索，正泰是国家知识产权局首批确定的示范企业和国家专利运营试点企业。公司率先获得知识产权管理体系认证，并荣获全国第一张认证证书。此外，正泰还获得多项荣誉，如中国专利奖等。多年来，正泰的知识产权积累已成为其重要的无形资产。一旦运用得当，这些资产将转化为巨大的红利，有助于进一步促进创新和推进公司的发展。

（六）绿色能源新势已启

凛冬散尽，新势已启。世界之变、时代之变、历史之变正以前所未有的方式展开。正泰绿色能源产业乘借新势，抢抓机遇，持续开展新业态、新模式的创新探索，不断拓展新能源数智化转型新路径，为实现“双碳”目标贡献企业力量，在新时代高质量发展中再立新功。

2022年，在全球贸易形势复杂、竞争态势激烈、行业高效技术大规模上马的经营环境下，正泰绿色能源产业板块勠力同心、勇毅前行，各项工作开展亮点纷呈，各项业务指标取得新突破，营收利润同比增长，光伏市场用户占有率持续领先，海外电站合资平台助力，地面电站开发量保持突破，工商业分布式超额完成，储能逆变器业务总体效能提升，组件销售同比大幅增长，运维业务开发量同比翻番，高效、高质产品进一步巩固市场竞争力，品牌实力受到广泛认可，人才引进工作卓有成效，绿色能源板块业务地图日趋完善。面对新能源挑战与机遇，正泰绿色能源产业板块将乘着新能源、数字化、实体经济发展之势，着力探索能源清洁低碳转型。

如今，绿色低碳高质量发展与数字中国两大时空交汇，国家大力发展实体经济，正泰绿色能源产业正处于大干快上的有利机遇期。在此背景下如何实现高质量发展，如何全球布局，如何抓住中国大发展的机会，如何将积累了十几年的全产业链优势重新发力走在前排，需把握好党的二十大报告中的三句话——科技是第一生产力、人才是第一资源、创新是第一动力。

四、结语

当前，世界正在经历百年未有之大变局，我国面临的能源发展环境日趋复杂。在“十四五”及更长时期，能源发展对于加快科技创新提出了更为迫切的要求。近年来，我国5G、大数据、人工智能、区块链等先进信息技术已经被广泛应用于传统产业中，能源行业也在加速推动技术创新、应用创新和模式创新，积极探索多能互补、“互联网+”智慧能源、综合能源服务等新的产业、业态和模式，并取得了快速进展。在这个大背景下，“双碳”目标对于我国经济社会低碳化、绿色发展提出了更高要求。正泰作为电力工业和能源行业的重要代表，紧抓机遇，顺势而为，致力于推进绿色能源、先进制造和产业数字化转型和融合。同时，正泰还在确定行业标准上持续不断地努力。正泰认为，要制定一个与国际接轨的标准并被国外企业接受，不管是本国企业，还是外来投资者，首先要符合这个标准，以标准为导向，一视同仁，一致保护。面对未来，正泰新能源将在智慧综合能源领域不断探索创新，沉淀核心技术，充分利用优势资源，力争在优质产品与系统解决方案服务上呈现全方位和多样性，持续为用户提供绿色高效的智慧能源消费新体验，助力构建综合能源产业生态圈，积极推动新能源产业发展。

案例思考题及分析

1. 运用产品整体概念的五个基本层次分析正泰智慧能源的产品结构与产品分类。

产品整体概念的五个基本层次分别为核心产品、形式产品、期望产品、延伸产品、潜在产品。五层次结构理论能完整地解释消费者选购和消费产品的全部心理过程，即如何从“核心利益”向“潜在产品”逐层扩展。具体而言，消费者选购和消费产品时，首先，必须能够满足其自身需要的使用价值，即产品的核心利益(Core Benefit)。其次才是寻求具备这些使用价值的实物形态，这就是所谓的一般产品(Generic Product)。在寻找和选购过程中，逐步形成了对该产品属性和功能的认知和心理要求，这就是所谓的期望产品(Expected Product)。在这个基础上，消费者还可能对产品的特性进行进一步的扩展和期望。例如，谷歌地图上的交通情况可以提前预测，这就是谷歌地图的延伸产品(Augmented Product)。对于更加高端的消费者群体，可能会进一步追求与产品有关的服务和体验，比如说优质的售后服务、独特的品牌形象和气质等，这就是潜在产品(Potential Product)。

产品整体概念的五个层次，清晰地体现了以顾客为中心的现代营销观念。这一概念的内涵和外延都是以消费者需求为标准的，由消费者的需求决定。可以说，产品整体概念是建立在“产品=顾客价值”这样一个等式基础上的。

2. 根据正泰数字化转型方案，分析其对产品开发的价值以及产品开发的重要性。

正泰产业方案架构共分为五层。设备层提供非标自动化生产线定制、自动化物流定制、自动化仓储等智能制造自动化解决方案，控制层提供PLC、DCS、实时数据库产品及解决方案。支持多种通信和传输协议，实现设备、传感器等物品互联互通。车间层提供MES、WMS、EMS等车间级管理系统解决方案，实现车间层人、机、料、法、环、测的有效管控。企业层提供SRM、CRM、ERP等企业级管理系统解决方案，并通过BI商业智能解决方案，助力企业数字化经营。协同层通过协同云平台应用，构建行业生态圈，通过企业与企业的数据横向集成，实现研发协同、制造协同、供应链协同。

新的智慧能源开发已成为正泰生存和发展的重要支柱，并且是一个探索和创新的过程。现代科学技术是现代社会发展的重要基石，能够创造出更有效率、更高品质、更节约资源的产品和服务。通过开辟新的技术领域，并将成果应用到生产中，可以解决一系列复杂问题和挑战，促进企业卓越发展。

3. 数字时代下，正泰产品开发与产业链升级有何意义？正泰该如何更好地进行产业链管理？

从企业层面上来看，正泰采用了产业升级的四种路径，即工艺升级、产品升级、功能升级和链条升级。工艺流程升级是指采用更为先进的生产技术，使生产过程变得更加有效率；产品升级是指不断研发新产品，实现产品更新换代，实现比对手更快的质量提升；功能升级是指改变企业自身在价值链中各个环节所属位置；链条升级是指移向新的、价值量更高的相关产业价值链。

正泰的产业链延伸主要包括了向上游使产业链进入基础产业环节和技术研发环节，向下游拓展至市场拓展环节。对于正泰来说，产业链延伸的主要目的是加强产业链分工合作，更好地利用国际国内两个市场两种资源，努力提升加工贸易在全球价值链中的地位。

近年来，主流智慧能源企业从上游向下游电站延伸的过程并不顺利。“减重瘦身”转型轻资产成为战略，属于主动转型资产轻量化。同时，智慧能源行业上游扩产势头一直有增无减，产业链是否延伸至下游，正泰要用灵敏的嗅觉审时度势，思考向产业链下游延伸的可能性。

4. 结合正泰精益生产的成功经验，试分析产品线决策的重要性。

产品线由一群相关的产品组成，它们的功能相似，卖给同一顾客群，且以相同形式的配销通路销售，或者它们都在某一价格范围内，从而组成一条产品线。

随着正泰集团生产规模的不断扩张，许多生产公司都反映场地不够用。经过认真研究和调研，它们打算引进日本专家铃木重光带来的“精益生产”。此时，正泰集团配电一公司面对的问题尤为严峻。由于配电一公司的快速发展，造成了生产现场拥挤、半成品多、资金占用量大、交货周期长、人均效率低、产品转换难度大等诸多问题。然而扩大企业规模受到整个工业园区的限制，且不能在短时间内解决问题。

由此可知，正泰选择了产品线的更新决策。产品线更新决策也称为产品现代化决策，是指当消费者的消费习惯、偏好、生活方式等随着时代的进步而不断改变，公司相应地不断更新产品线，重视产品的现代化。产品线的更新可以采取逐项更新或一次全部更新两种方式。产品线的现代化决策强调了将现代化的科学技术应用到生产过程当中。

5. 运用产品生命周期理论，分析正泰智能化升级的路径和原因。

产品生命周期理论是美国哈佛大学教授雷蒙德·弗农（Raymond Vernon）1966年在其《产品周期中的国际投资与国际贸易》一文中首次提出的。产品生命周期(Product Life Cycle，PLC)，是产品的市场寿命，即一种新产品从开始进入市场到被市场淘汰的整个过程。弗农认为产品生命是指市场上的营销生命，产品和人的生命一样，要经历形成、成长、成熟、衰退这样的周期。对正泰来讲：发展前期，作为一个由开关厂不断发展而来的企业，正泰从最拿手的主营业务入手，专门从事配电电器、控制电器、终端电器、电源电器和电力电子等低压电器产品的研发、生产和销售，产品的引入期大大缩短，成本也能减少一大半。随着科技的日新月异，市场对产品的需求也会发生变化。新技术的出现必然会影响相关产品的市场需求和发展趋势，同时，由于技术不断更新，许多产品的生产周期也会加速缩短。然而，在能源产业中，产品的生命周期往往面临较大的困难，是最不理想的产品生命周期曲线。

参考文献

[1]邬爱其，章重远，南存辉. 行稳致远[M]. 北京：机械工业出版社，2020.

[2]项目投资立项信息网. 详细分析我国智慧能源行业现状及发展前景分析[EB/OL].[2021-11-30]. https://www.xmkybg.com/html/2021/xwzx_1130/11939.html.

[3]前瞻产业研究院. 智慧能源产业发展前景广阔"互联网+"创造发展条件[EB/OL].[2018-09-20]. https://bg.qianzhan.com/report/detail/459/180920-4f037fe1.html.

[4]新浪证券. 智能工厂 | 上市十年，正泰电器以创新驱动发展、数字化升级，"拓宽"企业护城河[EB/OL].[2021-06-28]. https://finance.sina.com.cn/stock/enterprise/cn/2021-06-28/doc-ikqcfnca3764612.shtml.

[5]温州党建. 正泰25年：一家民营企业的创业史[EB/OL].[2009-09-27]. https://www.wzdj.gov.cn/system/2009/09/27/101443179.shtml.

[6]于垚峰. 正泰电器董事长南存辉：减排已成全社会共识，新能源产业助力实现"双碳"目标[N]. 每日经济新闻，2021-09-06(003).

[7]李建明. 正泰集团的转型升级[J]. 企业管理，2014(4)：46-48.

第七章

数字化品牌与品牌资产管理

第一节　拇指白小 T

公司简介

拇指衣橱(浙江)服装科技有限公司，成立于2016年1月，总部设在宁波市电商经济创新园区，是宁波市江北区政府重点招商项目。拇指衣橱的使命是“让中国男人轻松帅起来”。创业团队通过打造IP内容与用户产生粉丝级强关系从而获得精准用户画像与需求，并通过C2F模式最短距离匹配高端供应链，为用户提供高性价比的商务男装产品。2019年1月，经过3年的思考和探索，借助“新零售”和“互联网+”的东风，拇指衣橱(浙江)服装科技有限公司旗下打造的IP化T恤品牌——拇指白小T品牌正式落地，其主营业务就是白小T。截至2022年12月，拇指白小T借助数字技术获取用户需求，基于客户需求结合科技创新T恤产品，成为互联网电商平台男士T恤品类第一，GMV从2019年的不足5000万元上升到2022年的10.6亿元。相比于传统服装业，拇指白小T运用数字技术，主要基于大数据分析挖掘客户需求帮助品牌定位，并利用数字电商平台+消费者数字化私域服务体系+线下渠道实现多维度、全方位品牌传播渠道构建与实践。拇指白小T一直致力于用科技赋能服装，用数据分析挖掘客户需求并用数字电商平台完成品牌打造、产品销售及品牌服务，逐渐在服装红海中闯出属于自己的一片蓝海。

案例梗概

在国际政策和经济环境的双重影响下，服装行业发展态势不容乐观。如何借助数字技术和大数据分析完成品牌定位，找准细分市场，同时借助数字化营销渠道在市场上形成品牌影响力是服装初创企业亟待解决的现实问题。拇指白小T面对白热化的市场竞争，通过独特的“品类化”品牌定位方式，借助市场数据分析，积极挖掘客户需求，瞄准男士白色T恤产品的痛点，借助科技完成产品创新。作为依托数字电商平台崛起的服装品牌新势力，拇指白小T正是通过构建数字化销售渠道与线下销售渠道双向互动体系，帮助品牌快速打通传播渠道。数字化背景下，大数据技术带来机会的同时也给企业品牌建设带来了困扰。在数字化消费需求数据“爆炸”背景下准确进行品牌定位并搭建最优传播渠道是一大难题。通过深入分析拇指白小T在数字时代实现品牌精准定位和快速传播的历程，可以给服装企业品牌建设提供借鉴。

关键词：数字技术；品牌建设；数字化消费需求；拇指白小T

一、引言

数字经济时代的来临给品牌的建设、企业的生产、产品的营销以及消费者的消费习惯等都带来了极大影响。作为经济发展最重要的内生动力，消费反映了人民对美好生活的向往和追求。随着我国发展阶段变化和居民收入水平持续提高，居民消费需求逐渐转向以服务性消费为主，更加注重非物质层面的体验、享受和情感等精神需求的满足。此外，在物质生活更加宽裕和互联网快速普及的环境中成长起来的新生代群体，其消费习惯和消费方式日趋呈现出数字化、个性化、社交化等新特点。数字经济在顺应这些新趋势、满足新需求方面有着独特优势。一方面，数字技术应用有助于更加精准地捕捉消费端需求及其变化趋势，通过按需定制、以销定产推动生产方式变革、创新供应链、重塑价值链，从而创造出更多的新产品、新服务。另一方面，数字经济能够创造丰富的消费应用场景，技术创新应用能够为人们提供更智能、更高效和更安全的消费环境和消费体验，从而更好满足生存型、发展型和享受型等多类型、多层次的消费需求。拇指白小T正是运用数字技术挖掘消费新需求并通过数字技术进行品牌传播的代表之一。作为拇指衣橱旗下首个“用科技定义服装”的品牌，拇指白小T借助大数据进行品牌精准定位，借助科技创新产品，依托数字渠道完成品牌传播，在短时间内迅速崛起成为我国男装品牌新星。

二、中国男装行业的发展情况

尽管当前面对复杂严峻的国内外形势以及多重超预期因素影响，我国服装行业仍积极克服高成本、弱需求、高库存等生产经营挑战。随着经济环境的改善，消费也迎来了进一步释放，品牌服装企业获得新的发展机遇。基于消费数据分析可以发现，中国的男装行业市场日趋成熟，竞争格局稳定，但男装品牌想要在多元化市场中保持竞争优势，则需要对供应链有较强的把控力，不断推出功能品质与潮流时尚兼具的产品，以满足消费者多样化的着装需求。

根据相关数据显示，2023年我国男装行业规模为5797.78亿元，同比增加8.9%；2023~2025年复合年增长率CAGR也将突破3.3%。男装需求复苏之后，众多中国男装品牌陆续展现品牌发展新布局，注重产业链的上下延伸以及产业集群化发展。首先，从产业链结构来看，中国男装的上游主要包括植物纤维、动物纤维、化学纤维等原材料供应商以及织机等生产设备厂商；中游主要为男装生产企业；下游领域主要包括专卖店、直营店、加盟店、线上商城等渠道。从我国男装产业链企业区域分布来看，男装产业链企业主要分布在东部地区，尤其是广东、安徽等地。其次是在山东、江苏、浙江、福建等地区；总体来看，男装产业生产企业较多，且主要集中于东部沿海地区。从代表性企业分布情况来看，浙江、江苏和新疆的代表性企业较多，如太平鸟、海澜之家等，其次是在福建、广东等地区。

随着我国居民线上消费占比逐年提升，男装的线上消费业态不断发生变化，传统平台电商从流量竞争回归消费本质，注重提升消费体验；社交电商、兴趣电商等新兴模式快速崛起，依靠巨大流量，通过算法推荐，让商品主动寻找目标用户，实现精准营销。男装行业作为深度介入线上消费业态的行业之一，头部男装企业不断在品牌宣传、产品定位、客群营销等方面贴合数字消费特性，线上销售占比稳步提升。在经济转型升级、国潮崛起的大趋势下，叠加促消费政策效应日渐显现，优质且符合大众需求的男装龙头品牌迎来稳定发展机遇。同时，线上线下双向融合发展趋势不断显现，线上下单、线下体验等模式不断增多，对男装企业的渠道管控、供应链整合提出了新要求，男装行业迎来全场景的深度拓展期。

三、挖掘男装新需求，品类品牌新定位

(一)分析市场数据，助力市场定位

尽管服装产业并不是新兴产业，也不是朝阳产业，作为人们生活中的日常必需品，中国服装市场总体量相当大。经过消费数据估算发现当前中国服装市场消费总体量可达到2.7万亿元。一个新的服装企业、一个新的服装品牌，如何根据客户需求进行定位极为重要，这是决定企业能否创业成功的关键因素。

拇指衣橱创业团队采用大数据分析技术，对中国服装市场数据进行深入分析并得出服装市场判断结果：首先，中国的老年服装的消费数据并不乐观，老年群体的消费能力较为有限。其次，童装市场品牌繁多，但市场对童装的设计和材质要求较高，产品更新速度很快。尽管女装市场消费体量占据整个服装产业一半以上，女性的服装消费金额和频率较男性更高，但中国的女装市场供给远超需求，女装品牌数量比童装和男装品牌数量总和还多。女装有库存高、产品减值速度快、设计复杂等特点，并不适合新创品牌尝试。因此，借助数据挖掘，拇指衣橱在确定新品牌市场定位时选择了男装市场。

(二)借助数字技术，找准细分市场

男装市场的品类繁多，拇指衣橱需要选择一个品类作为切口。基于数据分析和市场调查，拇指衣橱团队发现无论是国内还是国外，近年来运动休闲服饰的销售量持续增长。单是运动休闲服饰的品类就非常多，作为初创企业，拇指衣橱的资金情况和人才储备情况，无法同时启动多个品类的研发和生产，需要缩小目标。借助线上渠道收集销售数据，经过数据分析并结合各品类设计、生产、销售模式的特点，拇指衣橱最终将目标锁定在了T恤和卫衣两大品类。这是男士穿衣场景中高频出现的两个品类，而且这两个品类在版型、面料、款式设计等各方面要求不会太高，是男装里最容易标准化的品类。

那到底是先做T恤还是先做卫衣？创业团队经过分析后发现，服装市场上，卫衣的售价普遍比T恤更高。拇指衣橱作为一家借助数字化销售渠道的

服装企业，卫衣相较于T恤获客成本高、客单价高，不容易卖爆。与此同时，拇指衣橱发现尽管几乎所有男装知名品牌都生产男士T恤，可是在消费者购买时，并不会特别钟爱哪个牌子的T恤。拇指衣橱认为T恤品类在竞争格局中具有“品类再造”的潜力。尽管T恤是服装的一个细分品类，但中国T恤市场规模可达1000亿至2000亿元。拇指衣橱终于确定二次创业的服装品类——男士T恤，并且选择消费需求量最大的白色T恤作为第一款设计生产的产品。

(三)挖掘消费需求，打造强势品牌

品牌能否成功，名称十分关键。拇指衣橱从135个名字中确定了新品牌的名称——拇指白小T。拇指白小T这个品牌名称非常人格化，而且听到名字就能联想到品类，符合将新创品牌打造成T恤品类代名词——“品类即品牌”的设想。2019年1月，白小T品牌注册完毕。经过市场数据分析发现，中国男装市场中，购买力最强的客户群体为30~50岁的中青年。中国30~50岁的中青年男士的男装消费人均不及日本的1/3，未来增长空间巨大。拇指白小T将产品销售对象锁定在这个年龄圈层的男士。

品牌的建设和发展离不开强势产品。拇指白小T在设计白T恤时，充分考虑客户需求，调研市场上男士白色T恤产品存在的痛点：白色T恤不耐脏，脏了还不好洗；白色T恤容易发黄，第二年就没法穿；白色T恤领口袖口容易变形等。为了解决拇指白小T的耐脏问题，产品研发部门找遍市场上的各类耐脏易清洁的白色面料，要么作为T恤面料成本过高，要么舒适度不佳，要么不耐洗。为了得到最满意的白色面料，拇指衣橱专门成立了面料研发部门，并与中国科学院宁波材料技术与工程研究所合作。经过2个月的合作研究，研发出了一项技术可以对白色棉质面料进行加工处理，使面料具备被咖啡、红茶、醋等有色液体沾染后一抖就干净的能力，解决了面料的技术性难题。拇指白小T为了保证产品品质，委托国内“奢侈品”服装代工厂进行产品生产。拇指白小T明确产品研发要解决客户痛点，利用科技进行产品创新，挖掘客户对白T恤的消费需求；同时让白T恤兼具“奢侈品”的品质和简约时尚的外观。2019年5月，拇指白小T生产出了第一件白色T恤。

(四)明确品牌定位，找准传播渠道

确定品牌的产品价格也是品牌定位过程中不可忽视的重要过程。拇指白

小 T 不具备打价格战的资本，一没有资本优势，二没有生产成本优势，所以拇指白小 T 不推崇“极致性价比”。而且，拇指白小 T 的主要客户是中国消费实力最强的男性圈层，低价并不能成为吸引消费者的关键因素。因此，拇指白小 T 选择用品质赢得客户的信任，让客户心甘情愿为白小 T 买单。为了保证 T 恤品质，白小 T 在面料基础材质上选用新疆生产的长绒棉，并委托为奢侈品服装代工的工厂进行生产。同时白小 T 包装精美、配送快速也能加深消费者对品牌的印象。

同时具备高品质和高颜值的第一代白小 T 定价 99 元，并且随着服装与科技的结合，2020 年初，白小 T 产品升级到了第二代，定价 199 元。199 元的白小 T，价格既远高于市场的白牌货，同时又能避开真正的奢侈品 T 恤的价格带，切入一个 T 恤价格竞争的薄弱地带，白小 T 价格的明确进一步帮助品牌明确了定位。

在明确品牌定位后，下一步是确定品牌传播渠道。拇指衣橱是一家主要依靠数字化传播渠道进行产品销售的服装企业。当第一代白小 T 诞生后，摆在创业团队面前的网络销售渠道众多，有淘宝、京东、抖音、拼多多、腾讯等。白小 T 的品牌宣传费用并不宽裕，无法投放多个平台，也无法与其他服装品牌拼流量。通过对数字化传播渠道的用户群体进行分析发现，今日头条平台的用户正是中国 30~50 岁的精英男士，他们关注新闻时事，今日头条则是这类人群的聚集地。同时，这类人群穿着讲究、节约时间、目标明确。最为重要的是，与女性无目的逛街购买不同，这类人群时间观念强，不愿意逛街浪费宝贵的时间。因此，拇指白小 T 在今日头条平台投放广告，通过精准曝光，只要能够打动用户购买，就可以快速成交，替用户节约时间。除了投放广告，拇指白小 T 还通过短视频内容触达客户，引发客户兴趣冲动消费，最后通过落地页下单购买，消费决策链极短，更容易达成交易。

经过持续半年的广告投放，直到 2020 年初，白小 T 每天能成交 100 单左右。在投放广告过程中，拇指白小 T 会及时查看数字化传播渠道的数据，测试投放效果，随时进行数量和内容形态的调整和优化。一旦测试出对的方向后，就会进行饱和式投放。2020 年 5 月，拇指白小 T 创始人张勇的一条工厂揭秘类视频在今日头条上“爆”了。在这条视频中，张勇饱含激情地讲述白小 T 的生产环境、造价成本、面料工艺等，也正是借助这条视频，白小 T 迅速“蹿红”并在 2020 年拿下 1. 36 亿元 GMV。

四、线上线下齐发力，品牌传播全域化

(一) 线上推广，全域发力

1. 公域引流，放大声量

2021 年以来，抖音电商平台快速崛起，升级成为拥有独立闭环的电商生态平台。拇指白小 T 抓住机遇，将品牌推广的主阵地由今日头条转向抖音电商平台。随后，拇指白小 T 顺应了创始人 IP 化的传播趋势，不仅开设了创始人账号，利用张勇的创始人形象建立自身的 IP 人设，并借此迅速吸引大量粉丝关注，注重白小 T 品牌内容的塑造。同时，拇指白小 T 也开始进军天猫、京东等平台，朝着塑造品牌力的方向努力。

获得 6000 万元 A 轮融资后，拇指白小 T 的整体营销动作升级，质量和数量都迅速提升，开始向全域营销发力。随着抖音自播趋势越来越热，拇指白小 T 在抖音电商平台进一步布局传播渠道，为抢占夏季 T 恤旺季展开广告攻势，将营销重点从打造创始人 IP 转为品牌官方账号的运营。先是开通了 1 个主号——拇指白小 T 官方直播间账号，主号拥有 65.6 万粉丝，每天直播 16 小时，主播和短视频均走“美女路线”，视频内容为穿着白小 T 衣服的美女写真卡点视频；随后又开通 6 个矩阵号，进行差异化运营。例如，39.2 万粉丝的“拇指白小衫官方旗舰店”，每天直播时间为 9~12 小时，主页视频内容是不同生活场景里白小 T 的穿搭，侧重衣服的实穿性。8.2 万粉丝的“拇指白小 T 男装旗舰店”，每天直播超过 10 小时，主页视频内容以测评类为主，强调服装的科技感和功能性。

拇指白小 T 在抖音里布局内容差异化的矩阵号，给主号导入巨大流量。主号和 6 个白小 T 蓝 V 抖音账号的内容差异投放，为消费者构筑了不同的消费场景，垂直打入不同的细分用户圈层，帮助品牌收割更大的流量池。主号和矩阵号同时进行直播也帮助白小 T 的抖音账号长时间积累直播时长，起到了提升直播间权重的作用，并获取了更多平台系统推荐曝光的机会。拇指白小 T 在今日头条收获了第一波流量后，再次迎来流量的爆发。

2. 私域互动，持续转化

当媒介逐渐分散，公域流量昂贵，获客成本变高，依靠公域平台的直播带货不是长久之计，更无法帮助品牌把握消费者的转化和复购，为此，拇指白小

T 选择搭建了自己的微信私域，拥有接近 150 人的独立私域团队，服务 20 多万私域用户。各类互联网服饰品牌一直在思考应该如何加到消费者的私人微信，而拇指白小 T 加粉通过率能达到 70%，具体做法如下：

首先，拇指白小 T 的私域团队从抖音和其他平台把订单下载下来，通过打电话和短信的方式，引导客户添加好友，把握住客户下单后的“黄金三分钟”。随后，拇指白小 T 的私域客服人员以服务者立场，会在短信中明确写出添加好友后的服务目的，即核对尺码、提供售后服务和复购优惠。添加好友之后，拇指白小 T 的客服还会在购后 3 天询问产品体验，购后 7 天引导好评，产品上新和换季时直接触达消费者进行推荐，并告知消费者在微信商城内可直接下单，实现微信端的流量闭环。

初期，拇指白小 T 私域导购走的“美女人设”路线，但复购率并不理想。经过分析后发现，拇指白小 T 的客户群体为精英男士，个人穿衣品位较高，更需要专业化的选购建议。因此，拇指白小 T 对导购人设进行调整，开始走专业的设计师路线。导购们在朋友圈统一内容、微信个人头像、话术，以“穿搭顾问”的 IP 形象整体示人，为用户提供一对一穿搭顾问服务。在新模式下，拇指白小 T 的私域季度复购率可达到 20%。此外，拇指白小 T 私域导购在与用户互动的过程中，尺度把握得很好，导购们不会过于主动或者过度去打扰用户，但若用户主动找到他们，他们会十分热情和耐心地提供服务。如此一来，拇指白小 T 的转化和复购率反而更好。拇指白小 T 也借助私域进行深度服务，积累用户。2021 年，拇指白小 T 全网转化 40 万付费用户。

（二）线下推广，完成布局

1. 线下门店打造 IP 人设

在线上获得推广成功后，拇指白小 T 转手开始布局线下销售渠道。首先，拇指白小 T 将门店开设在宁波市最主要的商业中心。线下体验店能够直接给予客户更好的售前、售中、售后服务，一站式解决穿衣购买问题。

同时，拇指白小 T 还为线下门店设立“城市老板娘”人设，并在短视频平台中开设对应的账号，树立门店“城市老板娘”形象。通过人设与内容使消费者与品牌形成情感链接，吸引消费者到店消费。此外，拇指白小 T 线下门店还不定期举行户外销售活动，线上报名用户可以邀请朋友一同参加，为用户和品牌主理人建立情感链接提供机会。

2. 门店私域融合发展

除了承接线上流量，拇指白小T的门店和私域也“相辅相成”融合发展。基于拇指白小T强大的私域服务体系，顾客可以享受线上线下服务同步。例如，当顾客不想手拿，可以在店内试穿后，当场线上下单，直接包邮到家。当顾客参加某一场合却忘记带相关服装，用户在微信内联系白小T客服后，方圆5千米内，拇指白小T会提供外送服务。

从线上到线下，拇指白小T深挖用户需求，从产品的单一升级转为产品、服务的双向升级。拇指白小T线下体验店是“情怀营销”“社交体验”“用户参加”“线上线下一体式服务”的升级再造，有人情温度的亲切感，也有鲜活生动的科技感。从线上多平台到线下实体店，拇指白小T已经从卖T恤升级到卖服务。

五、科技赋能新产品，品牌矩阵促竞争

2020年T恤单品“大火”让拇指白小T拥有更充裕的资金进行产品研发和升级。2021年底，拇指白小T又相继推出了第三代和第四代T恤产品。产品的持续研发需要技术支撑，为了加快研发速度，拇指衣橱调整了研发部门架构，聘请了专业的产品经理，组成专业团队全程负责服装打版设计、跟单理单、用户反馈，不断升级迭代产品。在产品研发维度上，相比其他服装品牌更注重设计、版式和工艺，拇指白小T强调科技和时尚，开发的80%~90%的产品都具备科技属性。因此，拇指白小T跟传统服装公司的上新频率完全不一样。与传统服装公司更多地强调版权和款式不同，拇指白小T做的是经典款，上新更多是受到材料科学的驱动，注重面料成分创新，打造新的产品功能，解决用户痛点。2022年6月，拇指白小T获得1.7亿元B轮融资后将更多经费投入产品技术研发领域，开发了一系列“黑科技”产品，如火山岩保暖内衣、能点亮灯泡的内裤、具备相关功能的保暖袜子等。

2022年11月，拇指白小T还与宁波江北区人民政府联合成立了国家级实验室——木星实验室。木星实验室联合11位中外科学家，主要做材料研发，并把一些科学成果做商业化落地，更好地应用到纺织服装行业。截至2022年，拇指白小T在面料和包装方面取得了20多项专利，包括领插片专利、纽扣专利和领口双针链条线专利。拇指衣橱在创业之初就极为重视知识产权保护，张勇一直强调拇指白小T是一个充满科技元素的品牌。因此，拇指白小T频繁使用专

利权来保护研发的科技成果，这为防止其他品牌抄袭筑起了法律保护屏障。

在拇指白小T的T恤大获成功后，拇指衣橱的管理层一直在思考，如何创造第二个“爆品”从而提升企业竞争力。团队再次将“品类即品牌”的品牌定位思维运用到了新品牌的创立上，2022年，拇指衣橱又注册了品牌“拇指白小衫”，主打舒适家居感的衬衣。拇指白小衫的衬衫强调用T恤的面料——针织面料来做梭织的衬衫。

六、结语

三年的时间，拇指白小T成为用户喜爱的品牌，2022年的GMV达到10.6亿元。中国有超过200亿元的T恤市场，而目前白小T的市场份额还不足10%。拇指衣橱管理层制定的目标是到2025年，白小T的GMV达到20亿元。拇指衣橱要从一家小公司变成一个大公司、强公司，拇指白小T要从一个“网红品牌”进化成能扛住时间冲击的“知名品牌”还需要做许多事，不是单点进化，而是要完成全方位的进化，包括团队、组织、系统等的优化，和流程标准，KPI等的沉淀。目前，拇指衣橱主要把融资用在人才、科研和供应链上，当下最重要的问题是组织适配，使组织建设跟上公司的扩张步伐。

对于拇指白小T未来的模样，拇指衣橱希望拇指白小T能够成为T恤品类代名词，顾客一想到白小T就想到T恤，一想到T恤就想到白小T。更远一点，拇指衣橱希望通过拇指白小T带来的用户，完成对整个男装领域的渗透，最后，提供给中国精英男士一个更美好的生活。

案例思考题及分析

1. 消费者对T恤的需求有哪些？结合案例试分析拇指白小T是如何挖掘并满足消费者需求的。

(1)解决T恤痛点。在白小T品牌成立初期，创业团队就对T恤市场进行充分调研。通过大数据分析发现，当下的T恤市场，各种价格、各种面料、各种款式、各种版型的白色T恤数不胜数。然而各服装品牌在设计生产白色T恤时，都忽略了白色T恤容易脏且难清洗的问题。

(2)满足品质和时尚需求。消费者都希望自己购买的T恤品质过硬，细节满满。因此，为了满足客户对白色T恤的品质要求，白小T在面料研发过程中，除考虑能够耐脏易清洗之外，还充分考虑面料的舒适性，白小T的T恤面料采用优质的新疆长绒棉。

(3)满足价格要求。消费者在购买休闲服饰，特别是T恤这一品类时，多年消费积累的认知中普遍觉得白色T恤的平均售价不应太贵，市面上90%以上的白色T恤售价都不超过499元。

2. 基于品牌定位理论，谈谈拇指白小T是如何借助数字技术进行品牌定位的。

在圈定客户群体的过程中，拇指白小T利用大数据挖掘，分析男装市场的消费群体特征，同时对消费群体的产品需求进行归纳分析，明确产品市场定位。

同样，利用数字技术，拇指白小T对主要消费群体的行为进行了分析，发现25~50岁的精英男士日常没有较多时间购物，因此在选择服装产品时，不喜欢眼花缭乱的各类设计，希望能在短时间内选购到品质好、经典耐穿的服装。因此，白小T充分考虑这一圈层男性的购物特点，并根据这一特点对白小T的设计、生产和销售渠道进行精心安排。拇指白小T选择了不同于传统服装品牌的品牌传播和产品营销路线。拇指白小T经过大数据分析后选择用户群体与拇指白小T产品用户高度重合的今日头条作为产品广告投放和销售的主要互联网平台。

3. 在国内时装市场，白小T如何根据品牌定位制定其独特的全渠道品牌传播策略?

(1)线上渠道(公域+私域)。白小T在选取线上传播渠道时，不同于其他竞争对手通过大量的流量投放竞争一类电商(淘宝、天猫、京东等)，而是从二类电商——今日头条入手，通过投放落地页广告和短视频，引起消费者兴趣。

白小T通过打造私域团队，将公域流量进行很好转化。拇指白小T通过培育私域团队，在流量转化上，采取公域下单后信息关联，迅速进行微信加客，打造微信私域的专业形象管理人设，取得客户的信任并为客户提供个性化服务。私域渠道还可以很好地收集客户的反馈信息，帮助白小T进行产品提升。

(2)线下渠道。拇指白小T在线上渠道销售势头良好的前提下，开始铺设线下渠道。拇指白小T首选在宁波市的大型商业中心开设品牌体验店，让白小T的线上客户在线下也能拥有良好的品牌服务体验。

线下门店还与线上渠道进行了有效融合。当线下门店客户需要后续长期的个性化跟踪服务时，门店会添加客户微信，让私域服务团队进行后期长效服务。当线上门店客户需要一些即时服务如衣服零配件更换等，可以就近联系相关门店进行快速反应，满足客户的服务需求，提升客户对拇指白小T品牌的忠诚度。

4. 通过企业竞争态势，分析拇指白小T是如何在市场竞争中占据优势的。

(1)品牌定位的准确性。拇指白小T将品牌与品类进行深度关联。使新创品牌迅速“出圈”的方式就是能够让消费者在产生消费需求的时候，迅速与品牌产品产生关联。拇指白小T将品牌品类化，可以在短时间内让消费者形成产品与品牌的关联印象。

(2)品牌传播渠道的有效性。拇指白小T有着较为丰富的利用数字化传播渠道的经验。同时，作为一家资金实力不强、品牌影响力不大的新创企业，拇指衣橱选择数字化渠道作为品牌推广的首选，十分明智。

(3)品牌产品的新颖性。拇指白小T始终坚持用科技创新赋能产品研发，与政府部门、研究院所合作进行新品开发，开发出的“宇航服”“发热鞋垫”等产品，能够在越来越追求科技感的服装市场中提升品牌影响力和竞争力。

5. 面对激烈的服装市场竞争，拇指白小T在未来的品牌建设中可能会面临哪些挑战，应该如何应对?

拇指白小T作为新创品牌，还需要进行品牌资产的积累，使消费者与品牌产生共鸣，形成对品牌强烈的、积极的忠诚度。目前来看，拇指白小T的产品相对较少，而且消费者的购买流量主要集中在白小T这一款产品上。从品牌建设角度来看，产品的新颖性和持续热度对品牌非常重要，是品牌用户持续积累的重要影响因素。因此，在白小T之外，还需要继续开发出能够在市场上保持热度的新品。同时，拇指白小T作为拇指衣橱的第一个品牌，其他“白”系自有品牌的孵化脚步需要加快。在借助拇指白小T热度的情况下，打造一系列新品牌如“白小衫”“白小内”“白小鞋”等，对拇指衣橱的发展以及拇指白小T品牌知名度的进一步扩大十分有利。

参考文献

[1]郑涫心，阿茹汗．白小T张勇：红海市场的机遇是“品类即品牌”[N]．经济观察报，2022-08-08(020).

[2]许欢．“白小T”的服装黑科技[J]．中国纤检，2022(1)：92-94.

[3]任一琰．拇指衣橱探索中国制造新模式[J]．商业观察，2016(6)：50-51.

［4］观潮新消费．锁定中年男装市场，白小 T 如何用一款 T 恤破局？［EB/OL］．［2022-08-31］．https：//baijiahao. baidu. com/s？ id = 17426646143737161658&wfr = spider&for=pc.

［5］和讯网．腾飞 20 年丨白小 T 张勇：一个来自外行的颠覆者［EB/OL］．［2022-11-15］．https：//baijiahao. baidu. com/s？ id = 1749544282661319743&wfr = spider&for=pc.

［6］蓝鲨消费：年销 10 亿元，白小 T 张勇：服装品牌兴亡的关键在足够差异的产品［EB/OL］.［2023-03-21］．https：//zhuanlan. zhihu. com/p/615852965.

［7］腾讯网．白小 T 创始人张勇：新基建长出新品牌［EB/OL］.［2023-03-15］．https：//new. qq. com/rain/a/20230315A0479S00.

第二节　顾家家居

公司简介

顾家家居成立于 1982 年，发展初期主打手工沙发。2000 年现任董事长顾江生接手企业后，于 2003 年创立“顾家工艺”品牌，并开始在产品升级、产能扩张、品牌打造等方面发力，品牌开始走向全国。2010 年开始着力于品类扩充，先后推出软床、床垫、定制家具等新的产品，逐渐形成完善的软体全覆盖产品体系；同时积极推进产能扩张，在河北深州、杭州江东等地建立生产基地。2016 年公司在 A 股市场上市。2018 年，公司通过收购进一步扩充品牌矩阵，同时加快海外市场布局如发展海外业务、拓建海外产能基地等。经过 40 多年发展，顾家在我国软体家具行业的龙头地位日渐稳固。

目前顾家家居已实现远销 120 多个国家和地区，拥有 6000 多家品牌专卖店，为全世界超千万家庭提供美好生活。旗下拥有“顾家布艺”“顾家工艺”“顾家床垫”“顾家功能”“睡眠中心”“KUKA HOME 居礼”“顾家全屋定制”“顾家星选”“顾家按摩椅”九大产品系列，与美国乐至宝功能沙发“LAZBOY”、德国高端家具“ROLF BENZ”、意大利高端家具品牌“NATUZZI”、独立轻时尚品牌“天禧派”、新中式风格家具品牌“东方荟”组成了满足不同消费群体需求的产品矩阵，坚持以用户为中心，围绕用户需求持续创新，并创立行业首个家居服务品牌“顾家关爱”，为用户提供一站式全生命周期服务。为大众创造幸福依靠，帮助用户实现理想生活，是顾家家居一直的努力方向。

案例梗概

近年来，家居行业环境复杂，竞争日益激烈。家居的消费方式也在发生着变化。本案例简述了在家居行业发展大背景下顾家家居的数字化，主要讲述了顾家如何进行数字化品牌建设与资产管理；详细分析了顾家家居的品牌文化、定位理念等，以及利用数字化在品牌传播管理方面所做的努力，进而扩大品牌的认知度和影响力。本案例还对顾家家居的品牌资产管理进行研究，对顾家家居的品牌资产管理现状进行分析，说明目前的市场环境下，顾家家居做好品牌资产管理的重要性。最后，本案例为顾家家居的未来发展提供一些思路，助力顾家家居品牌数字化升级之路。

关键词：顾家家居；数字化品牌；品牌资产

一、背景

（一）家居行业发展情况

随着家居网络市场渗透率的逐步增长，家居行业现状在近几年拥有充足的市场需求，市场被不断推动，国内智能家居的市场规模仍有着扩大空间。伴随国内经济的逐步发展，消费者的生活质量也在日益提升，家居理念发生了巨大的改变。消费者不再满足于之前的基础功能，对于产品的质量、品牌、观感及服务体验等方面的重视程度越来越高。近年来，随着大众生活习惯的变化，家庭场景中蕴含了大量的潜在消费，家居服务业的发展前景得到了充分的发挥。因此，我国将更依赖高素质的家居技能人才，加强家居服务业从业人员的职业化培训刻不容缓。此外，由于主要用户群体的覆盖范围越来越广，网络家居服务平台需要进一步拓展其业务范围，开展个性化业务，不断提高业务质量，以适应客户对其服务的要求。

中国家居行业正在经历着一个关键的变革和发展阶段。回顾 2022 年，由于新冠疫情的反复、房地产市场的低迷、原材料价格的上涨、市场需求改变等因素的影响，建筑材料和家居行业处于“寒冬”。在各种困难面前，家居公司勇敢地迎接挑战，积极地寻找解决问题的办法，采取多种措施来保证公司的稳步发展。整体装修竞争加剧，家居整体定制升级，智能家居逆流而上；加速数字化、发力新零售、聚焦绿色低碳、二代接班等都被列入 2022 年家居行业十大热门词汇。

我国的家居市场是万亿级的市场，但是因为产品种类多、技术壁垒不高、准入门槛低、原材料供应相对充足、供应链碎片化严重等因素的影响，行业的竞争更加激烈。据官方统计，2022 年我国家居制造业企业数量达七千多家，过去 10 年复合增速达 5%以上。家居制造业的企业数量不断增多，逐步加剧了行业内的竞争，亏损企业数量总体上呈不断上升趋势。定制家居市场规模扩大且呈波动上升趋势。伴随着产业的发展、定制家居产品矩阵的逐步充实以及家居企业整装渠道的不断深入布局，预计未来中国定制家居产业集中度将持续提高。

(二)家居行业数字化转型背景

数字经济正逐步成为世界经济的主流趋势，数字化的步伐已势不可当。虽然宏观数据呈现欣欣向荣的景象，但对于绝大多数传统家具企业而言，数字化进展绝对称不上平顺。传统家具企业在转型过程中遇到困境的原因主要来自以下两方面：一是企业的规模。当企业规模太大，尤其是有各种子公司时，难以选择合适的数字化转型切入点。二是业务的形态和各业务之间的关联性。企业的业务流程越复杂，各业务之间的产物关系越复杂，业务间的相互关系越难厘清，数字化转型的难度越大。

随着科学技术的发展，社会基础设施的进步为工业制造业升级提供软硬件背景，家居公司可以在此背景下实现信息流与产品流的统一，打通全产业链，全面实现“以销定产”，完成“端到端”运营。与此同时，新冠疫情引发了一系列的连锁反应，在加速众多企业灭亡的同时也催生出新的业态，诸如远程办公、团购等，成为企业数字化转型的催化剂，倒逼着企业加速谋划数字化。作为线下属性极强的行业，家居企业也开始意识到数字化转型是企业应对动荡变化环境进而推进可持续的必由之路。

二、顾家家居品牌文化、定位与理念

(一)挖掘品牌文化，打造家居氛围

公司的品牌名“顾家”一语双关，既代表着顾氏家族，激发出消费者对传统家庭作坊的联想，又能理解成顾念家庭，迎合了中国人骨子里的传统家庭文化观念，还符合现代家庭意识。“家”与“生活”是理解顾家品牌文化的两个核心关键词。顾家一直把“家”作为生活的出发点，坚持为世界各地的人们提供一套健康、舒适的家居解决方案。顾家先后提出了“幸福的倚靠”“因为顾家，所以爱家”两个品牌口号，将“家文化”的品牌内涵持续地传达给消费者，营造幸福的家居氛围和舒适的体验感。品牌主张中的关键词——“爱”，充满了浓厚的品牌暖意。无论是从品牌角度发声的爱家，还是从消费端发声的爱家，都表达出对美好生活的探索、创造与热爱。

顾家在“家文化”上下足功夫，从“因为顾家，所以爱家”的口号入手，推出“顾家暖男节”“超级宝贝日”“超级顾家号”，顾家始终强调家人之间的爱与陪伴。本质上，顾家家居的“家文化”打造的是消费体验。软体家具市场产品同质化问题严重，顾家通过众多的“家文化”体验活动，让消费者想到“家”“温暖”“陪伴”时就会想到顾家家居。顾家家居 2014 年推出专门针对“80 后”“90 后”的新品牌米檬，该系列沙发产品色彩鲜艳，设计时尚；2019 年打造“顾家欢聚日”活动 IP，以“每天欢聚 1 小时”为主题，从孩子成长过程中缺乏陪伴的现象出发，倡导国人关爱孩子、回归家庭。2021 年，顾家欢聚日以“超级搭档”为主题，推出成人及儿童款家居产品搭档，展现亲子陪伴的“家文化”。

(二)坚持品牌向上，升级品牌定位

首先，从品牌矩阵来看，顾家的自主品牌主要定位于中高端市场，客群相对精准。后期通过自身建设和延伸，将品牌矩阵扩展至高中低端各档次，进一步扩大客户群体范围。高端产品线有利于拓展更高层次的客户，提升公司品牌形象；大众品牌有利于覆盖更完整的客流，带动终端门店转化率。

其次，顾家将打造消费者品牌作为品牌升级的主攻方向。从产品设计到场景营造，无时无刻不在向消费者传递着对生活的向往。2020 年，顾家重新设计了一个全新的品牌标志，以年轻和时尚为主旨。2021 年，顾家正式成立了“顾

家生活方式研究院”，对当代年轻人多样的生活风格及中国人的生活习惯进行深入的研究，并根据使用者的实际需要，为其打造更加美好的生活场景。同年 7 月，顾家家居把自己的品牌定位从“传统家情感”升级到了“现代家观念”，顾家家具将品牌精神与时代精神相结合，以年轻人为主要消费群体。顾家家居通过打造具有时尚感和个性化设计的系列产品来满足年轻人对生活品质的要求，同时注重产品的实用性和舒适性。设计团队不断创新，推出一系列富有创意的产品，如可折叠储物柜、智能音响等。这些产品不仅能够满足消费者的需求，还能够为用户的生活带来更多的便利和乐趣。顾家家居在年轻化的过程中以实际行动、匠心产品、时尚理念为当代年轻人向往的生活提供了样板。

（三）从用户需求出发，贯彻品牌理念

顾家始终秉承着“以人为本”的设计哲学，在日常生活中寻求设计灵感。顾家于 2023 年 4 月，正式发布了 2023 年度“为生活而设计”的品牌主题。该次发布会，邀请到了作家许知远，并对其进行了一次深度采访，与简单的“灌输”不同，许知远的采访更能营造出一种自然而又真实的氛围，使观众能够积极地去理解和体会到家具是有感情的，而不是机械的。品牌是从对生活的真实感悟中设计出来的产品，通过艺术化的表达来体现家的情感，使家更具有生活感。

顾家家居始终将“以用户为中心”作为经营理念，着力品牌升级，打造高新品牌路线。2023 年 2 月，顾家家居提出了“一体化整家”的新概念。当前年轻人希望拥有更加个性化的家居空间，他们对家具颜色、材质、造型的搭配要求越来越高，对家居空间的功能需求更加多样化，也希望能够在有限的空间范围内实现学习、娱乐、健身等多种生活方式的统一。“一体化整家”针对以上需求提出了解决方案。顾家的产品设计注重实用性和美观性相结合，同时在材料选择上也十分考究。顾家的产品不仅具有良好的品质和舒适度，还具备较高的耐用性和环保性能，符合现代人的审美需求和生活方式。顾家家居不断创新，推出一系列新产品，如智能家居、定制化服务等。这些新品种的设计灵感来源于生活场景中的细节和人性化元素，旨在满足不同人群的需求。此外，顾家家居通过社交媒体平台积极开展互动活动，与广大消费者进行交流沟通，从而更好地了解市场动态和消费者需求变化趋势。

总的来说，顾家家居在品牌理念上不断创新，一直致力于让品牌理念落实到产品和服务上。许知远也提到，人们挑选家具就是在建构自己的生活秩序。

随着用户的生活越来越丰富，家居品牌已经不能以千篇一律的样板房来满足用户对生活的构建。顾家的聪明之处在于它给予了用户创造生活的可能性，通过对品牌理念的输出，激发用户心底设计生活的欲望。顾家家居品牌升级的动力是充分研究人群特征，根据用户需求开发产品，这也是品牌能够长久流行的根本动力。

三、数字化时代的品牌传播与管理的优化

(一) 紧抓时代热点，拓展传播路径

顾家家居通过节点大促、致敬五四青年节、央视直播等活动方式，成功将事件营销、娱乐营销传播充分结合从而使顾家品牌的知名度深入人心。

顾家在事件营销方面做了很多努力。2022 年，顾家家居迎来了成立的 40 周年，也借此契机将品牌营销推向高潮。从 3 月开启《一封家书寻顾家老友》，到 5 月《年轻的巨人》以初心支撑老用户的向往生活，再到 9 月《爱的存折》，用平凡生活里的小细节打动用户，顾家始终把“向往的生活在顾家”作为品牌营销的主旋律。在品牌 40 周年之际，顾家结合当代消费者的现实需求，紧紧围绕“家”的原点，并以实际用户回馈为抓手，刺激和引导终端流量转化，通过终端有参与、用户有感知、传播有话题的系列行动，全方位放大顾家的品牌影响力，拉升品牌新高度。公司通过全域品牌宣传，打造立体式营销模式，通过产品与场景的融合植入，为高价值产品和终端场景化的体验式营销种草，形成更活跃的品牌认知，巩固了大品牌、大媒介、大渠道的品牌形象。

在创新营销方面，顾家家居也一直不断探索，利用各大娱乐媒介传播提升话题度。例如，冠名“浙江卫视美好跨年夜”“天猫双 11 狂欢夜”，将美好生活信念传递给消费者。此外，顾家家居还作为第 19 届亚运会官方床垫独家供应商以及萧山机场独家沙发供应商，在世界舞台亮相，与央视名人开展直播活动进行“云探厂”。在 2023 年“为生活而设计”品牌年度主题发布会上，顾家家居邀请到许知远共同探讨生活与设计的关系，使顾家家居品牌形象深入人心。

通过多样化的营销手段和多元化的数字营销探索，顾家家居不断突破圈层，提升品牌知名度，实现了营销获客的快速增长。全业务链条的数字营销赋能，正在助力顾家家居通过家居新零售模式启动新的增长引擎。

(二)品牌内外延伸，构建产品矩阵

市场上的产品生命周期正在逐渐变短，为应对这种情况，企业需要不断推出新产品来满足消费者的多样化需求。然而，一个新产品从研发到实现品牌化，需要漫长的时间和巨额投入，这就需要进行品牌延伸来使产品顺利进入市场，顾家家居同样也不例外。

首先，顾家努力延伸产品品类，公司的基本发展模式为单品、空间、全屋，在这样的思维模式下，顾家增加了功能沙发、布艺沙发、软床、床垫研发、全屋定制等品类。横向来看，公司产品品类丰富，囊括沙发、软床、床垫、全屋定制、红木成品家居等，已具备大家居雏形。

其次，在品牌延伸方面努力满足更多消费者的需求。顾家家居旗下最著名的企业当属“顾家”品牌，在国内外享有盛誉。为适应更多消费者的品位，顾家集团先后创立了适合年轻人的“天禧派”品牌、适合中老年人的新中式家居“东方荟”，并收购意大利“NATUZZI”、德国“ROLF BENZ”品牌，实施矩阵式品牌战略。因此，顾家家居形成了独特的产品定位：全屋化、轻奢极简、传统与时尚。在这样的产品定位下，顾家大力推进产品的融合发展，形成了独特的品牌竞争力，进一步丰富了全屋的业态模式，帮助千万家庭实现美好生活。从纵向上看，公司垂直构建了“高中低”的品牌矩阵，通过自有品牌的延伸、收购与合作，不断拓展品类和价位区间，满足各档次消费者的需求，构建了满足大众消费者需求的品牌矩阵。

(三)加强品牌管理，理顺品牌日常

随着科技产业变革的不断发展和数字经济的兴起，顾家家居也加快了数字化、信息化布局。“信息系统建设项目”也被视为重要的IPO募资项目。为此，顾家家居构建了“企业资源管理系统”“营销管理平台”“人力资源管理系统”“协同办公管理平台”“顾家家居电子商务零售及售后服务系统”，增强市场营销能力，提高企业管理和决策水平，开发了全国连锁家具零售系统、家具分销系统、客户关系管理系统、电子商务系统、家具售后服务系统及其他系统，包括客户管理、销售管理、电商管理、仓储管理、门店管理、运营管理等，该系统覆盖了企业各核心业务领域，大大提升了企业内部整合能力，提高了企业运营效率，实现了覆盖集团各个加盟商、外贸、直营的零售、配送、售后服务的全流程管理。

理顺品牌日常，包括社交运营的结构化管理、媒体策略、公关策略、品牌元素的规范运用、品牌门店整合等。逐步加强内容生产方面的职能培训；弥补市场研究和用户研究方面的能力不足；培养运用行业数据和数字化工具的能力，帮助品牌加强管理和运营。

四、顾家家居品牌资产管理的举措

（一）线上线下相结合，提升品牌知名度

顾家家居采用公域和私域相结合的方式积累用户。通过领取优惠券、店内咨询的方式，线上线下添加用户信息，进而引导用户进行自我裂变。将私域作为战略目标，调动企业核心业务部门共同参与，以客户为中心，深挖需求，运用先进的运营技术工具，将个性化私域运营技术数字化，助力形成私域流量系统化运营。顾家构建全域营销体系，在转型中落地，更好地发挥整合的价值。扩张后，顾家对于品牌落地的营销策略显而易见——打通线上线下全链路，实现新零售场景的全面融合。

在线上，顾家开办全平台品牌账号运营，侧重视频表达，成立“顾家生活方式研究院”，来研究当下年轻用户的生活方式，使品牌向年轻化升级。此外，聚焦小红书平台，自建“顾家生活方式观察员”话题，创新 KOL 合作方式，产出优质体验内容，尽可能覆盖全平台用户。

在线下，设立“米兰研发中心”，提升产品外观造型的设计美感，并通过跨界产品合作、独立设计师合作这样的方式持续提升产品的时尚化。通过店态形象升级来提升用户的终端体验，立足于门店消费者旅程设计，从线上到线下围绕消费者的每个触点进行全场景打造。其中杭州直营升级店态、主推软体定制融合、进驻小区，成交户数、项目小区占比、平均客单价显著提升。

（二）实施员工持股，建立品牌资产管理体系

企业的组织管理架构也是企业品牌的无形资产。顾家家居一直致力于企业人才的培养和管理团队的建设。顾家拥有独特的家居企业文化：充分授权，乐于分享。顾家 2017～2018 年实行股权激励制度，激励员工 504 人，股份 1873 股，占总股本的 4.5%。2021 年，顾家家居开始实施“员工持股计划”，总规模 6.7 亿元，1087.93 万股，占总股本的 1.72%。在股份的激励下，员工也为公司

的发展发挥了最大的力量，形成了公司与员工之间的相互分享，为彼此带来价值，为公司不断发展壮大奠定了人才基础。

为进一步推动公司发展，自 2012 年起，顾家家居引入了职业经理人管理模式。也就是说，顾家原大股东需要充分信任新的管理团队，统一管理模式，各司其职，形成“顾家”式的人力资源管理模式。具体来说，顾家家居还坚持实施“八年青苗计划”“坚持分级人才管理和培养体系”“组织高效运营管理体系”“建立多元化的人才激励机制”，巩固人才优势。在企业管理的基础上，把握企业的发展布局，形成了顾家最宝贵的品牌资产。优秀的管理团队让顾家家居走在了中国家居的前列。

五、顾家家居品牌形象提升与优化

（一）提升顾客满意度，维护品牌形象

产品的价值决定了顾客对产品的满意度，顾客的满意度决定了企业的生命线，因此，提高顾家家居品牌的研发能力显得尤为重要。数字经济发展的背景下，旧的家居产品很难适应新的消费需求，这要求品牌方有着与时俱进的创新能力和卓越的生产技术水平，推出适合消费者需求的家居产品。同时，品牌方需要有着时代的敏锐性和超前性，充分引导消费需求，时刻进行工艺创新。在通过充分的市场调研后，顾家家居加强研发创新，尝试破圈合作，引领行业前行，并凭借领先的产品设计与品质口碑，为用户带来舒适、安心、美观的家居产品。

在大消费的时代下，消费者的消费意识觉醒，这就要求公司注重售前、售中以及售后服务，弱化销售的过程。因此，良好的客户服务是检阅客户忠诚度的最有效方法。2023 年顾家家居对“顾家关爱”进行全新升级，实现服务标准统一，品质可控。升级后的顾家关爱为消费者提供更便利的服务，客户只需要在一个页面上操作三步，就可以享受流程全透明的服务。同时，在预约成功 24 小时内便会有专业人士对用户需求做出回应。在客户售后服务方面，顾家向客户保证，只要客户购买了顾家的产品，就可以在质保期内享受一次顾家关爱服务。

从行业首创“沙发修养十步曲”到今日为用户提供全新升级的服务保障，顾家家居发挥着家居行业领军品牌的社会价值，为客户提供良好的购买体验，当

这些客户有了一次很好的购买体验后，肯定会把品牌介绍给自己的亲戚朋友，也就相当于给家居品牌做了一个免费的宣传。如果客户在消费的过程中出现了很多问题，服务不到位，便会向身边人反馈，这无形中会对品牌的形象产生不利的影响。因此，服务体验是企业发展的重中之重，服务做好了，销售是一个水到渠成的事。

（二）加大创新力度，承担社会责任

以创新为引擎，推动行业向前发展，促进行业进步。顾家家居专注于研究全景式生活方式，是一家集世界顶尖设计资源于一体的企业，它在意大利米兰和德国组建业界最具影响力的国际设计研发中心。顾家在智能家居领域一直走在前列，将“智能”融合在产品设计和功能上，与华为全屋智能合作，建立了全屋智能空间创新实验基地，里面的“智能沙发”“智能单人椅”“智能床”等一系列的创新性成果，更是展现出了强大的创造力。顾家也通过和华为的合作，逐渐将自己的品牌链推向全屋智能市场，并将其推向更高的智能水平，从而带动整个智能系统的发展。

顾家家居在创新引领行业发展的同时，不忘承担社会责任，致力于开展企业社会责任活动，创造美好生活，推动社会的可持续发展。公司积极参与社会公益事业，不断创新技术和材料，提高产品的使用寿命，同时避免浪费，致力于研发可回收的产品，创建可持续的商业模式，建立一个良性循环的生态价值链；为消费者提供一种可持续、健康、环保的生活方式，并与各行业共同分享可持续发展的经验，为世界的可持续发展而努力。在未来，顾家家居将成为世界上最大的综合性家居企业，用自己的产品，去启发中国的每一个家庭，去满足人们对更高品质生活的渴望。

（三）推行绿色设计，贯彻环保理念

顾家家居作为家具行业的代表企业，入选“工业产品绿色设计示范企业”名单，这是对顾家在环境保护及设计革新方面的严格标准的一种肯定。顾家始终致力于探索产品的环保性，不断提升环保标准，以便成为行业的新典范。顾家在2017年首次发布了“环保7号”板材，这种板材实现了基材生产过程的无醛添加，优于国家标准8倍，为消费者提供了更安全、更健康的居家体验。

长期以来，顾家家居坚持绿色发展的理念、致力于促进人与自然的和谐共生，为了实现“桃花源生态保护基金会”等公益项目落地，顾家投入大量财力和

物力进行支持。同时，顾家秉持环保理念，深耕家居行业，在环保标准等方面严格要求自己，推广环境友好型生态家居产品，得到了市场的广泛认可。在绿色制造的推动下，顾家家居产品已获得多项权威认证，企业本身还多次被授予浙江省家具行业绿色环保诚信优秀企业、诚信示范企业等荣誉称号。

案例思考题及分析

1. 结合顾家家居的发展历史，谈谈顾家家居数字化转型的背景。

中国家居制造业正处于转型升级的重要时期。在家居消费领域，“线下体验+线上购买”的消费方式成为主流趋势。顾家也深刻意识到，线上化、数字转型是必然的发展趋势。

近几年，短视频直播已经成为互联网用户的基础需求。“90后”成为家居产品的消费主力军，宅家消费成为一种流行，家居企业直播获客成为常态，数字化转型席卷家居行业，数字化经济的发展为家具企业的走向提供了更多的机遇、更大的发展空间，也让家居行业新趋势越来越明显。

中国家具产业在“互联网+”的影响下，朝着数字化与智能化的转型势在必行。随着科学技术的发展，社会基础设施的进步为工业制造业升级提供软硬件背景，家居公司可以在此背景下实现信息流与产品流的统一，打通全产业链。与此同时，新冠疫情引发一系列的连锁反应，在加速众多企业灭亡的同时也催生出新的业态，诸如远程办公、团购等，成为企业数字化转型的催化剂，倒逼着企业加速谋划数字化。作为线下属性极强的行业，家居企业也开始意识到数字化转型是企业应对动荡变化环境进而推进可持续的必由之路。

2. 结合顾家家居品牌建设的相关举措，分析顾家家居的品牌文化、品牌定位与理念。

品牌文化是指企业在产品或服务中所体现的核心价值观和行为准则，是企业的精神内核。它包括了企业的愿景、使命、核心理念以及员工的行为规范等方面的内容。顾家家居的品牌文化聚焦在“家”“生活”“爱”三个核心关键词。结合国人传统的家庭文化理念和现代家庭意识，顾家通过“因为顾家，所以爱家”等品牌主张源源不断地向消费者传达“家文化”的品牌内涵，打造幸福的家居氛围和舒适体验，表达对美好生活的探索、对美好生活的创造以及对美好生活的热爱。同时，顾家家居以“顾家欢聚日”等一系列“家文化”体验活动，强调家人之间的关爱与陪伴，让消费者一看到“家”“温馨”“陪伴”“爱”等词汇就能想到顾家家居。

品牌定位是指企业在市场竞争中，通过对自身产品或服务的独特性进行识别和表达的过程。它是企业营销战略的重要组成部分之一，也是企业成功的关键因素之一。品牌定位是企业与竞争对手之间区别开来的一个重要手段。首先，顾家自主品牌以中高档位为主，同时扩充品牌矩阵覆盖高中低端各个档次。在拓展更高层次的客户需求、提升公司品牌形象的同时，通过大众品牌覆盖更全的客流，带动终端门店转化率提升。其次，顾家家居通过品牌年轻化、时尚化切入年轻消费群体，顾家通过更换品牌 Logo、成立“顾家生活方式研究院”，塑造顾家“焕新向上又年轻积极”的品牌形象，以实际行动靠近年轻消费群体。

品牌理念是企业在市场竞争中所秉持的经营原则和价值观念，是企业的核心竞争力。一个好的品牌理念能够为消费者提供独特的价值体验，并使企业获得长期稳定的发展。顾家家居的品牌理念主要围绕“用户需求”展开，顾家根据特定人群的需求，为他们提升产品的使用体验。同时，通过精细的用户运营和引领性的品牌内容，加强品牌与用户之间的情感联系。顾家根据年轻用户的需求，从个性化、实用性、颜值性等角度为他们提供方案。顾家家居 2023 年发布的特殊年度主题——“为生活而设计”，成为顾家设计产品时的核心理念，从生活的真实洞察出发去设计产品，通过艺术的表现形式去体现家居的呼吸感、情绪感，使之更有生活气息，给用户“创造生活”的空间，激发用户设计生活的热情。

3. 在当前数字化快速发展的时代，顾家家居如何优化品牌传播与管理？

品牌传播是指通过各种渠道和方式将品牌的信息传递给目标受众的过程。在现代社会中，品牌传播已经成为企业营销的重要手段之一。品牌传播可以帮助企业提高知名度、增强影响力以及吸引更多的消费者。数字化时代，顾家非常重视品牌建设，珍视消费者口碑，成功将品牌、事件营销、娱乐营销充分结合，使顾家品牌的知名度深入人心。公司通过全域品牌宣传，打造立体式营销模式，形成更加活化的品牌认知，夯实了大品牌形象。顾家家居利用信息化加强管理，无论是在企业内部管理方面，还是在各种营销平台、零售平台都进行信息化建设，打造数字化的信息平台，提升了企业内部的整合能力和企业的运营效率，实现涵盖集团直营、加盟商、电商、外贸的整个零售、分销及售后服务的管理。

4. 结合品牌资产的相关知识，谈谈顾家家居如何进行品牌资产管理及运营。

品牌资产是赋予产品或服务的附加价值。它反映在消费者对有关品牌的想法、感受以及行动的方式上，同样它也反映在品牌所带来的价格、市场份额以及盈利能力。顾家家居市场覆盖广泛，内外销持续景气，营收利润稳健增长，不仅在国内市场保持着较高知名度和客户接受度，有着数以万计的忠诚粉丝，在国际消费市场上也占有很大份额。顾家家居也在不断突破产能桎梏，推进全球化布局，加大对国内外生产基地的投资，扩大产能弹性，完善供应链体系。在线上通过先进的数字化赋能新零售，全面经营提升效率，线下通过供应链整合优质资源，探索出一条以用户为导向的数字时代下的新零售商业模式。

顾家家居科学的组织体系形成了顾家家居极有价值的品牌资产，它有着独特的家居企业文化：充分授权、乐于分享。顾家近年来实施的职业经理人管理模式、股权激励体制和员工持股计划等使顾家家居拥有优秀的人才和管理团队，让顾家家居走在了中国家居的前列。

5. 根据顾家家居的相关举措，分析顾家家居如何进行品牌形象的优化与提升。

品牌形象是指企业在市场上所形成的一种特定形象，是吸引消费者的关键因素之一。对于一个成功的品牌来说，塑造良好的品牌形象是非常重要的。

顾家家居通过加强产品研发、持续创新，设计出适合消费者需求的家居产品，提升消费者对产品的满意度。同时顾家家居注重售前、售中以及售后服务，以良好的客户服务提升客户忠诚度，提升用户黏度，强化品牌形象。

顾家家居秉持绿色发展和环保的理念，为消费者带来更安全、更健康的居家体验。不断加强环保投入和设施维护，升级节能环保技术，采用新型工艺，推广环境友好型生态家居产品，得到了市场的广泛认可，入选“工业产品绿色设计示范企业”名单，顾家家居以自己的积极行动表达对社会的关怀和回馈，强化自身的社会形象和品牌影响力。

参考文献

[1]王雅仪．顾家家居品牌资产管理研究[D]．天津：天津商业大学，2021.

[2]和讯网．家居行业的「梭哈」时刻：数字化转型熨平周期[EB/OL].

[2022-10-23]. http://tech. hexun. com/2022-10-23/206949839. html.

[3]未来智库. 2022年顾家家居发展现状及业务布局分析[EB/OL].[2022-06-13]. https://www. vzkoo. com/read/202206133e560349d85ab9c506234084. html.

[4]北京商报. 2021-2022十大优选软体家居(沙发)品牌[EB/OL].[2022-10-26]. https://epaper. bbtnews. com. cn/site1/bjsb/html/2022-10/26/content_480799. htm.

[5]乐居财经. 顾家家居持续拓展大家居版图，战略铸就竞争优势[EB/OL].[2021-07-27]. https://baijiahao. baidu. com/s? id=1706435951878227398&wfr=spider&for=pc.

[6]央视网. 超级品牌 | 顾家家居：40年不改初心，顾家家居以创新满足"美好生活向往"[EB/OL].[2022-05-26]. https://ishow. cctv. com/2022/05/26/ARTIDuAJYPyQEsLYWY6btwoO220526. shtml.

[7]中华网. 顾家家居荣获"工业产品绿色设计示范企业"[EB/OL].[2021-09-22]. https://hea. china. com/article/20210922/092021_881268. html.

[8]搜狐焦点. 数读家居 | 2022年度十大现状[EB/OL].[2023-01-19]. https://www. sohu. com/a/632248013_116082.

[9]刀法研究所. 和许知远谈生活，顾家家居如何让品牌发布破圈？[EB/OL].[2023-04-17]. https://www. adquan. com/post-7-324691. html.

[10]网易家居. 解码中国新智造 顾家全屋定制跑出"加速度"[EB/OL].[2022-04-27]. https://home. 163. com/22/0427/14/H5VH3SQM001081F3. html.

[11]北京商报家居. 用"爱的存折"兑换幸福 看顾家家居如何和用户一起玩转40周年庆[EB/OL].[2022-10-21]. https://baijiahao. baidu. com/s? id=1747297264068120823&wfr=spider&for=pc.

第八章

数字化营销渠道与价值共创

第一节　虹越花卉

公司简介

虹越花卉于2013年8月12日完成股份改制，2014年1月24日在全国中小企业股份转让系统挂牌。多年来，虹越在产品供应端积累了丰富优质的资源。虹越的海外合作资源遍布全球五大洲，与优秀的园艺产品生产商建立战略合作关系。

虹越花卉先后获得“浙江省高新技术企业”“浙江省农业龙头企业”“浙江省林业龙头企业”等荣誉称号。2011年度再创辉煌，斩获“全国十佳花木种植企业”第一名、“国际年度种植者”评选第四名；在品牌建设方面成绩卓越，先后荣获“2014年度浙江省十佳花木电商企业”“2015中国家庭园艺产业十佳品牌”，其中“虹越”商标被认定为“浙江省著名商标”，“虹越·园艺家”连锁品牌多次被评为浙江省“最具成长力特许品牌”“优秀特许品牌”。

此外，虹越花卉还积极以市场为导向，坚持自主创新，建有省级农业科技研发中心，具备了产品开发、产业研究管理、科研管理和技术服务等方面的功能，现已申请专利近40项，拥有授权专利20多项，并先后承担了多个国家级、省市级的科研项目，成功转化成果，产生了显著的经济效益和社会效益。

案例梗概

近些年，随着人们生活水平的提高，越来越多的消费者愿意购买花卉产品，花卉企业也呈现出良好的发展势头，在满足人民美好生活的需求、推动乡村振兴和带动农民实现共同富裕方面起着重要作用。本案例回顾了虹越花卉股份有限公司成立至今的渠道结构演变路径；描述了虹越花卉的渠道创立：从虹越花行到虹越花卉、从自建冷库到代理拓展、从地区经理制到分公司体系；分析了虹越花卉的渠道转型：从产品中心到客户中心、从网上花店到线上批零、从帮扶农户到合作共赢、从线下杂志到线上论坛；剖析了虹越花卉的渠道深耕：从线下连锁到网上独立商城、从华润商超到城市花园、从阿里巴巴店铺群到亚马逊店；探讨了数字化全渠道发展：从移动端到门店互动、从“园艺节”到“电商体系”、从直播展示到社群团购、从园丁学院到世界花卉大会、从种植园到农户；最后，基于数字化时代消费者的行为变化和价值共创，指出了以低碳环保、美丽生活为己任的虹越花卉的数字化全渠道发展的挑战。

关键词：虹越花卉；线上线下；数字化；全渠道

一、花卉产业的发展情况

随着我国经济快速发展，人民的生活水平不断提高，花卉市场的需求也在不断增加。20 世纪 80 年代，花卉的市场需求刚起步，仅有一些农民在自家的田里种植花卉，规模小、品种杂、产品质量不高，种植和销售渠道都分散且原始。2014~2021 年，我国花卉行业急速增长，花卉渠道尤其是内销市场逐渐发展，花卉出口创汇也有大幅度上升。然而，我国人均花卉消费额只有世界平均水平的 1/10 左右，与我国经济文化快速发展的现状及花卉生产大国的地位不相匹配，花卉市场提升和渠道的拓展存在着巨大的成长空间。

我国目前的花卉产业虽然发展很快，但平均产值为 11 万元/公顷，单位面积产值仅是荷兰的 10. 36%，并且花卉种植普遍存在品种单一化、规模程度低、生产和销售渠道分散等问题。从 20 世纪 90 年代起，国外花卉产品陆续进入中国，花卉进口渠道主要通过代理商在国内销售，品种数量少、价格较高，并不能进入普通家庭。21 世纪初，国内花卉市场需求增加，外资花卉品牌纷纷开始在中国设立销售公司，建设生产基地，以品种和品质引领着国内花卉市场迅速发展。我国人民生活水平的提高，为花卉走进千家万户创造了条件。

iiMedia Research(艾媒咨询)数据显示，2022年我国消费者从线下渠道购花的人数仍然较多，前往线下花店(59.7%)或鲜花批发市场(55.5%)选购花束的最多。线上方面，选择淘宝、拼多多等综合电商平台(39.9%)和美团、饿了么等同程购买配送(33.1%)的消费者也不在少数。或是临时起意，也有少数消费者会在地铁周边等地的自助鲜花贩售机(24.9%)或在路边摊(13.1%)挑选鲜花。从图8-1可以看出，消费者对花卉产品线下体验的要求比较高，消费者更愿意在实体店购买花卉。

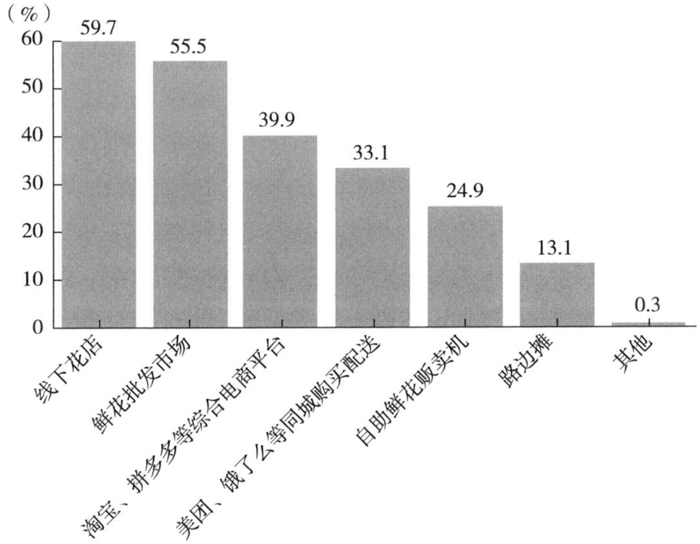

图8-1 2022年中国网民购花渠道

资料来源：iiMedia Research(艾媒咨询)。

近几年，新冠肺炎疫情暴发后，线下花卉销售受到一定限制，电商直播增速一路攀升，直播带货模式也逐渐被人们接受。后续进行的第四次239份问卷调查显示，就购买渠道而言，大多数消费者喜欢通过电商平台购买，约占总样本量的47.7%，花卉消费市场也发生了改变，由节庆消费、集团消费向日常消费、大众消费转变，并正逐步转向个性化消费。目前，花卉产业科技水平不断提高，花卉直播等新的消费渠道模式兴起，为适应花卉生产和消费的变化，花卉产业投资正由注重传统花卉种植业向投资花卉全产业链延伸，数字化全渠道跃升成为必然趋势。

二、虹越花卉的渠道创立

（一）渠道源起：从虹越花行到虹越花卉

随着我国改革开放，各种商用花卉的需求在不断增加，“虹越花行”应运而生，主要对外批发切花以及销售商用陈列的坛花和绿植。通过积极参加国内各类花卉展览会，“虹越花行”的销售局面得以打开，并在 1999 年首次以“虹越花卉”的名义参加首届海峡两岸（福建漳州）花卉博览会。

（二）渠道初创：从自建冷库到代理拓展

在参加各类园艺展览会的过程中，虹越花卉发现国外的花卉种植技术和市场都比国内成熟，做花卉行业想要销路好，关键在花的品质。高品质鲜花的种植前提是高品质的花种。1999 年末，虹越花卉建成了国内第一个花卉种子专用冷库，从美国引进了一系列景观花种子进行销售和种植，一下子在国内打响了虹越花卉的名声。虹越花卉在花卉销售过程中发现了国外高品质花种及花卉非常受市场青睐，于是便扩充海外合作商的数量，2000 年开始，虹越花卉从荷兰引进郁金香、鸢尾、洋水仙和风信子种球，从新西兰 OPEL 苗圃引进木本苗种。2001 年 1 月，虹越花卉正式获得美国 FAFARD 公司泥炭产品的中国总代理权。同年 8 月，与美国泛美种子公司达成合作，直接从美国泛美种子公司进口种子，并合作开展长江流域过渡带高尔夫球场交播草种业务；与美国辛普劳公司杰克琳种业建立合作，成为浙江省唯一的直接经销商。虹越花卉还将产品版图从花卉苗木的种子及成品扩展到花卉产业周边产品，与日本 ARS 剪锯成为合作伙伴。

（三）渠道体系：从地区经理制到分公司体系

为了更好地开拓虹越花卉的销售渠道，同时也考虑到成本压力，“虹越”迅速组建地区经理制销售网络，在江苏、上海、福建、广州等邻近省份建立地区销售点。2000 年 8 月，虹越花卉股份有限公司正式成立。在虹越花卉销售推广过程中，地区经理制销售网络的确起到了很大的作用，各地区销售点管理的负责人都在当地有一定的鲜花销售经验和渠道。但是，虹越花卉的地区经理制销售网络存在地区销售额差距问题。经过深入的实地走访，发现各地销售额差距扩大的原因有两个：一是地区销售网点的渠道能力差异较大，二是虹越花卉与地区经理的沟通合作与控制能力有限。于是，虹越花卉开始了销售渠道体系改革，从地区经理制调整为分公司制。虹越花卉直接委派或在分公司所在地区聘任个人管理能力突出、有花卉销售经验的人来负责分公司的运作。

2002 年，虹越花卉分公司体系迅速建立，在原江苏、云南、上海等地区经理制的基础上分别设立了虹越花卉南京分公司、虹越花卉昆明分公司和上海虹越花卉有限公司等。同时，为了解决花卉的远距离运输问题，采用多层花架运输花草，极大地降低了远距离运输花卉的成本，也尽最大可能保证了花卉的保鲜问题。1999~2002 年，虹越花卉从一家浙江嘉兴海宁地区的切花批发商店成长为国外花卉苗木销售商在国内的唯一直接经销商，拥有了中国第一个花卉种子储藏冷库，快速成长中的虹越花卉在国内花卉品牌中逐渐崭露头角。

三、虹越花卉的渠道转型

(一) 渠道中心：从产品中心到客户中心

2000 年前后，我国花卉产业发展速度不断加快。许多国外花卉生产销售商为了降低成本，加强与国内花卉企业的合作。当时国内花卉企业差不多有 68000 家，但是大型企业数量却不足 1400 家，国内花卉产业以小规模经营为主，拥有强大销售渠道的花卉企业非常少。随着虹越花卉销售渠道的铺开，接洽的客户也越来越多。为了加强客户管理，提升服务满意度，2004 年 1 月，虹越花卉在原有批发销售渠道的基础上，将以产品销售为中心的销售渠道模式转变为以客户服务为中心的销售渠道模式，推出客户经理制度。

(二) 渠道网络：从网上花店到线上批零

2005 年 7 月，虹越花卉的网上花店“易多易购”诞生，并很快有订单成交。虹越花卉成为国内最早实现鲜花网络销售的花企。通过鲜花销售网站，从各地区的鲜花销售分公司就近发货，既节约了销售成本，又能快速拓展零售渠道。在此基础上，为了尽快扩大线上鲜花批发销售的覆盖面，降低营销成本，虹越花卉与国内最大的 B2B 平台阿里巴巴合作，在阿里巴巴上开设虹越花卉线上批发销售窗口，结果销量很好，国内商家问询数量不断攀升，不少海外的商家也对虹越花卉感兴趣。于是，网络销售部门迅速反应，在原有的中文平台基础上，进一步扩充至中、英、日三个语种，使世界各地的客户都能基本实现无障碍式浏览，增强了业务的地域针对性，并在短时间内就形成了国内线、日本线和欧美线三大块线上销售渠道。

(三)渠道共建：从帮扶农户到合作共赢

虹越花卉在渠道消费端建设的同时，也关注海宁花卉种植基地附近农户(生产端)的发展。2007 年，虹越花卉率先与周边 57 家花卉种植户签订合作协议，采取“公司+农户”的合作模式。当年，虹越合作农户的种植面积约 40 亩，回购花卉苗木的金额约 80 万元。

随着虹越与周边农户的合作深入，为了进一步提升农户花卉苗木种植技术，虹越花卉提供以下帮扶合作：一是生产要素支持。虹越花卉从国外引进优质种苗、化肥等，从源头上保证产品质量。同时，公司以 5%～10%的价格折扣向合作农户提供花卉苗木、化肥等。二是提供技术培训。通过技术观察、培训班、派出技术人员对合作农户生产过程进行全程跟踪，还开展科普宣传活动并搭建了网络响应平台，为合作农户提供精准的技术培训和服务支持。三是回购农户产品。虹越花卉为规避农户花卉种植风险，降低农户的生产经营风险，与合作农户签订订单合同，明确了双方的义务和责任，并在合同中明确以保护价或优惠价收购符合质量标准的产品。四是为农户提供抵押担保。合作农户因遭遇自然灾害等不可抗力无法履约时，只需要向公司相关部门报告，经核实后合作农户不承担违约责任。

(四)渠道学习：从线下杂志到线上论坛

消费者除买花美化生活外，也想学会一些养花护花的基本技能。为了方便客户，也为了增强客户对虹越花卉服务的满意度和增强客户的黏性，虹越花卉发行了《园・艺・家》杂志，连同花卉产品一同快递给客户。之后渠道销售部门在易多易购网店页面上增设一个讨论板块——园・艺・家论坛，方便花友们在论坛里交流种养心得，分享各自的种植成果，虹越花卉的种植专家也会定期在论坛上发帖分享鲜花绿植的养护小知识。之后，出于成本考虑，虹越花卉继续加强与阿里巴巴的合作，2008 年 1 月，“虹越资材”和“虹越种子”淘宝店开张，直接向零售客户销售花卉绿植养护过程中需要使用的配套产品，也将国内外高品质的花卉种子作为商品直接销售。2009 年，虹越关闭了单一功能的易多易购，将易多易购网络平台上的客户资源成功转到了淘宝的“虹越花卉”上，虹越花卉的网上销售渠道统一到阿里巴巴和淘宝两大平台上来，虹越·园艺家总部网店落户淘宝网。

接着，虹越花卉系列网站——“虹彩网”开通，其中包括铁线莲主题网站，网上品种展示会等一系列服务于家庭园艺爱好者的网络平台。经过不懈努力，虹越花卉的线上销售渠道铺设得非常成功，客户复购率数据喜人。但是，一段时间后，虹越花卉的淘宝店客户流量数据上升幅度在逐渐放缓，虹越花卉开始思考线上渠道到底出了什么问题，发现推动线上销售虽然可节省房租和人员的支出，覆盖面又广，却忽略了虹越花卉经营的花卉产品特性——给人们的生活增添美。如果没有进店体验，不是亲眼所见，对花卉绿植的销售量会产生比较大的影响。

四、虹越花卉的渠道 O2O 深耕

(一)渠道加盟：从线下连锁到网上独立商城

虹越花卉很快建立了家庭园艺全新线下渠道门店“虹越·园艺家”连锁花园中心体系，首家店的店址选在杭州。2010 年 1 月，特色便利店杭州浅葱正式开业，标志着“虹越·园艺家”连锁加盟体系的正式形成；同年 4 月，虹越·园艺家花园中心海宁金筑园店作为大型综合性连锁鲜花超市开始试营业；同年 9 月，虹越·园艺家花园中心无锡农博园店盛装启幕，标志着虹越花卉的线下连锁店从浙江省内走向省外。在很短的时间内，虹越花卉就开设了花园中心门店 13 家、绿植零批中心网点 5 家。省内线下直营连锁店杭州江洋畈季节店、西溪湿地+花彩体验店、嘉兴植物园店、慈溪香格店、绍兴东湖店等陆续开业。省外苏州树山店、山东昌邑北方花木城、常州夏溪店、上海宝山店相继开业。

与此同时，为了进一步拉近与线下体验群体客户的距离，使客户购买花卉绿植更为便捷，2011 年，虹越花卉重新建立了属于自己的花卉网上商城——虹越·园艺家独立网上商城。同时，虹越花卉继续加深与阿里巴巴的合作，线上天猫虹越旗舰店盛大开业。

（二）渠道联合：从华润商超到 City Garden

经过多年精心培育，虹越花卉于 2013 年 8 月 12 日成功完成股份改制，2014 年 1 月 24 日在全国中小企业股份转让系统挂牌。

尽管我国花卉产业发展迅速、消费增速快，但人均花卉消费仍较低，国内花卉市场提升和渠道的拓展存在着巨大的成长空间。由于国内大多消费者对花园文化不甚了解，认为是非必要消费。这就需要改变消费者对花卉消费的认知，推动顾客主动消费。通过学习国外的经验，虹越花卉以大型商超为展示据点，在人流量非常密集的商业中心与主要购物商场设计各种主题的 City Garden。2013 年 9 月，虹越花卉首先与华润万家合作国内第一个 City Garden 专柜，又先后在华东区域联合 10 家大型商业中心和超市开展 City Garden 展示活动。

（三）渠道平台：从阿里巴巴店铺群到亚马逊店

为了尽可能照顾到不同购买平台的消费者，同时也为了更进一步提高虹越花卉在国际市场上的知名度，虹越花卉的线上销售渠道版图进一步扩大，在已经成熟的阿里巴巴店铺群体系以及自营网上商城的基础上，与亚马逊达成合作。2014 年 7 月，虹越花卉亚马逊店正式开业。

经过多年的努力，虹越花卉积累了丰富且优质的渠道资源，不仅海外合作渠道遍布全球五大洲，还与最优秀的国内园艺产户开展渠道合作，为客户提供最优质的产品和服务。虹越花卉不再只是一家切花批发商店，而是成长为一家同时拥有线上、线下销售渠道，客户包括国内外商用花卉批发商以及零售端顾客的花卉产业龙头企业。虹越花卉在业内树立了良好的口碑，市场份额占比进一步扩大并先后获得“浙江省农业龙头企业”“浙江省高新技术企业”“浙江省林业重点龙头企业”等荣誉称号。

五、虹越花卉的数字化全渠道发展

（一）渠道数字化：从移动端到门店互动

随着用户购物习惯的改变，手机移动端成为购物最主要的工具。为此，2015 年虹越花卉在原有的虹越·园艺家网上商城的基础上进行改进，更名为花彩商城，随后还推出了“花彩商城”APP。虹越花卉在布局线上销售渠道时，也考虑到了微信平台优质客户的普及率，在同一年开通微信花彩服务号。至此，虹越线上销售的商品种类已达 6000 多种，其中植物类产品有 1000 多种，虹越花卉发展家庭园艺电子商务又上升到了一个新台阶。

2016 年 7 月 7 日，虹越 APP 正式上线，移动客户端成为线上交易的主要渠道，APP 订单支付占比为 76.6%。还在 APP 上开展了“66 大促”、“双 11”、“双 12”、每月 20 日会员日及不间断的单品促销等各类精彩活动。为了增强互动性，虹越花卉将这款 APP 打造成为一个面向广大花友的学习和交流平台，APP 上设置了在线养殖技巧分享、定制化等主题栏目模块。便捷化的在线购买功能以及专业化的花友问题解答，使消费者免受公域电商平台上其他品牌的信息冲击，渠道数字化实现了用户的精准化营销。与此同时，虹越花卉还与所有实体门店进行互动。花彩商城网站将“园艺内容”作为主要板块，使其成为国内家庭园艺爱好者获取信息、在线交流、实时互动的平台，也向更多的生产商、经营户开放。

(二) 渠道多元化：“园艺节”到“电商体系”

为扩大渠道影响力，虹越花卉每年举办各种主题园艺活动，如铁线莲交流会、花彩特卖会、非植产品订货会、种球节等。2015 年，“虹越 · 园艺家”在网上向全国征集最适合栽种龙沙宝石的墙体，在花友中筛选 10 位最佳人选，免费赠送最美的欧月“龙沙宝石”。免费申领龙沙的活动持续了二十天，总计报名人数超过了 500 人，在新浪微博中，“申领全球最美月季”“最美龙沙宝石墙”“寻找中国最美龙沙墙”三个话题总的阅读量超过 412 万，一度掀起了国内的“龙沙热”。2016 年 11 月，虹越花卉联合美国驻上海领事馆农业贸易处推出虹越黑五园艺狂欢节，由虹越原创，引入美国黑五文化并结合园艺特点自行组织策划的园艺产品消费盛会，实现全场全品类五折，并采用了线下购物、线上付款的新型交易模式，使购买场景多元化、付款方式便捷化，打通了线上线下的壁垒，使消费者深切地享受到了不一样的互联网+花卉的消费体验。

虹越花卉的电商渠道体系于 2016 年末正式形成，主要分为两大销售渠道：一是以入驻淘宝、天猫、京东、亚马逊等第三方平台为主；二是重点打造自有平台虹越 APP 和花彩商城，根据园艺行业特征设定模块，使消费者能更个性化地实现购物和互动。虹越大力发展电子商务平台，使花卉产业链得以延伸。2016 年，虹越实现总销售额 4.5 亿元，O2O 销售额近亿元，其中纯线上零售规模近 3000 万元。2016~2017 年，虹越电商以 89%的幅度增长，覆盖京东、天猫和淘宝。2017 年，虹越花卉更从战略层面进行部署，确定开展园艺产品的“跨境电商”业务。成功注册境外公司，成为国内首个正规流程操作的园艺产品的跨境电商项目。虹越花卉成熟的电子商务模式带动周边 1000 多家农户的发展，公司发掘了农产品网络销售新思路，降低了产品销售成本，提升了当地园艺产品的竞争力。同时，虹越花卉通过花卉渠道的转型升级，拓宽了花卉产业销售的渠道，带动了物流、包装等相关延伸产业链的发展。作为花卉园艺电子商务的先行者，虹越花卉打破传统的地域隔阂，为长三角地区乃至全国喜欢网购的人群提供高品质的园艺产品。

（三）渠道直播：从直播展示到社群团购

新冠疫情暴发以来，原本线上线下双渠道联动的局面被打破，线下门店的客流受到较大影响。如何解决疫情期间客户无法到门店体验的难题？如何进行线上门店花卉的有形展示？2019 年开始，直播带货逐渐发展成为一种火爆的销售渠道，越来越多的消费者选择在直播间购物。为此，2020 年虹越花卉开启淘宝直播和企业微信群的搭建，同年 7 月由中共海宁市委组织部、海宁市商务局、海洲街道党委共同发起的浙江省首个直播电商红色联盟在海宁成立，虹越花卉作为海宁电商行业主力军成为联盟首批成员单位之一位列其中。

虹越花卉搭建的互联网直播体系，包括虹越淘宝官方旗舰店、虹越花彩商城、虹越 APP 直播等自建途径以及看点直播、抖音直播、斗鱼直播等其他第三方平台开展直播活动。其中，以虹越花卉的淘宝“虹越官方店”和天猫“虹越旗舰店”两家运营号为例。两个运营号在直播开设上均能实现每日至少直播一次，且每场次的内容和产品通过前期精心设计为消费者呈现最佳体验，每场次的直播观看人数均不少于 10000 人次，之前并不熟悉虹越产品的新客户也能够通过直播了解虹越花卉。2020 年，虹越尝试布局“企业微信”，建立产业互联网上的组织和人脉的快速发展之路。每个社群内分布着客服专员、园艺娘、运营专员等社群运营团队成员，通过发布社群内文明管理条例，对社群成员的统一化管理，建立和谐、健康社群。其中虹越园艺娘的企业微信号已有 4 个，虹越园艺顾问的微信号则在 14 个花友群均有分布，企业微信号由虹越公司统一编辑和发布内容，统一配置快捷回复功能，实行专业化管理，为具有相同爱好的花友搭建互动交流的平台，分享园艺心得。基于对虹越花卉产品品质的信赖，各大团购群的活动参与者人数众多。虹越花卉通过线上渠道实景化、线下渠道线上化等一系列操作，大大提高了与客户的交流效率，实现销售转化和社群渠道变现，不仅留住了虹越的用户，还开拓了新的客户群体。

（四）渠道花文化：从园丁学院到世界花卉大会

虹越花卉为培养职业园丁于2015年成立园丁学院，作为独具特色的园艺教学平台，通过线上直播等方式实现学院课程零距离互动交流。虹越花卉向花文化产业进军，让大众认识园艺、爱上园艺，把园艺与生活相结合。虹越花卉还与浙江理工大学联手打造花文化研究院，发布以花卉为题材的生活艺术作品，内容涵盖花卉历史文化的演变，花卉绘画美术作品的应用，花文化主题艺术产品的设计、包装、服务等。

为了扩大虹越花卉的全球影响力，虹越花卉承接了世界花园大会（World Garden Show）。2018年第一届由虹越花卉承接的世界花园大会在浙江省海宁长安花卉小镇举行。首届世界花园大会邀请到了"一带一路"相关国家使节及数百名国际重要行业嘉宾、相关政府、企业、协会、媒体等出席并亲临指导，同时还有来自18个国家的554家企业机构的1000多位行业精英共同感受花卉文化，共享花卉商机，共谋合作发展。虹越通过在线平台招募组织世界花文化之旅，目前已经探访了南非、日本、英国、荷兰、美国、德国等园艺发达国家，带领普通消费者体验发达的园艺前线。2018年以来，世界花园大会已经成为联结线上线下和国内外市场的有效渠道。

六、结语

虹越因花而生，以花为媒，以传递和构建美好花园生活为目标，和世界各地的朋友们建立广泛连接，潜心致力于引进、开发、生产一系列优质、高颜值又喜感丰富的园艺产品，架起中外之间合作共赢与分享美好的桥梁，从而实现虹越特色的园艺消费服务事业的升级，服务于乡村振兴。虹越花卉现已开始全面开展自主产权植物新品种育种体系建设，不断创新各种园艺产品和进一步推广现代商业模式，打造具有中国特色园艺新零售体系。

虹越花卉所在的浙江省是共同富裕的示范省，缩小城乡差距，实现乡村振兴，需要乡村产业兴旺，虹越花卉在运用数字化全渠道开拓新客户群（消费端）的同时，开始让合作农户（生产端）也深入融合到虹越的产业链条上来，带动更多的当地村民富起来。通过云端种植新体验+花卉直播购物，在线直播合作农户花卉种植全过程，使线上的消费者体会到不是亲手栽花胜似亲手栽花的感觉，并通过直播间提前预定花卉。虹越花卉进一步优化数字化全渠道转型发展，实现渠道生产端和消费端的价值共创，在乡村振兴和共同富裕示范省的建设中贡献了一份“虹越”力量！

案例思考题及分析

1. 分销渠道与营销渠道的联系与区别，“虹越花卉”的营销渠道结构演变路径是怎样的？

菲利普·科特勒认为：分销渠道是指某种货物或劳务从生产者向消费者移动时，取得这种货物或劳务的所有权或帮助转移其所有权的所有企业和个人。

“虹越花卉”在初创阶段，从多国获得花种及产品代理权，并且利用已有渠道和渠道资源，成为海外在国内市场的直接经销商。因此，此时的“虹越花卉”在建立渠道的同时，自身也是其他企业的渠道合作成员。

2004年“虹越花卉”实行渠道经营转变，由原来以产品为中心转为以客户为中心的区域渠道，其渠道模式开始由单一垂直结构转变为多渠道结构。“虹越花卉”的业务重心也开始由偏重于B端(To B)转为消费者C端(To C)。

2015年，随着多种新型交易模式、购买场景的出现，消费者深切地享受到了不一样的互联网+花卉的消费体验，这也标志着“虹越花卉”全渠道经营模式的到来。

2. “虹越花卉”是如何进行跨渠道(线上、线下)布局的？其主要外部影响因素有哪些？

“虹越花卉”的跨渠道布局经历了“线上—线上线下联结—线上线下融合”的阶段。在渠道初创阶段，“虹越花卉”利用线上覆盖率大、扩张效率高等特点，从B端和C端实现了双向的渠道扩张，在短时间内完成了“跑马圈地”的目标。之后又在O2O模式创造大量活动及内容资源的基础上，通过在线分享商务、移动电子商务、线下商务的有效聚合，顺应渠道用户体验需求的变化。

渠道的外部影响因素主要包括如下方面：

第一，经济环境方面。“虹越花卉”从线上渠道转变到兼顾线下渠道是经济快速发展、消费迅速升级的结果。消费者的需求呈现出多样化趋势。

第二，社会文化方面。移动互联网改变人们的生活和消费方式。“虹越花卉”不断深化线上渠道建设也正是迎合了这一趋势。

第三，技术方面。移动互联技术推动了产业发展和相关技术进步。“虹越花卉”依托现代信息技术手段，全方位、多层次地开展数字化渠道转型，大大地提高了花卉的栽培、运输、销售效率，也为后来的全渠道运营奠定了坚实基础。

3. 在跨渠道(线上、线下)布局阶段，“虹越花卉”面临的主要渠道冲突有哪些，如何解决?

“虹越花卉”的主要渠道冲突体现在三方面，线上线下不同渠道间的多渠道冲突、同级渠道成员之间的水平冲突和渠道资源与C端消费者需求之间的匹配性冲突。

线下渠道成员之间，虹越花卉虽然有明确的B端和C端业务区分，但同类业务之间没有明显的业务和市场区域划分，加之售卖的产品品类基本一致，在同一区域或细分市场中，由于发展水平不同，渠道成员之间很可能针对同一目标进行利益争夺。

转型C端业务后，面对C端消费者个性化、多样化、零散化、体验化等新的需求特征，“虹越花卉”原本的渠道优势难以得到充分发挥，C端消费者的忠诚度难以得到显著提升。

从“虹越花卉”现有的渠道特征来看，其渠道冲突的主要原因是渠道创新、扩展过程中的发展水平不均衡、利益分配不均衡。所以，主要考虑从高级目标管理、双重回报、协商沟通、退出策略四个方面入手，慎用法律手段。

4. 结合全渠道零售理论分析“虹越花卉”是如何实现全渠道融合的，及其全渠道策略所面临的挑战。

“虹越花卉”为实现全渠道发展，不断进行线上线下渠道升级的同时，构建自己的信息交互平台，对线上和线下资源进行整合，最终达到全渠道的目的，实现线上线下资源共享，形成一体多店模式。

第一，线下渠道。“虹越花卉”充分考虑经营环境、用地成本、人口流量等问题，采取了大城开小店，小城开大店、店中再开店的渠道策略。在大城市利用中心辐射的特点选择在中心地段开店，虽然规模较小，但在捕捉流量的同时又提高了品牌曝光率；在中小城市，由于引流成本较低，“虹越花卉”在郊区开设综合店，以点带面地服务周边实体店。

第二，线上渠道。“虹越花卉”在试水电商平台后，依托公司原有的流量生态，借助“易多易购”“花彩商城”“虹越APP”等多个自营平台的一级流量入口，建立起跨区域、跨平台的立体式零售网络。

第三，全渠道融合。“虹越花卉”将线上和线下渠道相互融合，借助线上平台，依托线下实体同时发力，有效配置资源，将网络渠道和实体渠道合为一体。

全渠道策略实施过程中所面临的挑战如表 8-1 所示。

表 8-1　全渠道策略实施过程中面临的挑战

发展阶段	主要挑战	具体说明
触发需求	市场应变能力不足	在产品的研发、培育、种植上，“虹越花卉”各渠道成员缺乏互动及信息共享机制，对市场的应变能力不足
	发声渠道过剩，缺乏持续性的高质量互动	虽然与消费者的互动渠道已经建立，但过多的渠道也容易制造内容噪声，缺乏清晰的互动与高卷入程度的主题内容。同时，线上与线下的配合不够默契
购买使用	缺乏全渠道客户运营能力	虽然打通销售环节(如支付、商品展示)，但尚未实现同一消费者同一账户，难以在不同渠道(特别是非自营平台)识别出同一消费者，更难以识别用户习惯及偏好，使企业在吸引、引导消费过程中显得被动
	原业务与现有业务的适应性问题	从产品线、终端模式、配送环节来看，“虹越花卉”尚未真正做到全渠道融合： 产品线需要面向市场，将原本自上而下的产品开发理念转为自下而上的需求导向理念。以门店为例，门店的设计以及产品陈列方式仍以“批发形式”为主，缺少场景的设计与氛围的烘托，尚未达到满足消费者体验的要求。在物流配送方面，原有的物流多层花架等优势难以应对多样化的终端消费者需求，加之第三方物流的引入，导致运输成本大大增加
	价格差异导致的渠道冲突	“虹越花卉”目前的线上渠道有微信、淘宝、阿里巴巴、亚马逊等电商平台，也有“花彩商城”“易多易购”等自营平台以及直播等；线下有连锁店、网购补充点、网购体验点等，这难免会因为不同渠道的价格差异而导致线上线下渠道冲突
	其他随机因素	新冠疫情导致线下交易活动停滞或半停滞，而直播等线上渠道模式缺乏辅助支撑，难以形成合力
后台运营	后台系统对于全渠道的支持力度不足	“虹越花卉”要实现全流程数字化全渠道，需要打通产品研发、培育、种植、运输、仓储、零售等业务流程，这就需要对企业的电商平台、移动购物及营销系统、CRM 系统、仓储系统、物流运输系统、零售管理系统等进行全面改造、打通数字壁垒

5. 基于数字化时代消费者的行为变化和价值共创理论，“虹越花卉”的数字化全渠道应该如何继续优化?

虹越花卉的数字化全渠道发展可以从生产端和消费端来说明：

第一，生产端一体化价值共创。

“虹越花卉”可以利用数字化技术完善标准化的种植培育技术，充分发挥“中心店、综合店”的带动作用，通过共培、代培、自培等模式，提高产能并丰富品种，建立与农户利益共享风险共担的联结机制、加强对农户的技术培训和指导、探索“公司+门店+农户”模式，通过生产端向后延伸扩大渠道宽度，丰富生产端渠道内涵。同时，探索加快发展当地集体经济新路，支持农村新产业、新业态，带动农村新就业，引导产业富民，实现乡村振兴和共同富裕。

第二，消费端融合价值共创。

在消费领域，产品价值的内涵包括交换价值和使用价值两种基本形式，随着价值共创理论的发展，还需要强调价值内涵的拓展，包括体验价值、情境价值等。此外，需要在与用户互动的过程中发现用户的具体使用情境和需求情况，探索和提升情境价值，体现公司的“软文化”和人情味。在虹越花卉的渠道环境中，大至举办多届的世界花园大会，小至各个社群意见领袖的参与、引流，都在通过市场端渠道间的融合共创，提升虹越花卉的产品附加值。

参考文献

［1］智研咨询．2021-2027 年中国花卉行业市场供需态势及前景战略分析报告［EB/OL］.［2020-11-30］. https：//www. sohu. com/a/435344876_120950077.

［2］刘晓．虹越花卉物流模式浅析［J］. 商情，2018(7)：167.

［3］前瞻经济学人．干货！2022 年中国花卉行业龙头企业分析——虹越花卉：长三角花卉的无冕之王［EB/OL］.［2022-01-14］. https：//www. qianzhan. com/analyst/detail/220/220114-87ccbf9e. html.

［4］洪欢欢，鲁银梭，夏杉杉，等．虹越花卉的私域流量运营探析［J］. 中国商论，2021(11)：129-132.

［5］中国网．嘉兴海宁：网上盛开的鲜花—虹越花卉的电商之路［EB/OL］.［2019-10-16］. http：//zjnews. china. com. cn/xczx/jx/2019-10-16/192397. html.

[6]姜迪，张世新．“小花园”拥有“大世界” 世界花园大会再度花开长安[N]．杭州日报，2021-04-28.

[7]李永平，董彦峰，黄海平．数字营销[M]．北京．清华大学出版社，2021.

[8]姜长云．科学理解推进乡村振兴的重大战略导向[J]．管理世界，2018，34(4)：17-24.

第二节 雅戈尔

公司简介

雅戈尔集团创立于1979年，发展至今已经成为全国纺织服装行业的龙头企业，其总部位于东海之滨的浙江省宁波市。2021年度被评为中国民营企业500强第68位，实现1439亿元的销售收入。经过40余年的发展，雅戈尔已形成以品牌发展为核心的经营模式，成为多元并进、专业化发展的综合性国际化企业集团。雅戈尔涉及时尚、房地产、投资、国贸四大产业，企业发展始终以打造国际品牌为根基，通过不断的转型升级、科技创新、砥砺前行，雅戈尔确立了高档品牌服饰行业的龙头地位，品牌价值高达374.46亿元，其中男衬衫品类已经连续26年获得全国市场综合占有率第一，男西服品类获得全国市场综合占有率第一也长达23年。

雅戈尔秉承标准化、自动化、信息化、智能化、数字化“五化合一”的建设理念，全面打造中国智能制造精品工厂，拥有花园式生产环境、人性化管理、智能化流水线、信息透明化等特点。雅戈尔将强有力的品牌影响、有竞争力的品牌成本、快速反应的体系、良好的体验平台、高科技手段的应用与线上线下融合，助力其建设智慧营销体系。

雅戈尔秉承“建时尚集团，铸百年企业”的企业愿景，践行“让人人变得更美好”的企业使命，传承“诚信、务实、责任、奉献、正直、有为、勤俭、和谐”的价值观，力争通过30年的努力将雅戈尔建设成为世界级时尚集团。

案例梗概

作为中国服装行业的领军企业，雅戈尔集团在2018年就着手于开展服装领域的数字化服务，并且已经具有较为完善的数字化服务体系，在传统服装零售业面临冲击、线下营业额落入低谷时，雅戈尔借助数字化转型探索建构动态核心能力，开创线上线下相结合的营业模式，使服装板块零售额迅速回升，顺利转危为机，打造了新形势下的新优势。本案例通过回顾雅戈尔集团40多年的发展历史，总结其不断突破、实现产业领先的动态核心竞争力建构模式，梳理雅戈尔集团数字化营销渠道以及服务方面的优点，分析其信息化与数字化对转型冲击、快速复工复产的关键作用。雅戈尔集团的战略变革和运营经验为服装产业企业乃至更多中国制造企业加快数字化转型、打造动态核心能力和维持竞争优势提供了管理启示。

关键词：雅戈尔；渠道；5G；智慧中台；线上线下

一、雅戈尔发展现状

2015年起，雅戈尔开始通过关闭部分低效门店来提高门店的流量，优化营销渠道，同时积极推进大店和数字化建设，提高门店的数字化体验和效率，为今后的数字化营销打下基础。如今，雅戈尔门店利用互联网大数据等信息技术，使客户不仅能够在店里挑选、线上下单，还可以在逛街时买下衣服，等待门店送货上门，解决了一部分消费者提货不便的问题。

伴随移动终端技术上的不断突破和年轻化，用户对个性化定制的需求也会越来越多。2017年开始，雅戈尔开始计划投入上亿元资金，打造“智慧工厂”，并在此基础上进行了“精装车间”试点。如今，雅戈尔公司已完成“智能工厂”终端1.0版本的改造和更新，建立了世界上第一条全吊式西装生产线，在国内率先创造了西装智能配对体系，并引入了MES系统裁剪系统、AGV智能小车、单工位智能模块等一系列信息化软件和硬件设备。

2021年，雅戈尔启动“创新100”项目，通过全球设计甄选，打造国际时尚设计创意平台；推进“优选100”和“试销100”项目，让直面消费者的销售终端深度参与产品创新，实现精准生产和精准营销。此外，雅戈尔还加大信息化投入，加快数字化转型，推动智能工厂、业务数据中台以及科技物流中心建设。雅戈尔企业订单、供应链、生产、销售、服务的每一个环节都正在融入“智能化”，雅戈尔也向着标准化、数字化、自动化、信息化、智能化“五化合一”的一流服装智能工厂不断迈进。

二、数字化营销及门店服务

当你走进一家西装店，为你量体的是 AI，各类衣服搭配不用亲自试，在一块屏幕上点几下就能看到穿着效果——从前的科幻场景逐渐变成现实，雅戈尔正在积极推动智慧门店的建设。每家大型旗舰店都有希望化身为智慧门店，门店内综合运用 3D 量体、大数据、VR/AR 等科技设备及手段，使 VIP 会员体会到愉悦的购物体验。

(一) 全员参与直播营销，开拓私域流量客户

2021 年 2 月 13 日，雅戈尔召开了全员营销动员大会，所有员工都携手参与“营销大战”。经过直播形式不断地推陈出新，雅戈尔不断积累私域流量客户，3 月 7 日这天，男人节的直播高达 33 万人，营业额 500 余万元，这跟雅戈尔庞大的员工数量是密不可分的，雅戈尔的 2 万多名员工遍布全国，每人每次只需要拉动十个人，就能保证 20 万人以上的观看人数。

从雅戈尔的实践经验中可以看出充分利用巨大的员工数量优势可以在较短的时间内构建公司的私域流量池，更容易获得用户的信任和强关系链接，转化率和用户黏性自然会提高。此外，雅戈尔直播带货与众不同，每期都会另辟蹊径，通过策划新颖的主题来提高直播的吸引力。从明星带看西服工厂，到请动物明星代言产品，再到 2020 年五一开启“云游中国”巡回直播福州站，雅戈尔的每次直播都充分融合了线上线下资源，使直播不仅达到了带货的目的，还展示了雅戈尔的最新产品和技术设备。

从营销趋势来看，直播带货将成为未来常态化的营销手段之一，但目前直播带货存在形式单一、同质化严重的问题，如何让直播带货达到内容或者形式上的创新，构建差异化，带给观众更佳的体验，是每个厂商需要思考的问题。雅戈尔打算自己培养 300 个直播人员，国内每个大中城市至少有 1 个网红直播间，把直播间搬进门店，每一名店员既能服务线下顾客，又具备主播至少是助播的能力，通过梯度晋升机制激发店员活力，真正形成线上线下融合运营的核

心竞争力。

(二)重整门店管理，提高竞争实力

雅戈尔在开店上践行“线上线下融合”的战略，2020 年 5 月全国六店齐开。雅戈尔大举开店，除真正实行雅戈尔经营战略以外，还有另外两层深意：第一个是优胜劣汰，集零为整，在开大店的同时，雅戈尔也着力于顺势关闭影响销售额的小店；第二个是采取“多点拓展，择优自持”的布局思路。开业的 6 家大店，其中有 3 家是商场集合厅(福州东百中心、福州宝龙新华都、湖南衡阳步步高)，另外两家是购物中心店(宁波世纪东方广场、安徽宿州万达广场)，而最大的一家店是自持。可见在电子商务背景下，看似逆势开店的冒险做法，实则是经过深思熟虑的顺势布局。

雅戈尔不仅对门店数量进行了调整，在门店风格上面也做出了极大的创新。2022 年 12 月 3 日，全国首家“雅戈尔品牌生活馆”在南京中央商场四楼正式开业，“创新 100”新概念衬衫大秀吸引观众眼球，全新的门店形象也与雅戈尔以往沉稳商务的形象有了较大的改变，众多 VIP 顾客和时尚博主前来打卡并纷纷表示雅戈尔和以前不一样了。原来的门店是专卖店的层级，只销售重点货品，顾客对雅戈尔的品牌和产品体系一知半解。但雅戈尔近几年的产品和品类已扩展到了生活的方方面面，因此，只要是生活中所需要的服装和相关服务，消费者都可以在这里得到满足。

(三)3D 量体虚拟试衣，享受随意搭配的快感

雅戈尔引进了德国 HUMANSOLUTINS 3D 人体扫描试衣系统，在此基础上，雅戈尔又注资国内领先的 3D 人体大数据人工智能服务公司的三体科技，借助其 3D 扫描数字化核心技术。当走进体验馆的试衣间，顾客可以在屏幕上输入手机号，再通过屏幕扫描量体，机器会把身体相关数据传送到显示屏上，顾客也可以在显示屏上用微信扫码，注册会员，绑定手机号后实时查看量体数据。同时，屏幕上还会出现你的人体模型，根据数据库上传的顾客身体相关数据以及企业产品相关数据，顾客可以随意搭配衣服，轻松试穿，避免了传统试衣的烦琐以及其他问题，还能够节省试穿衣服所花费的时间，帮助顾客更快、更多地试穿不同款式的服饰，买到心仪的产品。此外，在原有产品的基础上借助大数据的统计能够帮助计算衣服复购率等数据，不仅可以帮助精准定位顾客的需求，还能帮助店面实现精准库存管理。

除了搭建涵盖全年龄段、全品类、全生活场景的品牌矩阵，雅戈尔正持续发力终端智慧营销领域。雅戈尔计划将30个时尚体验馆建立在全国各地，线上推广和线下体验相结合，通过开发手机APP、开展网红直播，来丰富雅戈尔线下体验馆的应用场景。

(四)雅戈尔重构“人货场”，新零售绽放新生机

第一，“人”的变化：由被动变主动。新零售是以消费者为中心和出发点的，作为厂商想要更好地实现消费者的需求，就要以客户需求为驱动力，从引导消费者的需求变为充分挖掘客户的行为数据价值，让消费者“主动”参与到品牌商的研发生产中。传统零售讲的是渠道，新零售讲的是用户，但新零售不是传统零售的代替版，而应该是它的升级版，因此渠道加用户才是雅戈尔未来的发展之路。

第二，“货”的变化：由单一的有形商品，向有形与无形相结合的“产品+”转变。新零售下的“货”体现了消费者需求的变化，更加具有个性化和差异化，其最显著的变化特征是从单一的有形、实体商品转变为有形与无形双重形态相结合的“产品+体验”“产品+服务”“产品+社交”。在重建“货”的方面，雅戈尔无疑是国内同行的佼佼者。以往，由于传统零售业的竞争力较弱，不存在产品同质化、供需错配的问题，消费者更愿意买自己喜欢的商品，而不是“有用就好”。了解消费者需求，按需匹配，想客户所想，售客户所爱，这是新零售重塑“商品”的本质。

第三，“场”的变化：从单一渠道向全渠道融合转变，激发全场景消费体验。“线上推广，线下体验；线上销售，线下服务”。雅戈尔之所以有能力在周围各大品牌关店的形式下反其道而行之，利用数字化工具进行线上线下的整合并表现优异，是因为雅戈尔早在2018年便开始与阿里云合作进行数智化转型，以及数字化渠道的建设。

2018年，雅戈尔智能工厂上线，打造数字化西服车间并建设智慧销售平台；2019年初，加入阿里A100战略计划，从业务、技术和智能化三条主线展开合作；2019年5月，与杉杉商业签订战略合作协议，意在优化零售渠道，提升品牌价值，探索零售新场景……

(五)雅戈尔进军时尚领域，增添品牌新活力

雅戈尔在时尚界也动作频频。2022年9月24日，雅戈尔在上海时装周进行

了首秀，现场模特穿着设计感十足的服装搭配，较雅戈尔一贯的商务风格有了较大的改变。雅戈尔不再拘泥于商务男装路线，它正吸纳国内外时尚设计师，将年轻消费者喜爱的元素融合进新产品。早在 2021 年 10 月，雅戈尔在宁波服装节上宣布成立名为“INNOVATION 100(创新 100)”平台，“创新 100”是雅戈尔人才战略的重要平台，旨在甄选全球新锐设计师，打造国际时尚设计创意平台，为雅戈尔乃至时尚行业的发展提供源源不断的动力。“创新 100”平台是雅戈尔品牌连接时尚前沿与传统商务之间的纽带，未来在雅戈尔的产品体系中，既会一如既往做好做精传统优势品类，又会越来越多地融入新锐元素，让更多时尚前沿的消费者走进雅戈尔。随着产品线的扩充，雅戈尔已经开始从一家男装企业向时尚集团转变。

近年来，随着上海时尚中心成立，雅戈尔也在打造时尚品牌矩阵，目前雅戈尔集团已经有四大自有品牌——雅戈尔、MAYOR、哈特·马克斯、汉麻世家。此外，雅戈尔还投资并购了街头潮牌 UNDEFEATED 和挪威国宝级户外品牌 Helly Hansen（海丽汉森，以下简称 HH）；2022 年 9 月，美籍华裔设计师 Alexander Wang（王大仁）同名品牌 Alexander Wang 宣布获得来自挑战者创投与雅戈尔集团的少数股权投资。

三、数字化创新中台服务

近年来，雅戈尔建立了“智慧中台”，智慧中台助力打通线上线下库存，实现了顾客最初的需求——“看上必有货”，只要在全系统显示有货，线下门店就不用大量备货。然而要实现这种快速的反应体系，还需要一颗强大的“物流心脏”。

在组织方面，雅戈尔发挥自身全产业链优势，在品类上力求开发、试销和上新实时紧密结合，形成网格化架构，打破部门之间的壁垒，建设业务中台以及数据中台提高协同效率。在营销服务上，雅戈尔转变思维，借助了全链路赋能，把数字化消费者和现实中的消费者结合在一起，让数据成为生产的核心要素，进行生产资料的配置，调整生产关系。通过以上数字化渠道的建设，雅戈尔营销渠道从“单一线下渠道”转向“线上线下多渠道”，新零售下渠道的变化体现在消费旅程各个环节上的全渠道融合。“线上线下融合”又被赋予了新的含义，“线上推广，线下体验；线上销售，线下服务”。

雅戈尔作为阿里在全球第一家签署的服饰行业 A100 战略合作单位，在智能制造、供应链、新零售等方面与阿里开展全方位合作，并独家落地阿里巴巴商业操作系统，在 2019 年 12 月，雅戈尔启动数据中台项目，探索服饰行业线上线下新零售实践。在 2020 年 10 月，数据中台一期业务应用在线试运行，主要包括以下几个模块：数据门户、分析工具、实时数据大屏、超级店铺、便签体系、全域营销。

基于数据中台，雅戈尔聚焦会员服务，打通线上线下，升级用户服务水平，从而提升效率。在数据中台框架中，雅戈尔打通了门店管理、会员管理、会员服务、精准营销等各环节链路。通过精准的会员需求洞察和营销方案，实现了会员拉新转化、资产沉淀及消费裂变，打造出会员增长的闭环。在贯穿整个 2020 年的数字化浪潮洗礼下，大多数企业已经达成了这样的共识：开网店、做直播等业务线上化措施，只是企业转型最表层的内容。数字化运营的目的并非把线上销售作为线下销售的补充，而是在获得新增量的同时加强数据沉淀，然后深度挖掘数据对业务的驱动能力，实现价值增量。

数据是企业发展的重要驱动力，这是各行各业既有的共识。但数据之间相互独立割裂了企业的价值链，无法形成合力向业务端口赋能。数据中台紧密衔接业务前台与技术后台，聚合的数据可快速响应业务端口的需求，并针对市场和行业变化来优化业务内容和流程，达到以数据资产驱动业务增长，全方位、多角度重塑企业价值链。

四、数字化优化生产制造

(一) 改造智慧工厂，助力数字化生产

2018 年 7 月 21 日，雅戈尔斥资 1 亿元改造的西服智能制造工厂正式亮相。雅戈尔的智能工厂中最引人注目的是智能车间门口的数据大屏和全国唯一联通了缝制和整烫的西服生产吊挂系统。在雅戈尔智能车间的入口处，有一块长约 7 米的显示屏，上面显示着密密麻麻的各种数字、图表和指示灯，它们代表着整个车间的订单、产量、生产、质检等各方面的情况。雅戈尔工厂车间内全吊挂系统的使用，解决了人工负责各工序流转效率低下和西服西裤无法自动匹配的问题。

雅戈尔通过标准化、自动化、信息化、智能化、数字化开创服装智造先河，实现多品种、小批量、个性化、定制式的柔性化生产，从而大幅提升生产效率、

灵活应对上下游市场变化，使雅戈尔在服装产业链、供应链中拥有强大的核心竞争力，智能制造也成为品牌发展的强大后盾。

（二）5G 助力智能制造

从 2018 年开始，雅戈尔在人工智能、大数据、云计算、5G+产业互联网的赋能下，全面重塑自己的生产方式和管理方式。现在的雅戈尔整个工厂已经形成了一个智能调度中心，实现生产的、管理的智能化。现在 5G 智能系统已经覆盖了包括云南、吉林等地的制造工厂在内的雅戈尔的整个制造板块，全部实现了 5G 联网。在 1 万多平方米的总部厂房里，订单、产量、生产、质检等运转状况，只需通过显示屏上的各种数字、图表、指示灯不停地跳跃闪烁，便可一览无遗。

智能工厂加快了雅戈尔公司的柔性生产，借助 5G 智能系统，雅戈尔不仅实现了大批量、小批量订单的系统拆分。量体定制订单中，也有不少是奢侈品布料。在智能工厂里，贵的衣服和普通的衣服可以在一条生产线上同时流转。

采用 5G 网络后，各类能耗设备、AGV 自动运料小车、缝纫机、裁床、整烫机、吊挂线等生产要素互联，系统获得完整、动态、实时的数据，实现能耗、运行状态、产能等生产数据上云，再通过相关的分析辅助工具进行在线分析和诊断。整套生产体系都依赖于设备的正常运行，一旦设备发生故障，生产计划就会受到影响。雅戈尔通过 5G 实现设备的数据采集和远程监控后，现场生产故障大大减少，生产效率提高，从而实现了设备的精细化和生产管理的透明化。

五、数字化发展方向

数字化发展已经成为行业发展的必然趋势，雅戈尔要想在服装行业继续保持领先，必须要做出新的尝试及改变，不断加强自己的实力以及市场竞争力，雅戈尔也早已想到这一方面，早在十几年前，雅戈尔就着力于生产技术的打造以及企业发展方向的规划。

（一）生态科技

雅戈尔经过 10 多年坚持不懈的投入，使大麻涅槃重生，成为绿色低碳天然材料，并走在世界前列，从而打造出全世界第一也是唯一的一条汉麻全产业链。2018 年，雅戈尔以汉麻时尚(服装)应用为基础，成立了汉麻家装和汉麻家居事业部，专注于汉麻应用市场的发展。此外，还扩大了汉麻在食品、化妆品、医疗、能源等方面的应用。

现阶段，雅戈尔充分发挥其纺织服装全产业链优势，以推广应用棉、汉麻、羊毛、丝绸、改良棉等天然纤维品种为重点，推动绿色纤维材料基体及表面改性技术研究，推动功能性纺织新材料研发。雅戈尔研发重点在于核心产品如 DP 衬衫、DP 裤子、商旅西服、汉麻服饰新材料，不断推进公司战略性资源阳绒棉、汉麻纤维、汉麻粘胶等新材料以及相关技术的研发和产业化。同时加强以高性能差别化合成纤维为原料的多功能纺织服装新材料的研发和产业化，与行业一流原料供应商和科研院所形成紧密战略合作伙伴关系，确保雅戈尔纺织材料研究院在行业中持续保持国内领先、世界先进水平。此外，进一步加强成衣功能整理深加工，持续提升 DP 免烫以及成衣水洗新技术的研发和产业化。强化以环境保护为原则，提高后整理技术、推行节能降耗技术，以现代电子技术、自动化技术、生物技术等高技术为手段，发展无水或少水工艺，推动生态纺织品和功能服饰的研发和规模化生产。

(二)适度多元化扩张，优化资源配置

雅戈尔始终坚持在行业内垂直一体化整合，服装行业分别向上游纺织行业扩张、向下游零售端扩张，优化资源配置，发挥协同经营的优势，确立了在服装产业上的领先地位。

如今经济发展变化很快，特别像雅戈尔这样的传统企业，企业发展到一定水平以后，靠原来的做法已经适应不了新的发展要求。在做强了主营业务的同时可以考虑适度地采用多元化扩张的战略发展。例如，投资创新创业的新型企业可以获取其行业的前端技术，使得研发创新的成本大大降低，或通过被投资企业进入新的行业领域。除此之外，通过投资入股可以了解被投资企业的内部重要信息，对企业日后的决策以及掌握发展的总体方向具有重要帮助。

在扩张的同时一定要避免多元化的盲目性，多元化的动机应该始终围绕着谋求企业进一步发展，实现企业价值最大化，否则将会得不偿失。

六、结语

雅戈尔能够在电商崛起以及数字化经济快速发展的背景下，成为服装业数字化领先企业，离不开其顾全大局的前瞻性以及快速应对的应变性。雅戈尔在数字化服务方面，无论是在门店经营管理、顾客交互沟通中，还是产品的生产制造、线上线下的数据同步，都可以称作行业的领军人物，雅戈尔企业已经从企业创造价值，慢慢过渡到企业与消费者共同创造价值，3D 量体、智慧中台、5G 服务……这一系列新的技术手段以及服务渠道，使雅戈尔与消费者一起创造了在数字化经济时代新的价值。

案例思考题及分析

1. 结合案例谈谈在数字化背景下，雅戈尔的数字化营销渠道做出了哪些调整？

第一，开展特色直播营销。雅戈尔的直播营销自 2021 年初的全员营销动员大会后正式拉开序幕，所有员工均参与直播营销，企业从员工的亲友切入，开启了以公司员工为核心的新型私域流量客户，巨大的员工数量优势让雅戈尔在短时间内构建出公司的私域流量池，更轻松地获得了用户的信任和强关系链接。此后，雅戈尔也另辟蹊径，通过不断策划新颖的直播主题来提高直播的吸引力。雅戈尔计划自行培养 300 个直播人员，国内每个大中城市至少有 1 个网红直播间，每一名店员既能服务线下顾客，又具备主播至少是助播的能力，通过梯度晋升机制激发店员活力，形成线上线下融合运营的核心竞争力。

第二，开设时尚体验馆。在传统电商趋于饱和的大背景下，雅戈尔预计在全国范围内开设 30 个能够实现线上线下深度融合的时尚体验馆，线上推广、线下体验，开发手机 APP，开展网红直播，丰富应用场景。在开设的新店中通过借助智能中台取消收银大大节约开店成本，同时融入了大量创新科技，5G AR 试衣镜、5G 智能导购机器人、3D 量体这些技术将共同营造“5G+VR/AR”的沉浸式购物体验。

2. 根据4C理论，从“顾客”的角度分析雅戈尔采取了哪些措施以提高客户满意度？

针对顾客的需求，雅戈尔推出3D量体虚拟试衣服务，建设智慧中台、智慧工厂。

第一，3D量体虚拟试衣。雅戈尔不断完善3D人体扫描系统以及人体大数据人工智能服务，旨在打造3D试衣间，让顾客能够在门店通过3D量体设备自动量体，在系统模拟的3D场景秀中虚拟试衣，选择最心仪的款式和面料。顾客只需通过手机APP或雅戈尔官方微信下单，智能工厂在接收到订单消息后，就能为顾客进行个性化智能打样、裁剪、生产。

第二，智慧中台。智慧中台助力于打通线上线下库存，实现门店、仓库后台数据同步，使买家能够在线上下单，线下门店就近配送。同样，若出现该门店没有客户合适的尺码时，客户也能够在线下门店下单，让线上或线下其他有货的门店进行配送。

第三，智慧工厂。雅戈尔智慧工厂上线后，一套雅戈尔定制西服的生产周期从15天缩短到2天，减少了顾客的等待时间，使顾客享受到的服务高出预期，客户满意度得到提高。同时，利用“5G+AI”、机器人等应用进行视觉检测，提升了雅戈尔工厂的检测效率和质量，产品的质量提高后，出现瑕疵的概率变小，也能够给消费者带来更好的购物体验。

3. 从渠道内涵与特点出发，谈谈雅戈尔在数字化营销渠道方面是如何改进的？

服装营销渠道的终端构成可以分为三类：①分公司或代理商；②专卖店或加盟店；③商场的柜台场地。三类营销机构各有侧重地发挥作用和履行职能，分公司或代理商在区域中充当了地区的物流中心、促销中心及管理中心的角色；作为加盟方式的专卖店或加盟店起到了直面消费者的作用，维护了品牌形象，方便消费者购买；商场的营销方式，更多地体现为在顾客二次消费时，提升品牌的影响力，起到心理暗示的作用。

雅戈尔在经营过程中，不断创新，凭借其强大的实力，将以上三个渠道整合起来，形成数字化营销渠道。保留一部分门店直面消费者，方便消费者购买以扩大品牌影响力，并在不同区域设立时尚体验馆，不但能够促进消费，更能将品牌文化等传输给消费者，以提高企业品牌形象，扩大品牌影响力。消费者可以在线下挑选产品，线上下单，系统会根据用户选择的配送地址就近选择门店进行配送。

4. 雅戈尔在生产端以及客户端的数字化渠道改善措施，对于其他企业数字化转型有哪些可取之处?

第一，生产端。雅戈尔改造的智能西服制造工厂联通西服生产吊挂系统，能够根据面料的质感、尺寸、西服设计等，自动配对整套西服，同时给到工人详细的制作工艺及流程，大大降低了生产过程中的失误。同时，将5G系统运用到智能工厂，智能化融入企业订单、供应链、生产、销售、服务的每一个环节，打造柔性供应链，做好设备之间的互联互通。采用5G网络后，工厂内各个生产设施形成互联状态，系统获得完整、动态、实时的数据，实现能耗、运行状态、产能等生产数据上云，再通过相关的分析辅助工具进行在线分析和诊断。

第二，客户端。雅戈尔在客户端主要进行门店服务系统以及数据同步系统的改善。门店服务涉及门店设施以及服务系统的更新换代，首先，雅戈尔升级了门店的智能导购系统，为不同客户提供个性化服务。其次，增加3D量体以及虚拟试衣相关设备，方便消费者在选购过程中表达自己的消费需求，系统将消费者需求生成订单同步到智慧工厂，再由工厂进行下一步的生产制造。最后，企业将制造完毕的产品送到顾客手中。

5. 根据数字时代消费者的新特点，雅戈尔渠道建设面临哪些挑战?

在数字化时代背景下，消费者具有数字化多元消费、差异化定制消费、体验式“新消费”等特点，随着消费者消费体验的多元化以及消费需求的提高，消费者对雅戈尔有了更高的要求，雅戈尔也将面临更新的挑战。

第一，数字化多元消费。数字化交易平台的蓬勃发展、线上电子支付的方便快捷、电商平台的不断产生和完善，使消费者线上购物更加方便，消费者在家里就可以实现“全球购买”，这已经是国内数字化多元化消费的必要补充。

第二，差异化定制消费。由于雅戈尔集团定位中高端男士服饰配饰，其中以西服为主，而西服的设计和尺寸需要十分贴合购买者的身形，才能展现最好的穿着效果，因此对尺寸的把控非常严格。同时，不同消费者的消费需求亦不相同，这就要求产品的款式多样化。

参考文献

[1]崔桓宇. 老牌雅戈尔探索新零售，建立中台打通库存[EB/OL].[2019-06-17]. https://baijiahao.baidu.com/s?id=1636556795075657800.

[2]应波．雅戈尔开启智能制造模式[N]．现代金报，2018-07-22.

[3]吴奕萱．雅戈尔：从戏台下的小作坊奔向世界级时尚集团[EB/OL].[2019-10-23]．http：//www.zqrb.cn/gscy/gongsi/2019-10-23/A1571836876861.html.

[4]冯重光，郑一鸣，郑逸坤．雅戈尔研究报告：聚焦主业，再创辉煌[EB/OL].[2022-07-07]．https：//zhuanlan.zhihu.com/p/538709872.

第九章

数字化整合营销传播与管理

第一节　奥康

公司简介

奥康，全称为中国奥康集团有限公司，成立于1988年8月8日，原为永嘉奥林鞋厂，总部在浙江温州。奥康于1997年8月被批准为全国性无区域集团，是一家集资本运作、品牌经营、产业营运于一身的大型综合集团，旗下拥有浙江奥康鞋业股份有限公司(证券代码：SH603001)、成都康华生物制品股份有限公司(证券代码：SZ300841)等。

浙江奥康鞋业股份有限公司是奥康集团的主要业务，以生产更舒适的男士皮鞋为品牌宗旨，旗下有奥康、康龙等多个自有品牌，万利威德、斯凯奇、宜动体育等国际合作品牌，目前已经是中国较大的私人制鞋公司之一，也是中国知名的皮鞋品牌生产商、运营商和零售商。浙江奥康鞋业股份有限公司于2012年4月26日在上海证券交易所正式挂牌，这是中国第一个在A股主板上市的民营鞋企。截至2020年，公司的品牌价值达到了212.51亿元。2020年中国民营企业500强榜单中，奥康公司以2153188万元的营业收入位居全国第473名。

案例梗概

国货品牌的快速成长，不仅改变了国民的消费观念，提升了文化认同感，还使传统品牌在技术、品质和服务上进行了不断的优化和革新。在新的发展方式、拉动内需的大背景下，国产品牌的数字化转型成为企业发展的必然趋势。奥康是一个顺应时代发展趋势的民族品牌，在其2020年新战略发布和32周年庆祝活动中，推出了数字化、产品、人才、品牌形象等多项战略。在不断地对市场进行考察和分析后，奥康把主要精力放在营销和设计上，把经营的立足点放在市场上，相较于其他皮鞋品牌，奥康结合自身优势更聚焦于整合营销传播。

关键词：奥康；数字化；整合营销传播

一、行业发展情况

随着中国城市化步伐的加速，以及人们对衣着的追求，鞋子必须与服饰相配，以反映顾客的个性，并随着天气、季节的变迁而发生变化，因此，皮鞋越来越重视潮流与个性。品牌为了适应消费者的需求，不断推出新产品，皮鞋的搭配场景得以进一步激发，其市场需求有待挖掘。数据显示，2021年中国男鞋市场规模为1879亿元，而在2020年，由于新冠疫情的影响，同比增长达到18.7%，5年CAGR为6.8%。在千亿级的市场上，与运动鞋、休闲鞋相比，皮鞋更多地用于正式场合。目前，国内皮鞋市场已经进入品牌争夺战的阶段，国内多个大品牌逐步向中高端市场迈进，务实、创新的国货也渐渐受到消费者的青睐，国人对国产品牌的认知程度有所提高，国货的市场占有率或将进一步提高。

奥康是全国六大皮鞋品牌之一，它的管理是垂直整合的，它有2个研发中心、3个生产基地、5000多个销售网络。一切公司都有一套属于自身的营销战略，但伴随着信息不断创新，在持续稳步发展的今天，整合营销的可信性、涉及面、性价比等都会不断提高，这都促使公司加大整合营销的力度。奥康坚信，要想在光明的道路上走下去，就必须紧跟消费者的脚步，走在客户的前面，走进奥康的全渠道时代。作为皮鞋品牌的中国领军品牌之一，奥康在整合营销传播方面做得较为出色。

二、奥康的整合营销战略

奥康一向以客户为驱动，在数字经济时代，消费者的消费习惯已经发生了变化，奥康是第一个开始实施全渠道零售，全方位、多层次、多领域地实施数字化转型战略的鞋企，在面对大量的线下店铺的同时，提出了数字化、智能化管理的新理念，在数字化转型中稳步迈进。奥康早就意识到相比于单一营销方法，整合营销要求将品牌的多种营销方法相结合，产生协同效应，也很清楚整合营销是使利润最大化的关键。

（一）渠道整合

随着网络的迅速发展，线上购物成了消费者最主要的消费手段，线下实体商店的销售受到了阻碍。另外，物流业的迅速发展，网购成为人们选择购物的首选。奥康适时地调整了业务的重点，在线上持续发力，将线上和线下深度结合，把社区经济作为重点，"全渠道"战略更好地满足了消费者的需求。

1. 建立奥康云店

奥康在 2020 年提出了"云+"的新零售战略，即利用微信这一社交媒介，以"云"商城为依托，建立起一个多层次、多领域的庞大流量生态体系，形成社群、社区、社会的"三角关系"，构建全方位的零售业网络。奥康旗下的"云"直播平台，也在 2020 年正式上线，"云"直播的平台可以三个步骤一键分享。"奥康云店"在上线的一个多月内，已经超过了 36000 家，对于奥康来说这是一笔巨大的利润。奥康总裁王进权表示，与传统的数码店相比，云店的成本要低得多，在线上销售的情况下，它的销售效率要比一般的门店高出一大截，并且拥有国内唯一的供应链，通过大数据配货、工厂直发，减少了库存、调配等中间成本，打造出产品的极致性价比。

对于奥康来说，2020 年是一个重要的发展年。对外，奥康发起了"中国鞋都企业战略联盟"，温州著名的私营企业通过该联盟，将开展温州的鞋类、家居类、服饰类等行业的双向服务，打造温州鞋类行业中最具影响力、最具互动性的战略联盟。在国内，"奥康奥莱"的第一家线下店也正式落地，这也是奥康"云+"战略的重要一步，打通了线上线下的转型。"奥康奥莱"是奥康公司于 2020 年推出的"云+"战略中的重要一环，它依托于网络应用，将重点放在社区经济上，从而达到奥康全民营销、经济共联的目的。

2. 玩转直播营销

在互联网直播营销盛行的当下，奥康作为传统皮鞋行业的领头羊，推出了淘宝专场、微信秒杀、小程序分销、不同区域轮流直播等新模式。

具体来说，从 2020 年 2 月开始，奥康就一直在做直播，为自己的品牌推广和精准的服务开辟了一条高质量的渠道，并与淘宝直播共同发起了“奥康直播一千人”活动，来自全国各地的奥康“主播”齐聚一堂，创造了淘宝“开播”人数最多的纪录。王振滔也来到直播间，一边和粉丝聊自己的梦想，一边推销自己的产品。当天的网络销量比上年同期上升了108%，成为时尚男鞋的榜首。直播的新赛道让王振滔发现了营销的新方式，在线即时互动，使线上销售融入了更多的情感元素。在王振滔看来，这是一次切换轨道的节点，也是全新的营销时代。

奥康在2020年“双11”期间，推出了“有范生活节”，与众多明星合作，在直播平台上发布新品，在线观看人数已经超过了两千万。奥康能够从困境中站起来，敢于在新的时代进行变革，除有领导者的睿智之外，更重要的是公司的经营理念。

奥康也和瑞丽公司签订了战略合作协议，为奥康的新业务做了铺垫。这些年来，瑞丽涌现出了大量的网红、明星，正好可以借助这个平台，将奥康的线下直播平台整合到一起，更好地服务于消费者。

3. 投放爆款短视频

抖音的火爆，使奥康嗅到了商机，推出了一段从消费者角度出发的短视频，增加了用户的代入感。短片的真正意义，并不是单纯地想要让消费者立刻购买，而是想要利用当下的热点，与年轻消费者进行沟通，使更多人知道奥康。

不同的促销渠道会带来不同的市场效应，奥康在这些渠道中，挑选出与自己的品牌相匹配的促销渠道，使营销的推广工作事半功倍。奥康在进行渠道整合时，既要整合现有的品牌营销渠道，又要开拓新的渠道，做到多渠道协同，降低成本。

4. 发展线下门店

奥康深谙企业长久发展的秘籍就是与消费者同进退，紧紧跟随消费者，用顾客的需求引领创新，生长的触角紧密与市场相联系，打出品牌节奏感。奥康不断地升级和更新自己的营销策略，在店面的选择上，奥康的策略是在大城市开设小店，在小城市开设大店，在地段、店面、服务等方面，既满足了大城市的多个中心，又满足了小城市的集聚和凝聚，形成了一个完整的奥康线下实体网络。

奥康投入3.8亿元，历时4年，于2017年打通了中国第一个鞋业智能化运营中心——奥康华东运营中心。目前，该中心每天可处理超万单的电商订单，并在奥康的线下门店内，完成5000箱的送货，日可达到20万双以上。

奥康投资推广大会在2020年3月27日成功举办，其首创的C2M业务模式再次引起业界关注。C2M 就是厂家通过线上、线下的渠道，直接接触消费者，不是从 C 到 M，也不是从 M 到 C，重要的是通过数据采集、加工分析并结合智能生产技术，实现工厂为消费者提供常态化大规模个性化定制服务。

C2M 加盟店采用了先进的技术和优质的服务，除配备相应的设备外，还为顾客提供了 30 多种脚型数据、贴心的服务、整体环境以及更加舒适的装修。在 C2M 加盟店，顾客可以根据自己的需求，从系统自动推出的鞋子中挑选和订购自己的鞋子，然后把脚的数据和订购信息发送给大数据中心。“反订购”的经营方式彻底改变了传统的“先生产后消费”的模式，为客户提供了更多的可利用性，既可以达到零库存，又可以从某种意义上解决客户的个性化需求。

5. 入驻阿里同城购

奥康入驻阿里同城购建立数字经济商圈，2020 年 5 月 30 日，新零售之道暨奥康国际数字门店云开业启动仪式在温州举行。启动仪式上奥康不仅推出了“百城百店”计划，还宣布正式入驻阿里同城购平台。奥康选择了与新零售领域的先行者阿里巴巴合作，借助阿里巴巴的数据技术，实现顾客的精准画像与触达，通过 IP 赋能、流量赋能、模式赋能、技术赋能、方法赋能、供应链赋能，将线上线下各渠道的会员、消费、服务等进行融合，为奥康在商品、交易、数据、服务等领域的数字化转型升级提供助力。在为周边居民的消费体验提供便利的同时，奥康创新传统鞋企的商业形态，从而打造强大的数字经济商圈。

同城购是阿里巴巴聚焦本地化运营推出的核心级战略产品，并新增淘宝、支付宝等客户端本地化入口，门店直播渠道等多维度触达消费者，为商家提供本地化流量倾斜。

6. 布局全渠道

奥康在线上和线下都有合作，既可以通过自己的店铺吸引更多的顾客，又可以通过网络来扩大自己的产品，形成一个良性的循环，使传统的电商模式发生变化。奥康利用公司的数据系统，对会员进行精确的数字分类，从而准确地找到客户的需要，维持和提高与品牌之间的交流和黏性，从而进一步提升会员制。

线下，奥康联合阿里巴巴等业内领先企业，积极探索数字化转型、“一体化新零售”，把公司的门店打造成一个数字化门店，融入大数据分析、直播带货、同城配送等新技术、新玩法，用数据重构人、货、场，加强数字化转型。

奥康在对线下店铺实施数字化转型的同时，也将重点放在了提高单一店铺收益和加快线下店铺的更新上。2020 年，奥康在全国新增 504 个实体商店，推出了“奥康优品”和“奥康奥莱”两大品牌，通过“云上”的方式对数字化店铺进行营销，既可以进一步优化线上、线下的整合，又可以提升营销的效率，为公司的长期发展提供强大的动力。

（二）人员整合

2020 年，奥康立足充足的货源、庞大的供应体系、专业的导购和后续的配套服务等优势，发动门店导购员及店长共同联动直播红利，发起“全员营销”号召，推动线上业务增长。

值得一提的是，在奥康直播盛典之中，奥康董事长王振滔直接“上镜”，非常接地气地和观众互动，进一步拉近了消费者和企业之间的距离。2020 年 3 月 24 日，奥康联合天猫共同发起“新风尚 · 千人直播挑战赛”，王振滔携手其子奥康国际电子商务有限公司总经理王晨共同上阵，献出直播首秀。当天，奥康鞋业旗舰店销售同比增长 108%，在淘宝、天猫销售是同期的 2.6 倍，是 2019 年“双 11”销量的 6.5 倍。

奥康不断地调整自己的销售模式，让店员、店长等也加入直播中，通过直播的收益，将所有的资源都聚集到了一起，完成了一笔巨大的买卖。这也使商家在“货”“人”“场”等各方面都有了质的飞跃，既能在网上听解说，又能在网上订购；既能在网上直播，又能在网上订购。

奥康和各个店铺的导购们联合起来，在网络上进行直播，不仅扩大了自己的个人流量，还增加了自己的固定流量。在未来的市场上，一定会有很大的发展空间。在面临艰巨任务时，全体人员要齐心协力，共同完成任务。

三、奥康的数字化会员体系

说到奥康，人们就会想起来“温州”“老品牌”“3000 多家店”“鞋王”等印象。奥康在数字化时代，面对会员数字化程度低、会员转化效率低的问题，如何通过精准运营维持会员的活跃度，提升会员复购、转化？2016~2018 年，奥康的会员数量从 0 到 1300 万，以几何倍数的速度增长，奥康的 APP 也有了将近百万的用户。

（一）“建立会员池”

“建立会员池”是奥康会员 1.0 的业务方向，并且从目前来看似乎成绩不俗。以 EZR 为平台融通、运营会员，将线上流量、门店流量、社交流量吸引的会员聚合到 EZR 平台，对会员体系进行数字化重构。

在店铺运营方面，组织了数百场不同形式的会员互动体验活动，鼓励顾客积极参与，互动转化。从传统的“消费+体验”模式向“权益+体验转化”的转变，实现了会员价值的升级和在线服务的提升。

与此同时，奥康还积极与阿里智慧门店、京东电子会员等多个平台合作，为消费者提供多平台、全渠道的会员消费体验。2018 年 3 月，借助阿里“女王节”的机会，利用智能系统吸引了近 200000 名会员。奥康在 4 月 5～22 日，与阿里巴巴智能门店合作，在 17 天内累计拉新 35 万人。奥康在 4 月 27 日至 5 月 3 日，与京东携手，推出“奥康焕新季”“以旧换新”，累计拉新达到 18.16 万人。值得一提的是，奥康在 2018 年荣获新零售两个金麦奖，成为阿里巴巴新零售 KA 标杆企业。

（二）会员经营

随着奥康 2.0 时代的到来，奥康的会员管理理念也发生了一些改变，由“蓄水养鱼”进入了“会员经营”的时代。奥康会员 1.0 的核心是建立自己的流量池；会员 2.0 的核心是让会员的资产在各个方面活跃起来，实现用户体验和运营效率提升。

奥康发现在任何情况下，只要是与消费者有联系的，都能随时接触到消费者，例如，发布内容、KOL、消息推送、卡券引流、朋友圈广告曝光、门店服务、评价回访等。通过这种方法让更多的消费者发现奥康，让更多顾客知道奥康，让更多有需求的消费者考虑奥康。

奥康很清楚服务十分重要，因此奥康打造了智能门店体验服务、智能导购一对一服务，让顾客在消费过程中有更好的体验，为复购打好基础。精准营销是节省宣传成本的关键一步，以精准的会员分类、精准的触达、精准的互动让有潜在需求的顾客发现奥康并产生购买需求。奥康十分注重评估反馈，注重每个顾客的评价，时刻传递着顾客对购买体验的关注和关心。

奥康最大限度地实现了生日营销的价值，提升了会员的含金量。根据不完全的数据，在 2018 年奥康生日营销会员消费同比增长 117%，精准营销消费转化同比增长33%，全年近160万条会员在线评价。

四、结语

面对新零售时代的市场环境，零售渠道必须进行相应的调整。营销渠道改革将会淘汰一大批落后的公司，但同时也会促进整个产业的发展。一方面，数字化将强化零售业的发展；另一方面，线上和线下的结合可以让消费者的需求得到更好的满足。奥康的整合营销就像其他的市场营销方式一样，都要对市场的发展有一个全面的认识，熟悉客户的需要，把客户的价值观融入企业的品牌中，让企业按照客户的价值观去吸引目标客户。然后就是网络营销，通过网络营销，让终端客户获得更好的营销体验、更好的媒体营销、更快的营销渠道，最终积累到一定数量的新顾客，通过会员制度吸引老顾客。综合营销力求全方位阻击，多点开花，使市场营销的区域利益最大化。

奥康国际在广大消费者心目中享有极高的知名度，奥康国际更是紧跟时代潮流，不断提高生产技术、产品品质，并大力推行“云+”的策略，对全渠道零售模式进行全方位的升级。为了顺应时代潮流，奥康国际不断地挖掘自己的商业模式，满足消费者的需要，不仅利用电商平台、线下门店来带动线上流量，而且还通过线上平台来拓宽消费者的覆盖范围，不断扩大品牌知名度，提高企业信誉度，吸引消费者。

近年来，由于电商平台流量“去中心化”趋势增强，传统电商平台自然搜索流量持续下滑，引流成本逐渐提升。与此同时，短视频、直播带货迅速崛起，在此背景下，奥康及时转换思路，发力全域直播，构建了品牌线上渠道矩阵，助力私域流量的在线转化，吸引了年轻消费者群体，直播销售业绩稳步增长。数智化方面，奥康通过数字化研发加紧推进了公司的数智化转型升级，财报显示，2021年，奥康研发费用达4376.69万元，较上年同期增加了27.57%。在研发的加大投入下，奥康成功上线了两大重要的数据系统。其中，智能商品管理系统基于奥康大数据和算法，可实现商品全生命周期运营管理，加快品牌转型进度，提升供应链整体效率，为商品决策提供系统支持；CDP系统（客户数据平台）则可结合对会员历史订单及平台行为数据等整合分析，实现消费者洞察并形成人群画像标签库，提供个性化营销策略及执行解决方案，从而有效盘活会员生命周期。

两大系统的创新变革进一步提升了奥康的整体运营效率、加强了私域流量运营，同时也支撑"更舒适"战略更科学、更智能地全面推进企业数字营销，形成高效闭环。

案例思考题及分析

1. 从宏观环境分析奥康实行数字化整合营销的市场原因。

政治：政府制定和完善有关鞋类生产、销售的相应技术法规，提高我国制鞋业的整体技术水平，通过产业政策杠杆加强对国内制鞋产业的引导和调控，避免盲目、无序竞争。《中华人民共和国国民经济和社会发展第十四个五年规划和二〇三五年远景目标纲要》中明确提出"开展中国品牌创建行动"，率先在化妆品、服装、家纺、电子产品等消费品领域培育一批高端品牌。

经济：由于新冠疫情影响，消费者的可支配收入减少，对鞋类的需求减少，整合营销策略让奥康减少库存成本和宣传成本，提高营销的转化率。

社会与文化：国内消费者对于鞋类需求的结构已基本成熟，从最开始的使用价值到要求个性化、时尚化，追求品质与个人表达，皮鞋市场已经基本细分完毕。目前国内企业仍主要以中低端产品为主，而随着消费观念的转变，我国对于高端皮鞋的需求变大，奥康的C2M模式刚好符合消费者对个性化与品质的需求。

科技：近年来我国鞋业从业者的科技水平能力不断提升，鞋类院校逐渐增多，教育及培训体系逐渐建立、完善，研究开发能力逐渐增强，制鞋业的信息体系等日渐健全。

2. 根据案例分析奥康云店的推出是如何助力企业数字化整合营销的?

奥康携手阿里巴巴，启动新零售战略合作，签订千店同城购战略合作协议，从而打通线上流量、线下门店、供应链配套等第三产业链各个环节，通过聚合优势资源，完成了电商平台和实体店面在商业维度上的又一次优化升级，也是线上与线下的一次破壁。

奥康推出的"门店+云店"模式，致力于整合线上线下流量，拓宽销售渠道，解决传统门店高成本、低效益的痛点，云店不仅能全面整合线上线下资源，形成高效、有序的跨区域立体式营销网络，还为拓展"云"布局走出了关键的一步。奥康成功地解决了网上热销、线下试衣间的窘境。奥康线上的产品，重复率仅为30%，相同的商品具有相同的价格，这样既能保证消费者在网上购物，又能避免价格上的矛盾，从而维护自己的品牌形象。

随着线上“云”布局的深入拓展，奥康对“互联网+”浪潮下消费者需求变化的认知与理解也越来越深刻，不断为消费者提供更好的产品和服务，成为其转型升级的关键因素，也成为企业真正的免疫力与抵抗力。

3. C2M 加盟店作为奥康的一大特色，为奥康的数字化发展提供了哪些便利?

C2M 为消费者带来了全新的购物体验。消费者的脚型数据和选定的鞋款数据经过云计算及大数据分析，自动生成制鞋数据传输给工厂下单生产，一般周期为 7 至 30 天。个性化的定制满足消费者的需求，不仅如此，这种模式还减少了奥康仓库货量从而降低了库存成本。

奥康给每一双鞋安装上芯片，通过内置的无线射频识别技术，后台可实时掌握顾客试穿了哪些鞋子、哪些被拿起关注等数据，通过大数据分析出顾客对哪类鞋子感兴趣。奥康根据这些数据制定工厂的生产计划，并且修正或者改进自己的宣传计划。

智慧门店通过人脸识别技术，可获得进店顾客的性别、年龄等信息，并通过销售行为分析，得出不同消费群体的购鞋喜好，这不仅使店铺营销变得得心应手，还可汇集消费者偏好数据。

4. 随着数字化时代的到来，奥康如何通过整合营销策略来维持会员的活跃、提升复购、转化?

近年来，由于电商平台流量“去中心化”趋势增强，传统电商平台自然搜索流量持续下滑，引流成本逐渐提升。与此同时，短视频、直播带货迅速崛起，在此背景下，奥康及时转换思路，发力全域直播，构建了品牌线上渠道矩阵，助力私域流量的在线转化，吸引了年轻消费者群体，直播销售业绩稳步增长。奥康通过全员直播让更多的消费者知道并了解奥康，开发潜在消费者。

奥康关注有效会员增长，将其作为关键指标。在日常运营中，逐渐下调会员开卡指标，更多关注到店消费人群和潜在消费人群，引导他们进入存量会员池，以此推动整个用户活跃。

奥康搭建了基于 LTV 的整套用户生命周期流程，以及用户分层触达的手段和工具，旨在进一步提升效率。通过公众号留言、NPS 调研和系列订单评价，进一步收集用户对于品牌、产品、门店服务、门店环境等维度的反馈信息，并形成报告分析，最后赋能给买手、研发以及营销端。

奥康关于私域流量，提出了三个“量”：一是增量即更加关注有效会员增长，将其作为关键指标。二是质量，即把复购率提升作为会员运营的核心要点。

三是声量。通过公众号留言、NPS 调研和系列订单评价，进一步收集用户对于品牌、产品、门店服务、门店环境等维度的反馈信息。

5. 结合案例列出奥康所实行的整合营销策略以及谈谈整合营销对奥康数字化发展的意义与作用。

奥康实行的整合营销策略：奥康适时地调整了业务的重点，在线上持续发力，将线上和线下深度结合，把社区经济作为重点，“全渠道”的战略更好地满足了消费者的需求。为了实行整合营销，奥康建立奥康云店、玩转直播营销、投放爆款短视频、发展 C2M 加盟店、入驻阿里巴巴同城购、布局全渠道、鼓励全员直播。奥康将电商纳入数字化整合营销生态链中，构建了四位一体的智能电商体系，即智能营销、智能物流、智能客服、智慧运营。

其意义与作用如下：

第一，提高宣传内容的传播速度。当下几乎人人有手机，都能上网，借助社交媒体平台、网络平台进行数字营销所面向的受众是非常广泛的，通过网络传播将有更多的阅读量和关注度。

第二，使营销服务更加个性化。奥康的数字化整合营销既能够按照客户的需要提供个性化的产品，也可以跟踪客户的消费习惯和爱好，推荐相关产品，是一种个性化的营销模式。奥康的 C2M 加盟店是营销服务更加个性化的突出表现。

第三，提高营销的转化率。将营销受众变成真实的消费者。广泛的传播范围加上为潜在客户定制的数字化营销活动必然能够得到较高的营销转化率，达到最大化的营销效果。

参考文献

[1]中国财经．国货品牌拥抱数字化，通联支付助力奥康鞋业智慧升级[EB/OL].[2021-09-06]. https://finance. china. com. cn/roll/20210906/5648635.shtml.

[2]华经情报网．2021 年中国皮鞋市场现状及竞争格局分析，中高端市场仍存在空白[EB/OL].[2022-06-08]. https://www. huaon. com/channel/trend/810537. html.

[3]中国服装网．线上线下深度融合，奥康国际二季度营收显著改善[EB/OL].[2020-09-04]. https://t. cj. sina. com. cn/articles/view/2810373291/a782e4ab02001tc99.

[4]中国皮革网．皮革行业高质量发展系列报道之四：奥康——深耕智能化之路 加快转型升级步伐[EB/OL].[2022-05-20]．https：//chinaleather. org/front/article/121644/156.

[5]每日经济新闻．从中国产品到中国品牌，看中国男士皮鞋品牌崛起的底气……[EB/OL].[2022-08-11]．https：//m. 163. com/dy/article/HEH7V0870512B07B. html.

[6]搜狐网．国民品牌奥康破局而立，多元化营销成行业标杆[EB/OL].[2020-11-17]．https：//www. sohu. com/a/432587606_151313.

[7]中文科技资讯．超级工厂如何真正"赛博朋克"？都在奥康C2M进化史里[EB/OL].[2021-06-15]．http：//www. citnews. com. cn/news/202106/129361. html.

[8]金融界．奥康国际2021财报发布：战略升级打开全新增长空间 线上化+数智化转型驱动业绩提升[EB/OL].[2022-04-25]．https：//baijiahao. baidu. com/s？id=1731085627413567063.

第二节　古茗

公司简介

古茗科技集团有限公司(以下简称古茗)于2010年在中国浙江省温岭市大溪镇成立，是一家遍布全国的连锁茶饮品牌。经过持续的创新与完善，公司的市场占有率一直呈几何倍数增长。2021年，古茗在全国已经有5500家门店。

古茗凭借以"精""变"为核心的企业文化，历经数年的发展和沉淀，从浙南的一家奶茶店起家，到如今已经是国内茶饮料行业的龙头企业。从成立之初，古茗就以"每天一杯喝不腻"为目标，让每位消费者随时随地都能喝到新鲜、纯正的茶饮。古茗以其专业的研发团队、健全的冷链物流仓库、严格的品质控制，确保产品的品质和口感，为消费者提供更加天然、新鲜的现调饮品。凭借产品、服务、运营等多个领域的卓越业绩，古茗获得"2019年度最具战略影响力品牌""2019年中国茶饮十大品牌"等殊荣。

案例梗概

近些年，随着生活水平的提高，人们对饮食的要求越来越高，开始追求美味的食物，作为便于携带的饮品之一，奶茶成为当代人的宠儿，呈现出良好的发展势头。如今，各类品牌的奶茶不断涌现，规模迅速扩张，品种与味道也越来越丰富，更能迎合大众的需求。

古茗于2010年成立，通过整合上下游供应链、自建冷链物流，把新鲜的水果、乳制品等食材送到顾客手中或直配到门店，做到"以新鲜水果茶为特色，却依然保持高性价比"。为了维持其在行业内的竞争力，古茗开始引入数字化技术，以新媒体为导向打开市场宣传，以后台数据监测为手段，通过小程序点餐助力达成销售计划，成功打响知名度和提高销售额，产生了显著的经济效益。

关键词：古茗；整合营销；数字化

一、茶饮产业的发展情况

随着消费者的消费水平和对饮料口味的要求越来越高，现制茶饮在口感和选择上都比传统的茶饮要好得多，因此受到了消费者的青睐。同时，对食品卫生需求的不断提高，使以优质茶基、健康成分为主的国内现制茶饮产业迅速发展。预计2021~2026年，该产业的高增长率将达到20%。业内预计，中国茶叶新的市场将在2026年前达到3000亿元。

奶茶所属的饮品行业不断发展，各式各样的产品层出不穷，而奶茶因为种类繁多，口味多变，发展得更是迅猛。珍珠奶茶问世后，奶茶在国内迅速流行起来，各类奶茶店更是如同雨后春笋般在大街小巷涌现。经过多年的发展，消费者在消费上越来越理性，越来越重视质量，这就导致了奶茶业的发展速度减缓，而投资人对其质量的要求也越来越高。数字化是未来全球经济发展的趋势，新式茶饮行业也不例外。从线上点单到后端供应链，茶饮行业将逐步实现数字化。现阶段茶饮行业还在数据阶段徘徊，即通过连接企业内部的收银、会员、财务等系统，连接外部供应链的上下游、第三方平台等，使数据一体化，通过提炼、分析、整合数据，使数据充分产生价值，推动企业进行精细化管理。

伴随市场逐渐向数字化发展，数字化转型中的数字化管理与数字化营销能力成为品牌的差异化资产，这其中包含前端数字化营运与营销、后端的数字化供应链、数字化产品创新等。可以预见，古茗在数字升级的同时，还会推出更多的创新产品，借助微信等数字化的工具，在下沉市场站稳脚跟，始终保持领先地位。

二、古茗的数字化工具运用

如果说，扩张是为了占领线下市场，应用程序、第三方支付、外卖等工具就是非常灵活的互联网应用。如今，数字产品已经成为网上茶饮品牌的重要组成部分。古茗在使用数字产品如小程序时，显得格外谨慎。在古茗的几家店里，2019 年的小程序已经试用过了，但没有做什么推广，在上线后，流量的反馈还是不错的。2020 年 8 月，古茗的粉丝数量已经超过了 500 万，相比 2019 年增长了 3 倍，并且微信的用户数量也达到了 700 多万。作为区域品牌，只要口碑好就会有比较大的市场，但对于本土品牌而言，口碑固然重要，数字产品也是最基本的，如小程序、APP、天猫和社群等。

(一) 微信小程序

根据古茗公布的数据，截至 2020 年底，“古茗茶饮点单”微信小程序会员新增了 1300 万，全年新增会员比例超过 100%。借助小程序预点单，用户每笔订单可节省 12.6 分钟。

古茗的微信小程序简单易学，没有烦琐的操作流程，在这个小程序中，会员可以通过积分系统和活力值来提升自己的等级，每一次购买都可以在自己的小程序里积攒积分，参加活动或者做完任务，得到一笔能量值，也可以得到相应的积分。

用户获得的积分可换购产品优惠券以及周边产品，更有利于提升用户留存。每月 20 日为古茗的会员日，会员日有专享福利即 V3～V8 会员小程序首页领券下单，立享第 2 杯优惠，最高享买一送一，小程序外卖也可以使用。“古茗茶饮点单”小程序在会员日还推出了限量积分福利，即可以使用 50 积分兑换小程序无门槛免配券(15 天有效期，1 杯也可以配送，但是不可与其他优惠券同时使用)。

古茗的公众号每月推送四篇软文，推文将发送每月活动以及相关营销优惠活动，可以直接触达用户，提高用户黏性，并且每一篇软文的设计都独具风格，极大地吸引用户的关注力。

古茗 2021 年微信年度阅读量达到了 1575 万，篇篇阅读量基本在 10 万以上，在微博和小红书等公域社交平台，也都实现了数千万的曝光量。

(二) 社群

加入古茗社群的步骤如下：

第一步，通过公众号菜单栏添加福利官，由福利官邀请入群(企业微信群)。

第二步，若顾客没有关注公众号，在第三方 APP 上下单后，区域经理就会用订单号和顾客取得联系，以好评为条件，吸引顾客的注意，然后邀请他们入群，等他们加入后就会有更多的折扣，从而获得更多的回头客。

古茗社群的运营模式：①每日发送产品优惠信息。②每月会员日发送会员活动，零成本触达用户，引导用户至小程序下单。③随机搞第二杯半价活动(仅限线下门店消费)，吸引客户在门店消费，实现转化。

三、古茗的采购数字化管理平台

(一) 根据微信点餐数据，制订营销方案

销售数量预测在有效进行供应链管理的过程中尤为关键。古茗结合微信点餐的数据，对前端数据进行整合，相关的工作人员会指导门店做销售计划。

1. 用数据计算基础销量

不管任何品类饮品都需要数量固定的材料，古茗按照千元除以客单价来进行数量预估，通过千元用量计算固定物资的需求量。

根据茶叶的特性，不同种类的茶叶，珍珠、牛奶的使用量也是不同的，由每个类别的销售情况，以及配料的克数来推算出水果的需求量，这样就可以精确地控制采购的数量，从而根据每一种饮料的用量，来确定食品原材料的需求量。

不同的门店，固定物质的需求量和食品原材料的需求量也有所不同，相同的门店在不同的促销活动和季节变更的条件下的基础销量也有所不同。

2. 用时间验证销售额度

古茗的工作人员会根据店铺的历史数据来确定基本的销售额，但是门店的销售额会出现一定的变化，所以古茗总部会根据数据指导每家店制定销售冲刺

计划，让门店每隔一段时间按照日销量总倍数约10%的比例提升销售计划的额度，不断验证得出该门店的销售峰值，使门店利润最大化。

（二）数据监测，小程序点餐助力实现营销方案

在制订了销售方案之后，总部将根据客户的数据进行跟踪，及时掌握各店铺的销售计划，并帮助其完成相应的销售计划。总部每日对营业额进行三次监测，时间分别为：11：00~12：00、15：00~16：00、19：00~20：00。若营业时间超过一半，仅凭自然流量的销售方案尚未达成，则总部会向店内推荐与实际销售量相去甚远的商品进行促销。

古茗的销售渠道有两个：一是人工引荐。导购员在点单时会向客户提供建议，同时也会有专门的活动。但是，人工推荐容易出现店员销售技巧参差不齐、员工流动性大、培训不及时。二是小程序推荐。总部统一组织市场推广，效率高于手工推荐，无需培训费用，有效地解决了销售人员对客户的销售技能问题。古茗的营业额数据显示通过小程序点餐三个月后，单店每天营业额提升至700元，客单价提升了11.1%。通过小程序引导顾客在茶饮中“加料”后，加料份数提升150%。

（三）结合微信点餐数据，优化营销方案

1. 创建利用率排名，为店内改善提供方向

为了帮助每家门店提升效能，古茗总部结合前端销售数据和门店实际采购量，建立了原材料的利用率排行榜。利用率在90%的门店属于优秀，自然利润会更高，80%左右的利用率属于合格，这是所有门店都能做到的，方可确保盈利。那些不达标门店，古茗相关部门会告知门店进行检查，在操作过程中因为什么原因导致利用率偏低，如原材料的浪费、错单率高等，通过视频检查等方式来发现问题，帮助餐厅及时修正。

2. 制定资源优先配置机制，提高店铺改进动力

对于口碑好、销量也好的门店，在原材料供货有限的情况下，总部会率先分配到所需食材，这种资源有限分配的做法，不仅提升了门店竞争的积极性，同时通过扶持口碑良好的门店，也能大大提升品牌的好感度。

（四）打造供应链优势壁垒，保证原料新鲜

建立一个供应链并不是一朝一夕的事情，它需要不断地积累和改进。建立

种植基地，保证原材料的新鲜及稳定供应，这还不是最重要的，最重要的是汇集多方优势，形成一个成熟的运输和仓储管理体系，才能打造出真正的供应链优势壁垒。

1. 自建物流体系

古茗招牌柠檬茶好喝的秘诀就源自于“两日一配”的物流和仓储管理支撑体系。目前，古茗已在全国建立了十六大仓储基地，分布在华东、华中、华南、华西地区。同时，古茗打造了100+辆自有冷链车，并和多家第三方冷链物流合作商建立良好的合作关系。为了确保原料的新鲜和降低运输成本，古茗不仅设立了自己的仓库，还建立了自己的冷藏物流体系。

为保证果品在运输、储存过程中的质量，古茗还建立了一套精确的供应链体系，可以精确地控制水果的运输、冷冻温度，并对其进行全程跟踪和记录，使颗粒饱满的香水柠檬，始终保持新鲜，等待着被赋予新的变化。

古茗利用数字化工具进行鲜果运输和仓储信息化，最终实现线下节流、线上开源，品牌的服务水平全面升级。随着鲜果茶饮料的时效性越来越强，信息化的发展已成为必然。以数字技术为依托的“即时配送”网络，正成为疫情过后茶饮业防范风险的“堤坝”。

2. 把控原料品质

早年间，由于市场采购商流动较大，果农对采购人员的信任度普遍不高，因而难以形成稳定可靠的原料供应。为此，古茗经过多年的苦心运营，实地探访，用真心收获了果农的信任，与他们建立起了稳定可靠的合作关系。

不仅如此，古茗还不断完善自身的品控标准，严格把控原料供应的品质。以葡萄为例，古茗要求合作的果园，挂果时间一定要大于150天，而市面上售卖的葡萄，挂果时间一般在130~140天就可以发货了，所以古茗为了保证更好的茶饮口感，会果断舍弃这些低成熟度的葡萄。

在古茗的果园探索中，柠檬是最早，也是投入最大的。古茗香水柠檬产地项目负责人回忆：2016年，古茗团队来到云南西双版纳种植香水柠檬，选用的香水柠檬原产地在我国台湾地区，香味独特，适合搭配，这也是中国首个大面积种植台湾香水柠檬的产区。但从0到1的过程并不顺利，他们买来三四万株树苗，种了一年，收成寥寥，树苗有假的、有买错的，还有树苗得了病，只能一一砍掉，重新种植。

最终，他们从玉溪找到优质苗木，种植3年后开始迎来收获，一年12个月都有产量，每隔7天采摘一次。

古茗在乳制品方面也投入很多。奶源的溯源，是为了更好地把控产品品质。好的原材料只是为了让用户“每天一杯喝不腻”的其中一步。据了解，“认养一头牛”不仅在C端有广泛的粉丝基础，基于“出身好、吃得好、工作好、住得好、心情好”的五好奶牛理念，以及现代化、数智化牧场管理方式，是乳企中为数不多的做到全产业链的公司。古茗也看重该公司上游供应链的布局，在2021年古茗投资“认养一头牛”，成为股东之一。

3. 古茗签约甄云科技

古茗科技集团有限公司是古茗茶饮的母体，多年来，一直秉承“变”“精”的经营理念，使“古茗”品牌从创立之日起，市场占有率便一路飙升。古茗一直以来都有很好的供应链管理能力，而且随着古茗的不断发展壮大，其供应链的运作也从传统的运营模式转变为策略型，迫切需要通过信息化的方式，建立起更为灵活的供应链系统，以规范企业的采购管理，提升企业的采购管理水平。

2021年4月，新式茶饮引导者古茗携手甄云科技举办了古茗SRM项目启动会，来自古茗IT部、采购部、财务部等相关部门的负责人和项目组的骨干人员参与了此次会议。双方就建立采购数字化管理平台达成共识，共同打造全国奶茶行业数字化采购行业的标杆。甄云科技拥有多年餐饮连锁经营项目的丰富经验，同时也对古茗有很深的理解，将与古茗一起，共同创建一个新的零售企业。这一次的合作，甄云科技将根据古茗的实际情况，搭建一个统一的数据采购和管理平台，以保证公司在较短的时间内完成所有的采购工作，适应市场的迅速发展。甄云科技将通过系统配置、快速迭代来满足顾客的要求，提高整个供应链的响应速度，以适应市场的变化。

古茗对于数字化力量，有着绝对的认同，特别是在如今的下沉市场，更是如此。王云安特别提到了为什么要选择微信场景来帮助古茗茶饮的发展和提升，主要有三个方面：一是微信在下沉市场的推广；二是微信支付可以有效地联动朋友圈广告和小程序，引流和转化效果好；三是微信支付有效提高了门店的结算效率。

四、古茗的渠道策略

（一）线下加盟门店

古茗茶饮已经在全国开设近9000家加盟门店，覆盖浙江、福建、江西、湖南、广东、湖北、重庆、四川等 19 个省、190 多个城市，还远渡重洋，开到了意大利托斯卡纳。古茗的加盟店摆脱了行业“快进快出”的普遍现状，根据《古茗 2020 年度报告》，其 2020 年在全国 139 个城市开出 4097 家门店，门店倒闭率维持在 0.13%，且单店营收增幅对比 2019 年增长了 37.1%。古茗加盟商筛选标准极其严格，对店长的年龄、经验、财务状况都有严格要求。

(二)线上自营商城

2021 年 9 月，古茗进行了首次直播团购，这次“小试牛刀”，便让古茗获得了 200 万元的营业额，古茗也通过这次直播复盘，打通了包括“结算链路、客诉解决”等在内的各项直播链路。2021 年 12 月，古茗进行了第二次直播，这次直播一天就实现了 1500 万元销售额，当时最高在线人数达 4 万人以上，突破了当时行业最高在线人数纪录。

五、古茗的引流

古茗通过公众号、抖音、微博、广告投放、明星效应等方式进行引流。

公众号引流：当使用者看到一篇文章，或者浏览一篇宣传软文的时候，就会去关注这个公众号，由公众号引流到社群，用户在体验过程中，逐渐在私域沉淀。

抖音引流：抖音个人主页可直接跳到微信小程序并将其导入微信公众号中。抖音直播以更低的价格出售商品，顾客购物后，需要在店内购物，引流至线下门店，获得抖音的优惠券(全国各地的门店都可以兑换)，可以大大提升顾客的积极性。古茗在 2021 年 9 月就看到了抖音的潜力，古茗团队主动找到抖音相关负责人，成为首批入驻抖音本地生活的饮品品牌。

微博引流：与知名网红合作，制造话题，提升曝光量，提高品牌热度与认知度。

广告投放引流：SEM 搜索广告、快手 APP、抖音、朋友圈、小红书等。层出不穷的“隐藏喝法”，激起用户的兴趣，在小红书上搜“奶茶的隐藏喝法”，话题下有 8 万+笔记。在奶茶的搭配方法中“摸爬滚打”，寻找更加新颖和刺激的奶茶体验，正是这届网友的乐趣。古茗茶饮抖音账号的“古茗隐藏攻略”合集，不仅能再次刷新产品的形象，不断叠加出有新意的饮品，而且还能给予消费者精致化体验，无形中提升了复购率。古茗足够包容，在不断解锁新的隐藏菜单、给消费者提供个性化产品的同时，也鼓励消费者"另辟蹊径"。有很多消费者除在抖音上观看古茗的隐藏喝法外，还会将自己的"独家菜单"发到网上，如此一来，就额外增加了古茗线下茶饮店的曝光度。

明星效应：第一，广告代言，代言人都是流量明星，能带来粉丝流量，但这种曝光+引流的方式需要庞大的资金支持。第二，综艺合作：古茗和《阳光姐妹淘》联名，成功引发受众共鸣。

六、品牌联名

2020 年，古茗先后与众多品牌以及 IP 进行合作，如阿华田、哈根达斯、电影《我和我的家乡》、开心麻花、网易、Miss-Candy、古茗茶饮×蘑菇街、古茗×雀巢等。通过互相借势，制造话题热度，触达更多的潜在用户群体，为品牌获得更多的传播和关注。其中，古茗还凭借《古茗×哈根达斯营销传播》案例斩获了"2019—2020 年度中国杰出品牌营销奖"。

现代青年追求个性、潮流、趣味的消费观，同时也更加注重产品的治愈、悦己的情感价值。"盲盒经济"就是在这种情况下迅速崛起的。年轻人很喜欢箱子被打开的一刹那，也很想知道箱子里的东西是什么。"在线卖萌，等你来拆！"2020 年夏天，古茗便紧跟时下潮流，与自带流量的冰激凌品牌哈根达斯跨界合作，采用惊喜盲盒形式，以双方品牌名和合作主推的产品名(哈根达斯芒芒冰、哈根达斯桃桃冰)，设计了五个萌趣可爱的卡通形象：茗茗子、哈哈子、芒芒子、桃桃子，以及神秘的秘秘子。当消费者购买上述两款产品时，便能免费得到限定盲盒，随机获得一只公仔玩偶。一时间，消费者对古茗限定盲盒以及哈根达斯芒芒冰、哈根达斯桃桃冰的讨论更是热火朝天，极大地提升了古茗的品牌认知度。

古茗通过联名活动，在相应的季节推出相应的活动主题，与有大量粉丝基础和高认知度的品牌联名，同时抓住了年轻人的痛点，从品牌基因、对产品的匠心和消费者的承诺上，找到契合的角度，联合开展营销，发挥"1+1>2"的效应，合作共赢。古茗用"潮"这个年轻化的词汇，落地设计并推广，迎合用户群做大家喜爱的口味，跨界合作，实现双向曝光。

案例思考题及分析

1. 结合案例分析古茗是如何搭建采购数字化管理平台及其带来的影响的?

古茗搭建采购数字化管理平台的做法：①结合微信点餐数据，制定销售计划；②数据监测，小程序点餐助力达成销售计划，通过人工推荐和小程序推荐的方式来营销；③结合微信点餐数据，优化销售计划；④自建物流体系，古茗已在全国建立了十六大仓储基地，分布在华东、华中、华南、华西地区。

影响：①实现流程一体化协作。数字化采购可以覆盖整个采购过程，从源头到结算整个流程都不需要去操心，因为整个工作流程可以真正实现流程一体化协作的优势，古茗和供应商之间的沟通和交流协作过程会变得更为顺利。②采购工作更自动化。数字化采购对于古茗发展确实具有积极影响和重要作用，因为平台化可以让采购流程达到透明化、标准化优势，尤其是能形成良好的生态协同效应，采购工作自动化、智能化，可以避免在工作中造成不必要的麻烦。③可预测追溯。采购管理系统将会完善历史支出知识库，将供应商信息、价格、成本实现可预测性。

2. 通过案例分析古茗的私域玩法有什么可以改进的。

建议：①社群运营不够精细化，每日推送的信息活跃度非常低，社群负责人可以每日准备不同的活动，上午10：00推送每日打卡，下午推送下午茶的信息等，增加趣味性和互动性；②引流路径较为单一，目前只发现在公众号菜单栏上有入群的路径，小程序上没有看到，古茗可以适当拓宽私域社群流量入口，如从抖音后台私信、小程序、个人号、朋友圈、公众号、欢迎语、软文推送的每一篇，以及线下实体店在进店、点餐、用餐各个环节，都可以布局私域入口；③裂变这个部分，非常薄弱，几乎没有看到社群可以通过活动完成群裂变，合理利用社群私域空间如邀请新人入群有奖、发起拼单活动、分享邀请获取优惠券、满减等都可以实现裂变，沉淀私域用户，并且提高用户的活跃度。

3. 古茗运用了哪些数字化营销的新渠道，产生了什么作用?

古茗运用了社会化媒体营销，在小红书抛出话题，引出网友们层出不穷的“隐藏喝法”，激起用户的兴趣，在小红书上搜“奶茶的隐藏喝法”，话题下有8万+笔记。

作用：增强了古茗的品牌知名度；吸引更多的访问者访问古茗的社交媒体

主页；改进了古茗的SEO和搜索引擎排名；通过社会媒体营销更好地将潜在客户转化为付费客户；更好地将品牌权威和忠诚度结合在一起。

古茗还运用了内容营销。通过“测试类小游戏+走心视频+小红书预售”，引发众多情侣、朋友参与问答，测试默契度，最后生成海报，晒到朋友圈。这套玩法，戳中了很多爱玩短视频的年轻消费者的心，很多人也在网络平台上安利这个甜蜜玩法。

作用：吸引消费者眼球；吸引在线访客；生成潜在客户；将潜在客户转化为付费客户；提高品牌知名度。

4. 古茗通过整合营销想传递什么样的企业价值？

古茗通过整合营销想传递的企业价值主要表现在以下几个方面：①强调品牌的专业性。古茗以专业、优质的茶叶产品为基础，通过多种宣传手段展现出品牌的专业性和高品质。②关注客户需求。古茗致力于为客户提供优质的茶叶产品和服务，在整合营销中，古茗通过多种渠道收集和反馈客户需求，更好地满足客户的要求，体现对客户的关注。③强调品牌信仰。古茗的企业文化以“爱茶生活”为核心，让人们重新发现“品茶”的深刻意义。通过整合营销，古茗强调品牌信仰，强化对“品茶生活”的追求，传递出品牌信仰对公司价值的贯彻。④提倡健康的生活方式。茶叶是一种健康的饮品，古茗通过整合营销强化对“健康生活方式”的倡导，鼓励人们在繁忙的生活中，通过品茶的方式享受健康生活。

5. 请结合整合营销理论，谈谈古茗在茶饮市场中面临的机遇与挑战。

整合营销是对各种营销工具和手段的系统化结合，根据环境进行即时性的动态修正，使交换双方在交互中实现价值增值的营销理念与方法。整合营销也就是把各个独立的营销综合成一个整体，以产生协同效应。这些独立的营销工作包括广告、直接营销、销售促进、人员推销、包装、事件赞助和客户服务等。

机遇：当前中国正处于消费升级的重要节点，茶叶的消费群体也逐渐趋向年轻化，茶饮行业发展潜力巨大，互联网、大数据为古茗提供了发展机遇，依托这些高新技术，古茗可以更近距离地靠近Z世代，从而把握潮流，迅速在年轻消费群体中获得认可，持续推动古茗品牌时尚化、年轻化。

挑战：2022年5月20日，古茗茶饮在直播间发优惠券，许多用户却遭遇了系统自动退单的情况，当时古茗就被骂上热搜。另外，古茗茶饮还曾多次因为食品安全问题被行政处罚，古茗面临的挑战是对门店的品质管控，由于门店数量较多，员工的技能培训和管理是古茗面临的第一个挑战。为了保证原材料的新鲜程度，古茗的门店多是在供应链范围内，这导致古茗的门店范围受到局限，寻找更多不同地方的优质供应商是古茗的第二个挑战。

参考文献

[1]上海甄云科技．新式茶饮引导者古茗签约甄云科技 打造奶茶领域采购数字化企业标杆[EB/OL].[2021-04-06]. https：//zhuanlan. zhihu. com/p/362593215.

[2]搜狐网．古茗的下一个战略目标：用数据中台管理 2800 家店[EB/OL].[2019-11-26]. https：//www. sohu. com/a/356528221_350514.

[3]投影时代网．AOC 为古茗茶饮全国多家门店提供智慧显示解决方案[EB/OL].[2022-03-18]. http：//www. pjtime. com/2022/3/282943105241. shtml.

[4]中华网．从人气爆款，看古茗茶饮如何打通供应链的“任督二脉”![EB/OL].[2022-02-10]. https：//hea. china. com/article/20220210/022022_1004521. html.

第十章

数字化服务与服务营销管理

第一节　世纪联华

公司简介

杭州联华华商集团有限公司是浙江省最大的零售连锁公司，由联华超市股份有限公司控股，是一家覆盖浙江省所有区域的大型超市连锁企业。经过多年发展，现已形成大型超市、综合超市、标准化超市，拥有“世纪联华”“联华”“City Life”“联华购物网络”等大型超市品牌。

公司的前身是1950年成立的国营杭州市百货公司。1997年，主营业务由传统批发转型为零售超市。通过多年的不懈努力，逐步建立起了“环境明朗、服务贴心、货品丰富、价格实惠、信誉可靠”的良好形象，得到了杭州市乃至浙江省广大消费者的认同与青睐。

公司将其商业模式定位于大中型综合超市，本着“以顾客第一，唯一的第一”的原则，不断推出符合不同消费人群需求的产品与服务，逐渐建立起了知名度。公司面临着国际市场竞争的新形势，在内部加强了科学管理，在外部加强了自身的发展，发挥了品牌、人才、技术等方面的优势，加强了公司的管理，提升了公司的整体实力和竞争力。2004年，公司下属各“家友超市”门店全部变更为“联华超市”“世纪联华”。世纪联华将一如既往地以客户为中心，积极地为客户提供方便，为客户创造更多的价值，为杭州和浙江的经济发展做出新的贡献。

案例梗概

随着“新基建”、新技术不断涌现，数字化转型成了大多数企业的迫切需求。其中，服务数字化转型对于连锁零售行业更是当务之急。场景式营销、新零售模式都是助力转型的工具之一，拥抱互联网，让传统商超走向新零售，以及超市应用场景化是世纪联华转型升级的第一步。本案例分析了行业的发展历程与当前态势；探讨了世纪联华零售服务场景化的特点，包括打造主题场馆一站式体验、灵活选品模块化运营、线上线下运营相结合等多方面的独创优势；描述了世纪联华导购服务数字化成果——投入使用智能购物车；提及了世纪联华服务管理数字化，包括开发二维码溯源系统，与阿里巴巴云合作打造智慧商超，自行研发打造信息化物流中心等。最后，基于世纪联华已有的数字化转型成果，道出其未来应从商品呈现、消费体验、支付方式、物流配送、售后服务等方面进一步优化消费者体验的服务营销新方向。

关键词：世纪联华；服务场景化；服务数字化；数字化管理

一、行业发展情况

零售行业在新冠疫情的影响下，已经变成了重要的产业之一，超市、便利店、无人售货机都在切换模式，从线下模式变成线上模式，更方便消费者下单，同时也可避免近距离接触。根据零售行业分析数据，2015 年我国全社会商品零售总额为 26.9 亿元，到 2021 年约为 39.2 亿元。5 年复合增速为 7.82%。其中网上零售额占比从 2015 年的 10.8%上升到 2021 年的 24.9%。

在数字经济快速发展的时代，零售业融合了线上线下、虚拟数字的特点，推动了传统实体的革新。数字化转型不仅顺应发展潮流，还能够促进企业经济发展。在“线上+线下”的新零售商业模式下，零售业开始智能化和数字化转型升级，并进入了加速发展阶段。然而，数字化转型并非一帆风顺，可能存在各种不确定性因素，导致很多企业还在观望。

世纪联华作为浙江新零售转型的引领者，也在不断迭代升级。积极打造自有品牌，与优秀供应商战略合作，通过数字化提升产出效率，共同营造新消费的生活氛围，引领需求成为解决方案，世纪联华俨然已“换挡”驶入转型快车道。

二、零售服务场景化——世纪联华鲸选

世纪联华鲸选未来店是杭州联华华商集团有限公司依据新的服务营销理念开设的场景式服务体验店，首店于 2017 年 8 月在杭州西湖文化广场开业。

与传统超市相比，世纪联华鲸选未来店将店面体验从“一站式购物需求”提升为“全链路消费”，打造出了一个涵盖购物、家庭、娱乐、社交、文化等多个领域的全零售消费场景匹配服务。重新组织了种类与品牌，把几十个种类的专柜组成了一个“精品馆”，并把它们放在了大型商场里。同时，以店铺为基础，实现了方圆三千米内的线上订单一小时送达。

该店的定位为面向年轻人的一站式消费综合业态，将智能新科技、全球新鲜美食、潮人娱乐和精品家居等板块以精品馆的形式布局，打造一个融美食娱乐、次世代购物于一体、线下体验线上服务的体验式新零售实体店。

(一) 多种主题场馆一站式体验

该店彻底打破了消费者对卖场的固有印象，增加了大量的互动体验式内容。相比传统超市的仓库式布局，鲸选未来店集聚了潮流商品、家庭会客、聚餐娱乐、新品发布等一站式体验，让逛超市不再拘泥于层层货架。同时，该店还引入了星巴克、宏图 Brookstone、网易严选等品牌，整合到整个业态中与多样屋(世纪联华自有的优品生活馆)构建了居家生活空间。

此外，鲸选未来店还融入了大量的科技和娱乐元素。电梯通道里的裸眼 3D 环绕的卡通巨幕、贯穿全店的 H5 盒子美术馆、与图片社交软件合作推出的自动 AR 照片打印机、智能炒菜机、自助收银机等，同时还配有迷你 KTV、自助充电宝、网红直播区、迷你酒吧、沙拉吧等互动娱乐空间，给予顾客更强的场景式体验感受。

(二) 灵活选品模块化运营

鲸选按照家居用品、乳制品、休闲食品、美妆、母婴、生鲜等品类，将卖场划分为一块块独立区域，类似于品类专业店，如卖居家生活杂件的“优品生活”、卖母婴用品的“妙喵城”、卖糖果的“Sweet Word”、卖美妆的“姿研舍”等。餐饮区域也是根据日料、海鲜、牛排等细分品类设置不同的美食体验区。

不同于传统超市的选品模式，世纪联华鲸选淘汰了过往大卖场滞销的商品，引入年轻客群喜欢的潮流品牌、网红品牌。例如，其美妆精品馆所售品牌选自天猫销量排名前十、海淘热门的品牌，零嘴工坊从糖果、薯片到饼干均以进口产品为主。虽然这些品牌是否会符合鲸选消费群体的需求受到多方面因素的影响，但其将根据自身定位、线上线下数据、市场调查等动态调整品牌和产品，为顾客提供更加优质的服务。

（三）增大生鲜餐饮比重

在鲸选店生鲜区和配套的餐饮区占到整个门店相当大的比重，不仅引进了多种热门生鲜品类，还提供现场的烹饪和就餐服务，深度满足消费者体验，而海域殿、鲸寿司、澳牛坊等餐饮档口都以餐吧的形态出现。门店在每个餐吧都留有不小的就餐区，可以在高峰期容纳足够多的堂食人数。这一设计并不代表将餐饮项目引入超市，而只是将超市中本来就有的熟食档口、水产档口、猪肉档口等进行了升级。要吸引年轻客群就需要增强门店的社交属性、体验感以及品质感，而餐饮区的功能主要就是帮助顾客加工刚买的生鲜食品，给顾客提供一个社交场景，增强顾客的体验感。

（四）线上线下运营相融合

该店不仅在线下门店做了大量创新，也和线上做了深度融合，整个鲸选未来店都将实现线上线下一体化服务。在世纪联华门口的灯箱上，可以看到鲸选APP 的下载引导，消费者可以使用鲸选 APP 在店内实现购物、叫餐、自助扫码买单，也能在家通过鲸选 APP 叫外卖，当然同样可以在美团、饿了么、京东到家等外卖平台以及通过鲸选微信公众号下单。

为了更好地服务顾客，鲸选未来店选择了由第三方服务商闪电购提供中台服务，而非自己打造后端系统。其“中台”系统主要有三大功能：一是集合APP、有赞、小程序、外卖平台等线上渠道流量；二是搭建线上订单履约系统，提供拣货和配送解决方案；三是打通线上线下的会员和营销系统。中台系统作为线上和线下运营的桥梁，将在后方为商店的运作提供各方面的支持，给顾客带来更优质的服务体验。

（五）提升后端履约效率

为了提高拣货效率，鲸选仓储系统优化为“门店仓+前置仓”的模式。门店仓是指门店即仓储，线上订单可直接在卖场中完成拣货；前置仓是指将动销率高的“爆款”统一陈列在门店内的配送中心。此外，鲸选店内还设有多个看起来像是个小货架的“鲸选暂存点”，用于放置非高频线上订单货品以及第三方外送平台订单货品的预存和集合。鲸选未来店采用多人多单的配货模式，可以做到在 10 分钟内完成拣货，随后交由饿了么、美团等第三方物流配送团队，基本可以实现 70%的订单半小时送达。

三、导购服务数字化——智能购物车

在科技快速进步的时代背景下，零售行业不断演进，行业竞争仍在加剧。尤其是在电商巨头和社区团购的猛烈进攻之下，商超大卖场面临着严峻的生存危机。加快数字化转型，实现线上线下不断融合，已成为实体零售化危图存的一剂良药。

世纪联华正以全新的模式重塑传统零售场景，通过加速发展新零售网络生态圈、会员流量运营、直播销售等营销新模式，力求带给消费者更直观、更生动的购物体验，引领消费增长。2020 年，世纪联华着力推进数字化门店系统建设及落地，加速数字化门店系统的迭代，建设“有层次、可发展”的门店数字化体系。

世纪联华重塑联华会员体系，构筑会员生态圈，构建联华流量运营生态圈，以门店、小程序为主要运营阵地，通过自媒体运营和支付营销运营，开发更多生态流量入口，实现流量转化。同时，世纪联华将进一步推广数字化门店，以线上线下消费者体验提升为导向，支持微观层面业务操作的数字化门店系统，打通线上线下数据，实现业务数据的全程可视化和实时性。

2021 年 6 月 12 日，世纪联华首家颠覆式数字化大卖场在杭州富阳万达广场开业。该店营业面积约 5000 平方米，经营的商品超过 13000 个 SKU，集合了世纪联华所有数字化成果，实现了可触碰、可视化、可交互等多种黑科技。此外，最重要的是，店内每辆购物车上都设有智慧屏、重量感知、图像识别等多种传感器，依靠蓝牙实现网络互联。该智能购物车可以实现智能导航、智能导购、自助结算、人脸识别、精准推送优惠券等多项数字化购物体验。

(一)智能导航

智能购物车内置室内导航地图，点击屏幕搜索商品，车辆自动规划场内路径，智慧导航至相应货架。通过卖场内的众多蓝牙定位点，智能购物车的室内定位可精确到 1 米，实现精准触达，为消费者节省购物时间。

（二）智能导购

消费者在购物过程中可以实现一物一扫码，将购物流程“分散”化。同时，智能购物车通过扫码器、重力传感器、图像识别及行为捕捉技术，全程自动精准添加商品。智能购物车可以实现 1 秒商品识别，6 秒快速结算，鉴别准确率高达 99. 9%。消费者可以随时随地自助结算，到了收银专用通道，闸口自动感应到已支付，无需排队。

（三）自助结算

购物车搭载结算系统，智能识别商品，顾客购买后无需经过收银台，直接过闸机付款即可完成购物。简单做个计算，传统收银机每单结算时长 3 分钟，12 人排队，最后一位需等待 36 分钟；智能购物车购买，12 人排队，经 1 台闸机全部通过，仅需 1 分钟就摆脱购物十分钟排队半小时的窘境。支付环节中，消费者可以通过联华鲸选、支付宝、微信以及联华卡四种方式解锁用车和结算。

在消费者登录会员解锁之后，智能购物车上可以根据消费者购物记录以及个人喜好推荐相应的商品、广告或者促销券，而且当消费者推着购物车走到有促销商品的相关区域时，购物车也会自动弹出“逛走优惠券”。

除了智能购物车，世纪联华富阳万达店还打造了包括电子价签、扫码购、扫码卖、自助收银等一系列数字化体验。此外，世纪联华还在该门店投入了可视化管理空间，通过对消费者购买行为的收集和分析，规划门店内货架的位置、密度，商品的摆放位置等，从而有效地促进消费。

（四）总结

对于大卖场而言，智能购物车可以实现降本增效、精准营销、防盗防损以及数据收集等众多数字化功能。智能购物车大大提升了卖场的收银效率，降低了人工收银成本。同时，智能闸机系统可以实现 AI 云防损，对于漏扫、夹带和替换商品进行提示且不能正常通过闸机。

智能购物车项目依托于联华云交易、云支付、云会员、云营销四大中台，对接购物车上的智能终端。智能购物车不仅是一台购物车，还是可移动的精准营销利器。它可以根据用户画像、行为偏好以及商品品类管理和促销效果分析，助力大卖场优化产品结构并提高利润，帮助大卖场通过大数据进行科学决策和精准营销。

四、服务管理数字化

由于用户购买习惯、企业需求的变化，以及 IT 新技术应用的普及，服务数字化转型成了世纪联华转型升级发展的前进方向。

因此，杭州拉普拉斯数据科技有限公司应运而生。该公司是杭州联华华商集团有限公司的全资下属子公司，以“统一、实时、在线”为目标，根据集团公司的战略目标导入前沿科技，增强云服务应用，提供移动化、智能化和物联网化管理支持。拉普拉斯中台引擎主要有商品能力、营销能力、会员能力、支付能力、交易能力和物流能力六大板块，科技感满满。

（一）联华认证体系：二维码溯源

除增强顾客“推车购物”的消费体验外，世纪联华也不忘对商品本身质量的把控。世纪联华对食品安全进行了解读，为了防止顾客买到过期商品，开发了二维码追溯系统为顾客提供食品安全保证。

“源头可溯、全程可控、风险可防、责任可究”是该追溯系统的研发理念。顾客可使用手机进行二维码扫描得到该商品的批次信息与追溯情况。保质期拦截技术，顾客拿取正常商品付钱时完全正常，拿取过期商品时会出现过期提示，拦截过期商品，保证食品安全。同时专区内商品实现二维码追溯的全覆盖，方便顾客通过扫描商品二维码获取产品产地、农事活动记录、检测情况等相关信息。

世纪联华还与相关科技公司合作，开发物流可视化项目，做到商品在途温度实时监控，温度异常报警，历史温度轨迹可溯、可查、可纠。同时世纪联华认证系统还协助中小企业完成工厂、基地、仓库审核方案，质量规划，流程设计，质量标准审核，咨询，可行性方案测试等。

（二）阿里云技术：实现智慧商超

作为浙江省内销售规模最大的连锁企业，随着超市门店客流量越来越多，线下系统升降配不灵活、成本偏高等问题凸显，原有系统已经无法满足门店的日常需求。线下数据库人力维护成本高、性能差，也一定程度上影响了门店的正常营业，整体可用性亟待提升。此外，会员等相关系统是结账的核心系统和路径，对服务可用性和性能也提出了更高的要求。

针对世纪联华面临的这些挑战，阿里云量体裁衣，提供了针对性的解决方案。通过 SLB 提供高可用架构，RDS 提供高性能、高稳定性的数据库，再配合 ECS 的弹性扩容，顺利帮助世纪联华解决了超市门店系统压力大的问题，同时提升了业务系统的整体可用性，满足了会员等核心系统对性能的更高要求，并为超市门店的业务提供了更高级别的支撑。

2018 年 1 月，阿里云在杭州与杭州联华华商集团有限公司签署了战略合作协议。杭州联华华商集团有限公司基于阿里云在云计算、人工智能、物联网等方面的技术优势，建立“厚平台、薄应用”的技术支撑体系及数据化运营的体系，实现系统上云，构建数据、业务中台。引入阿里火眼(AR 技术)后，消费者在购买商品的时候可以通过 AR 更深入地了解商品，追溯商品源头并放心购买；引入人工智能等技术，通过顾客自主入会进行自助结算，解决了传统商超持续存在的排队问题，提高了供零双方的协同效率，为供应商更加主动参与到世纪联华的日常经营提供了更好的软硬件基础。

目前，首个采用阿里云技术的联华智慧超市，已在“联华生活鲜”西溪诚品门店落脚。在这里，客户不但能用 AR 技术直观、准确地了解到产品的相关信息，而且还能得到独特的购物优惠券等，只需要用手机轻轻一刷，就能自己完成付款，不需要排队。这就意味着，未来的零售行业将会朝着精准营销的方向发展。智慧商超将为消费者带来多样化的购物体验，用户可以自主加入会员，自助结算，从而解决了困扰大家多年的超市排队问题。在此基础上，利用 AR 技术实现了对商品的深度认知，实现了对商品的溯源，缩短了顾客和超市之间的关系。

(三)智慧物流：现代化物流配送中心

杭州联华华商集团有限公司为更好地适应新零售变革，满足公司全业态发展需求，在依托物流中心积极开展企业物流社会化探索，为其他零售企业提供物流外包服务的同时，投资建设了现代化物流配送中心。

该中心占地 10.18 万平方米，位于绍兴市柯桥区杨汛桥镇的浙江联华智慧物流绍兴基地，2014 年初开始筹建，2018 年 12 月 28 日正式投入运营。新后勤中心在建设之初就确立了引进机械化、自动化后勤技术装备的思路，以解决招工难、用工贵的问题。为此，基地致力于将该物流基地打造成集信息化、自动化、智能化为一体的综合型智慧物流基地，使用了包括物流管理系统（LHWMS）、输送分拣系统、垂直提升系统、仓储机器人系统等在内的现代化物流设备。

新物流基地投入使用后，与原有的九堡物流基地、勾庄生鲜智能仓等物流中心形成了综合互补的物流布局，使集团物流配送效率得到了极大的提升。不过，考虑到新物流基地周边道路等基础设施尚未发展完善、原有物流中心地理位置优越具有重要战略意义等因素，世纪联华现阶段采取的是新老物流中心并用的策略。其中，原有物流中心主要负责杭州市区的门店配送，新物流中心则负责市外区域的配送，具体包括世纪联华旗下大卖场及部分标准超市近 90%的物流配送业务、63 家服务门店，全年配送商品种类超过 5 万件。

此外，在通过型物流模式中，供应商首先登录供应商收货赋能平台系统进行门店要货订单查询，按门店和分拨中心的采购单生成拼箱单；货物到达月台后，根据到货通知单的提示，投料货物有包装大小、包装材质和包装重量的要求，不符合上线条件的货物采取人工收货方式，不投料，直接按门店收货到托盘上，然后配送到门店；符合上线条件的货物投放到伸缩式皮带机上，通过输送线直接投放货物，通过扫码的方式进行收货，再由传送线传送至一楼拣货区，自动通过拣货机传送至对应店铺路线。在整个处理过程中，货物不需要码盘入库，供应商直接到单据室打印收货凭据后，就可以完成投箱。

五、结语

在互联网电商日益发达的今天，世纪联华依旧拥有大批忠实的消费者，连续多年位列浙江省销售规模第一。这得益于其长期深耕零售行业，推动实体零售创新转型，通过互联网+技术加速企业数字化门店改造和线上线下融合，在技术应用创新、业种跨界组合、重构场景体验等方面取得了较多创新成果，如鲸选商城、鲸选未来店、无人便利店，都是世纪联华探索新零售行业变革带来的成果。

消费体验是零售行业最大的竞争力，让消费者更喜爱是商超企业的目标。以消费者为中心，更加强调顾客的购物体验、物流的配送效率、购买的便利性，让消费者真正体验到购物的乐趣。围绕消费者需求，企业应不断从商品呈现、消费体验、支付方式、物流配送、售后服务等方面更好地服务顾客。

总而言之，在新零售业态的背景下，传统商超进行数字化转型是一种必然的趋势，也是传统零售企业实现转型升级的必由之路。在转型的过程中，对传统商超来说，实现线上线下一体化发展，最重要的就是对已有的资源进行优化整合。基于这一点，传统的超市企业应该更好地进行内部和外部的信息整合。在线上，既要保证消费者的购买体验，又要保证配送的准时完成，还要保证线上和线下商品的价格和数量信息一致，从而达到信息的高效协同。

案例思考题及分析

1. 结合服务之花的相关知识，谈谈世纪联华鲸选店和富阳万达广场店存在的支持型服务与增强型服务。

美国著名的服务营销学者洛夫洛克提出了服务之花模型，其实质是把核心产品与附加产品的关系比喻为“花蕊”与“花瓣”，以“花瓣”，也就是附加服务，来为核心产品的“花蕊”增加价值。

世纪联华存在的支持型服务和增强型服务如下：

世纪联华鲸选店：支持型服务包括模块化运营使商品在使用场景中呈现，且商品位置信息可视化(信息)；推出鲸选APP，将账单服务与付款服务转移到线上，提高服务效率(开账单、付款)；选择更优的第三方中台服务系统，完成订单的处理与履约(订单处理)。

富阳万达广场店：支持型服务包括智能导航帮助顾客了解商品具体货架位置(信息)；购物车搭建自助结算系统，不拘泥于在收银处完成开账、付款服务，通过系统完成订单(开账单、付款)。增强型服务包括经过有促销商品时自动弹出优惠券，免去咨询导购流程(咨询)；根据消费者的购买习惯推荐相关商品、广告、促销(例外)。

2. 结合服务有形展示的相关知识，简要分析世纪联华鲸选店场景化零售模式在哪些地方体现了服务有形展示?

在所有的情形下，服务的有形展示将会影响体验的传递、顾客的满意度以及他们与商超之间的感情联系。例如，服务场景的设计可以影响消费者的选择、期望、满意度及其他行为。

世纪联华鲸选店，主要通过其店铺实体环境的布局来营造一种时尚感和科技感。该店彻底打破了消费者对卖场的固有印象，增加了大量的互动体验式内容。相比传统超市的仓库式布局，鲸选未来店集聚了潮流商品、家庭会客、聚餐娱乐、新品发布等一站式体验，同时在商场内设置多种高科技机器以及各类互动娱乐区域，增强了顾客的体验感。不同于传统超市的选品模式，世纪联华鲸选店淘汰了过往大卖场滞销的商品，引入年轻客群喜欢的潮流品牌、网红品牌，并按照家居用品、美妆、母婴、生鲜等品类，将卖场划分为一块块独立区域，类似于品类专业店，餐饮区域也是根据日料、海鲜、牛排等细分品类设置不同的美食体验区，采用了一种与众不同的模块化经营模式。

3. 结合服务有形展示的相关理论及联华鲸选的实际情况，试分析其发挥的服务场景作用。

服务场景作为服务有形展示的类型之一，可同时发挥很多作用，了解其各种作用，可以让我们更加清楚服务有形展示的重要性。

第一，包装作用。该店的定位为面向年轻人的一站式消费综合业态，在店面设计布局的细节上，融入了大量当下年轻人喜爱的时尚元素和科技元素，如电梯间的裸眼 3D 体验、直播体验区等。

第二，辅助作用。服务场景也能作为辅助物为身临其境的人们提供帮助。在服务情境中，设计的环境可以帮助或妨碍各种活动的开展，从而使客户和雇员更容易达成或难以达成目的。模块化运营的方式能够帮助顾客在超市游览时，根据不同区域的主题，以及自己所需产品的使用场景，更加快速地找到自己心仪的商品，提高购物的效率和体验感。

第三，区别作用。世纪联华鲸选店在设计时融入了大量的科技和娱乐元素，如裸眼 3D 环绕、H5 盒子美术馆、各类自助机器等，同时还配有包括网红直播区、迷你酒吧等多种互动娱乐空间，在给予顾客更强的场景式体验感受的同时，也体现了面向年轻消费者市场的目标定位。

4. 结合服务蓝图的相关知识，思考数字化智能购物服务取代了哪些前台服务?

服务蓝图是一张图像或一张图，它详细描述了业务过程中的业务系统。在服务流程中，不同的人都能理解和客观地使用，不管他们是什么身份或者看法。它是由四大行为、三条分界线组成的。四大行为分别是顾客行为、前台工作人员行为、后台工作人员行为，以及后端工作人员行为和支持过程，三条分界线分别为互动分界线、可视分界线和内部互动线。

传统商超服务蓝图(见图 10-1)：传统商超在顾客购物的整个流程中多处体现了顾客与超市员工之间的互动。顾客进入超市后会在超市工作人员的指引下获得购物推车，开启购物之旅。由于超市区域较大，顾客很难依靠仅有的指示牌找到自己心仪产品的所在位置，进而向工作人员寻求帮助。在顾客挑选商品进行比较的过程中，负责该区域的超市工作人员将根据产品的特点向顾客推销合适的商品，促成消费者完成对该类商品的选择，加入购物车。

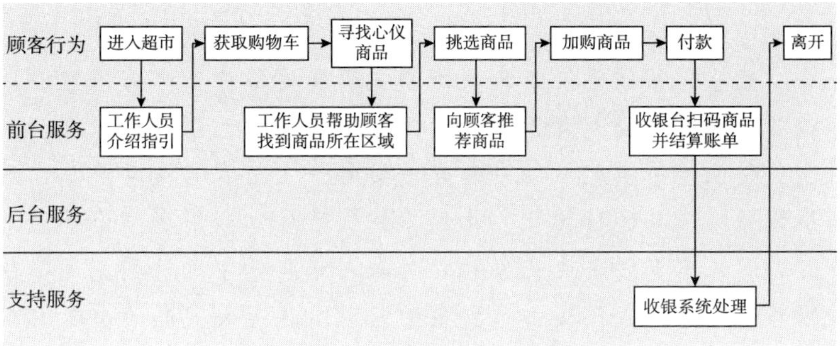

图 10-1　传统商超服务蓝图

智能购物车服务蓝图(见图 10-2)：顾客进入超市时入口处直接获得智能购物车，开始购物。为了能够找到自己所需要的商品，顾客不再像以前那样求助工作人员，而是在购物车屏幕搜索栏中输入商品的品类，购物车搭载的智能导航功能将会根据系统数据计算出顾客当前所在位置到商品所在货架的最佳路线。当顾客完成对商品的选择后，将商品放入购物车，智能购物车通过扫码器、重力传感器、图像识别及行为捕捉技术，系统在后台生成订单，并自动精准添加商品。

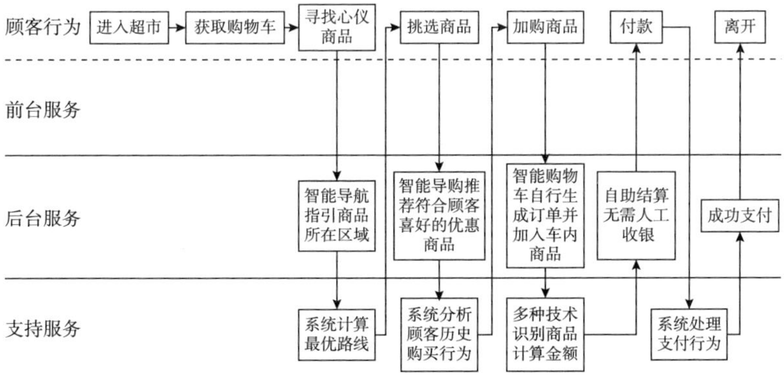

图 10-2　智能购物车服务蓝图

通过两张蓝图服务流程的对比，我们不难发现，智能购物车的出现，几乎替代了传统超市中工作人员绝大部分的前台交流职责，而是依靠智能系统完成了一系列服务。

5. 世纪联华在数字化服务与数字化管理升级上实现了巨大的转变，请思考其转型经历的可借鉴之处。

现如今，数字化营销已经成为全球经济的发展趋势。在全球经济从工业经济向数字经济加速过渡的大背景下，企业数字化转型已经成为时代共识，通过数字化转型，企业能够实现与用户的直接接触，从而能够及时获取到用户的一些建议与反馈并对产品进行优化。此外，企业还可以利用数字化手段来分析用户的需求，并以此来调整企业业务的方向与内容。数字化转型完成了业务的在线化，使很多工作可以直接交由机器自动完成，这大大提高了员工的工作效率与机器的使用率。同时，数字化也是疫情之下企业逆势增长化危为机的重要力量。世纪联华引入的智能购物车系统，大大节约了顾客寻找商品和排队等候时间，提高了服务品质和服务效率；开发了二维码溯源系统，通过手机扫码即可追溯商品的批次信息，保证顾客不会购买到过期商品，方便其内部管理，也增强其服务保障；建造现代智慧物流系统，配备大量现代化设备和智能系统，节省了大量人力并提高了装载、分拣效率，为其门店服务运营提供了后备保障。

参考文献

[1]马焱，钱冰冰．这些“秘密武器”杭州世纪联华已经有了[N]．钱江晚报，2019-10-19.

[2]汪佳．我国零售业连锁经营的发展现状与对策研究[J]．今日财富，2021(9)：19-21.

[3]杜梦丹，郭宝磊．我国零售业现状及未来发展趋势[J]．北京经济管理职业学院学报，2018，33(2)：11-16.

[4]房金亮．新零售业态下传统商超数字化转型分析[J]．商展经济，2022(19)：17-19.

[5]中国青年网．世纪联华：商超龙头的华丽转身[EB/OL].[2018-09-19]. https：//finance. youth. cn/finance_ztch/yq/ywtp/201809/t20180919_11732841. htm.

[6]搜狐网．联华打造现代化物流配送中心[EB/OL].[2019-07-26]. https：//www. sohu. com/a/329354561_610732.

第二节 浙商银行

公司简介

浙商银行股份有限公司(以下简称浙商银行)是十二家全国性股份制商业银行之一，于2004年8月18日正式开业，总部设在浙江杭州，系全国第13家“A+H”上市银行。开业以来，浙商银行立足浙江，面向全国，稳健发展，已成为一家基础扎实、效益优良、风控完善的优质商业银行。

浙商银行以“一流的商业银行”愿景为统领，坚持“夯基础、调结构、控风险、创效益”十二字经营方针，以数字化改革为主线，以“深耕浙江”为首要战略，大零售、大公司、大投行、大资管、大跨境五大业务板块协同发展，财富管理全新启航，聚焦“化风险、扩营收、稳股价、引战投”四大战役，高扬正气、夯实基础、重塑形象，坚持稳字当头，发扬四干精神，全面构建“五字”政治生态，全面提升综合金融服务能力，全面构建风控和大监督体系，全面开启高质量发展新征程。

浙商银行已在全国22个省(自治区、直辖市)及香港特别行政区设立了323家分支机构，实现了对浙江大本营、长三角、粤港澳大湾区、环渤海及海西地区和部分中西部地区的有效覆盖。在英国《银行家》杂志“2022年全球银行1000强”榜单中，浙商银行按一级资本计列79位，较2021年跃升20位。中诚信国际给予浙商银行金融机构评级中最高等级AAA主体信用评级。

案例梗概

近年来，随着数字化技术的深入快速发展和应用，越来越多的商业银行开启数字化转型之门，新兴金融科技逐渐应用到客户服务、风险管理等银行核心业务之中。在大力发展数字经济的大背景下，浙商银行进一步加强大本营建设，主动作为、有所作为，促进数字技术与实体经济深度融合，赋能传统产业转型升级，催生新产业、新业态、新模式，全力支持高质量发展，建设共同富裕示范区。本案例介绍近年来浙商银行的一系列数字金融“硬核”成果，分析其“产业链供应链服务、流动性服务、财富管理服务”三大差异化竞争优势。浙商银行在数字化经营措施以及服务营销不断创新的同时扎根浙江省大本营建设，不断深入构建互联互通金融服务生态、稳步推进数字化转型，为行业内其他企业加快数字化转型、提高动态核心能力和维持竞争优势提供了管理启示。

关键词：浙商银行；区块链；物联网；数字化服务

一、银行的发展现状

中国报告大厅网讯，商业银行营收市场2022年占主营业务收入的55%，当下，我国商业银行正在开始混业经营发展趋势。随着地方经济的蓬勃发展，近年来城市商业银行发展迅速，对社会经济的发展起到重大作用。

基于互联网的新型金融模式持续运行，传统的商业银行将面临较大挑战，但同时也为其带来了转型发展的机遇。为迎合我国社会经济的发展和人们思想素质的提升，商业银行越来越重视自身的社会责任，更加重视社会效益。此外，我国的网上银行业务由于既方便快捷，能满足客户的多种需求，又有利于银行降低成本，节约人力、物力、财力的投入，一经出现，便飞速地发展起来。

同时，目前国内银行市场正在进行改革，为应对此现状，2022年众多商业银行陆续向大零售业务转型，因为国际投资项目的融资需求，商业银行根据不同城市发挥其地域特色，开展针对边境邻国的跨境投资业务。同时，大数据、人工智能、云计算、区块链等金融技术创新不断改变着我国商业银行的经营模式。

二、数字化服务

浙商银行充分利用平台信息共享、普惠金融和抵押登记线上化等功能模块，不断优化自身产品和服务，推动业务创新发展，让“数据多跑路、群众少跑腿”，加快提升服务数字经济发展的能力和水平。为了解决民营企业、中小微企业“融资慢、融资繁”问题，浙商银行强化数据赋能，以“大数据”挖掘“小信用”、以“数据跑”替代“客户跑”，驱动普惠金融快速迈进数字化、线上化、移动化，不断丰富“大数据+线上化”普惠金融服务，践行金融服务便民利企。

三、完善数字化服务体系

2022 年 6 月 29 日，浙商银行正式发布了围绕业务模式、管理体系、风控体系、服务生态“四个重塑”，构建的数字化改革“185N”改革体系构架。

“1”是“浙银数智大脑”，是数智底座，综合集成算力、数据、算法、模型、业务智能模块等资源，打造形成技术引领业务、业务积累数据、数据反哺大脑、大脑迭代升级的良性循环中枢。“8”是指八大数智系统，以“小切口”，谋划“大场景”，汇集形成的八大数智系统，是业务的未来形态。“5”是指五大客群，包括个人客户、企业客户、政府客户、同业客户、员工及家属五大客群。“N”是指 N 项，如金服宝・小微、供应链金融、大数据营销、罗盘等重大应用，把浙商银行的特色服务嵌入各个应用场景和生态，是数字化改革的最大牵引。

在“185N”体系构架下，浙商银行将以客户为中心、以应用场景为导向，开发 129 项应用“一本账”，提炼形成标志性成果，迭代升级为政府、企业、公众输送看得见、摸得着、真实可感的数智金融特色服务。

四、数字化服务平台搭建

2021 年 12 月 29 日，中国人民银行印发《金融科技发展规划(2022—2025年)》，提出健全金融科技治理体系、充分释放数据要素潜能、打造新型数字基础设施等重点任务。浙商银行响应规划，综合运用“大数据+知识图谱+多方安全计算”等金融科技，利用现有的区块链、物联网基础设施，致力打造行业级数智闭环风控平台。聚焦“风险实时预警”小切口，谋划“金融风险处置闭环”的大场景，全面对接国家市场监督管理总局等多方数据，探索构建跨层级、跨部门、跨业务协同的金融风险防控处置智治机制，实现贷前准入、贷中审批、贷后管理的风险防控和预警全流程闭环管理。

目前已广泛引入外部相关数据与模型，领先搭建知识图谱平台，填补关联关系管理、贷后管理、预警管理、财务分析、客户画像、移动应用平台等系统支持能力的空白，实现金融风险管理和预警的数据化、移动化。同时也引入来自国家市场监督管理总局、最高人民法院、中国人民银行等多渠道数据，涵盖征信、工商、司法、税务等 62 项数据产品或服务，积累形成 1700 余张数据表，加工形成 200 余张整合表，通过结合客户黑灰名单、授信负面客户清单、信贷不良记录等行内数据，建设黑名单、客户画像等重点项目，实现数据二次利用。

（一）技术研发

浙商银行在搭建平台时，主要从以下七个方面入手：①大数据风控平台基于分布式微服务架构设计，支持平台弹性扩展，具备系统和风控体系对外输出的能力。②通过搭建大数据建模平台与新决策引擎，满足平台模型开发管理和实时高效的在线决策需求。③利用流计算引擎技术，解决大数据吞吐的实时性问题；利用自然语言处理技术，解决外部数据的大量重复问题；利用光学符号识别技术，解决图像数据等非结构化数据导入问题。④通过知识图谱、深度学习等人工智能技术，建立“人工+智能”“实时+批量”的风险防控和预警体系。⑤通过搭建物联网基础技术平台，监管产品从生产源头到供应商、物流、销售等供应链的每一环节，实现对企业经营状况持续监控，加强贷中、贷后风控能力。⑥运用区块链技术将授信客观数据、物联网数据等上链储存，保证不可篡改；融合多方安全计算、联邦学习，探索形成数据安全合规共享模式与机制，促进机构间信息共享，降低银行风险。⑦在风控模型建设方面，以分布式数据平台 HAWQ、图数据库 Neo4j、流计算引擎 Flink、大数据建模平台为技术支撑，构筑高可用性、强可扩展性的运行环境。

（二）经济效益

平台上线近千条预警规则，支持千万级风控请求量，通过将大量线下人工操作转化为线上自动流程，实现银行内部“降本增效”。社会效益方面，依托“互联网+大数据+云计算”技术，解决企业融资难问题，聚焦服务优质企业；在客户准入环节响应用时达毫秒级，贷款额度审批环节响应用时在 30 秒内，有助于提升贷款审批效率，解决企业融资慢问题。

浙商银行依托大数据和智能风控模型，加快小微金融服务数字化场景建设，在业内率先推出“点易贷”“智造贷”“政采贷”“数智贷”等系列数字化金融产品，迭代升级链式金融服务流程，实现 7×24 小时全天候线上自助融资服务，向小微企业提供“省心、省时、省钱”的信贷服务体验。截至 2022 年 4 月末，浙商银行线上小微业务余额超 1000 亿元，小微贷款在线申请使用率超 79%，线上提款占比超 95%。融合大数据、知识图谱等金融科技，浙商银行建立全流程风险防控和预警体系，覆盖大对公、大零售板块下属公司、小企业、零售、信用卡等业务经营条线，并为风管、评审、保全等风险条线提供大数据服务支撑，信贷逾期率较同期降低 20%以上。

五、探索数字化服务场景

浙商银行紧密围绕政府数字化改革重大部署，利用金融科技重塑业务经营，以高质量发展助力共同富裕示范区建设，以开放共享的技术服务和场景应用主动对接浙江省一体化智能化公共数据平台等政府平台及数字工程，大力支持“未来工厂”“未来社区”建设，积极融入浙江省数字化改革的系列场景应用，探索多跨场景金融服务。

（一）跨场景产业链供应链，发挥各领域优势资源

浙商银行通过系统独立部署、SaaS 服务、系统托管等标准化+定制化模式，广泛服务于电力、金属加工、机械工业、畜牧等多跨场景的产业链供应链领域，融资余额超 1900 亿元，盘活企业应收账款超 5000 亿元，已沉淀 20 余个行业的供应链金融解决方案，为近 20%的 A 股上市公司、40%的中国 500 强企业提供综合金融服务。

浙商银行以浙油中心为重点服务对象，为浙油中心打造独立自主的区块链仓储系统，对接存管通等金融服务，提升本外币支付便利化等数字化能力，全力落实支持长三角一体化油气交易市场建设工作。此外，浙商银行与国家电网合作，运用区块链联盟链技术打造网融链平台，发挥各自领域的优势资源，赋能电力行业上游数以万计的中小企业供应商，为企业提供高效、便捷、低成本的供应链金融、资产管理、应收账款管理等专业化综合金融服务。

供应链金融综合服务应用赋能产业链上下游中小微企业，持续放大浙商银行在产业链供应链高质量发展、金融供给侧结构性改革等方面的推动作用，成为助推产业数字化转型的关键环节。浙商银行已在节能与新能源、智能制造、现代农牧等 28 个行业形成差异化解决方案，在全国累计投放 1834 亿元，融资余额 727 亿元，其中小微企业占比 81%。

（二）精准支农，提高乡村金融资源服务利用

实施乡村振兴战略，是党的十九大作出的重大决策部署，是决胜全面建成小康社会、全面建设社会主义现代化国家的重大历史任务，是新时代“三

农”工作的总抓手。为深入贯彻落实《中共中央、国务院关于支持浙江高质量发展建设共同富裕示范区的意见》，解决小微企业融资短板，浙商银行推出了“共同富裕贷”系列产品，精准服务浙江共同富裕示范区内从事农林牧渔业、服务业、制造业等实体经济的个体工商户、企业法定代表人、微型企业、农户、新型农业经营主体等经营者；涵盖从山区到小岛，从菜篮子到米篮子的跨越。

近年来，浙商银行杭州分行坚持金融为民，聚焦技术工人、科研人员、中小企业主和个体工商户、高校毕业生、高素质农民、新就业形态从业人员、进城农民工共七类重点人群，搭建线上线下、城里城外一体化的金融保障支撑体系，综合运用共富贷、人才支持贷、政采贷、国担担保贷等特色产品，精准滴灌服务。大数据惠农模式是该行在金融科技赋能乡村振兴领域的全新探索。2022 年 8 月，依托“农业大数据+金融”，浙商银行杭州分行协同浙江农资集团有限公司、浙江省农业融资担保有限公司，三方共同打造共富金融平台——浙农“分销通”。在该平台，浙江农资集团有限公司的下游农资经销商、合作社、农户可以线上申请，无须提供资产抵押，最快 20 分钟完成贷款办理。

六、数字化更新数据服务

在数据方面，浙商银行目前已经积累了很多数据，一方面促进内外部数据整合，不断积累和整合内外部数据，与政府、金融科技公司等外部机构合作，引入工商、司法、海关等外部数据，积极与浙江省大数据发展管理局、浙江省金融综合服务平台等对接，经过几年的建设，浙商银行已经累积 PB 级数据、超万张数据表。另一方面持续深化数据应用，浙商银行建立了一套覆盖全客户、涵盖全过程的风控预警及决策模型，实现了风险侦测、识别、处理、记录和共享的全方位、立体式监测，满足对公、零售、同业等差异化、智能化的风险识别和管控。

基于各业务条线的沟通结果，现阶段浙商银行创新性地建立了覆盖客户全生命周期的营销模型体系。模型体系基于新客获取期、客户形成期、客户稳定期、客户衰退期、客户流失期五大全生命周期，对不同阶段、不同营销条线的核心诉求进行针对性的平台及模型开发，基于营销平台完成营销模型框架的搭建，形成了零售营销模型体系、对公营销模型体系和小微企业营销模型体系。

平台在后续实际营销场景中快速进行定制化开发，满足营销人员及时获取营销商机的需求。

七、数字化新建管理服务

浙商银行坚持“整体智治、高效协同”理念，数字管理决策、数字营销运营、数字风险管控“三驾马车”并驾齐驱，建立敏捷高效型组织，重塑业务管控流程，构建与业务创新数字化相适应的内部管理智治体系。

浙商银行基于现有的信用风险管理平台实践成果，充分利用现有的区块链、物联网基础设施，综合运用“大数据+知识图谱+多方安全计算”等金融科技，运用区块链等前沿技术，浙商银行深耕产业链供应链金融服务领域，依托核心企业产业链生产经营活动，聚焦中小企业融资难、融资贵等痛点，迭代升级供应链金融服务平台，创新采购、仓储、租赁、销售、分期还款、存量资产盘活等多跨场景应用，助力“固链、强链”。

八、数字化创新产品服务

（一）创立“应收款链平台”，提高业务效率

应收款链平台是浙商银行基于区块链技术开发，将企业具有真实贸易背景的应收账款转化为“区块链应收款”电子凭证，企业通过应收款链平台发起“区块链应收款”的签发、承兑、保兑、转让等申请，对企业商业信用赋能以银行信用，实现企业债权的流转及质押融资。一般企业都有供应链，供应链里面有一些比较核心的客户，核心客户在供应链上下游结算中应收、应付账款较多。一方面，大量应收账款占压资金严重，导致核心客户流动性压力较大，亟须盘活应收账款，降低负债；另一方面，核心客户对上游供应商的应付账款较多，影响上游中小微客户的资金周转。

因此，浙商银行推出了创新性的应收款链平台，运用了区块链技术去中心化、不可篡改的特性，将客户间的应收账款转化为在线流转、偿付、转让且高效安全的数字凭证。客户进入这个平台就可以办理应收账款的签发、承兑、保兑、偿付、转让等各种业务，有效盘活客户的应收账款，降低产业链的整体财务成本。浙商银行以应收款链服务平台为基础，在创新系列场景应用业务模式

之上，结合行业特点和客户区域痛点形成不同行业的综合金融服务方案，目前已在 20 多个行业内得到应用。浙商银行开发的应收款链平台解决了传统供应链金融面临的核心企业确权操作烦琐、供应商异地开户难等问题，是解决产业链中小微企业融资难、融资贵的“良方”。

（二）发布“数智浙银”品牌，开启高质量发展

2022 年 6 月 29 日，浙商银行发布了该行首个数字化品牌“数智浙银”。通过数字化的综合服务赋予浙商银行全新形象，标志着该行以创新突破、提质增效的数字化应用赋能金融服务，以敏捷高效的变革型组织重塑经营管理流程，以开放共享的场景构建金融数智生态。

“数智浙银，致广而精微，惠企利民，活水以见海”。新品牌上线的同时，浙商银行还发布了“微海”（MICROSEA）生态系统。这一系统将聚焦当前经营管理的数字化需求。“MICROSEA”由数智浙银 8 大系统首字母组成，包括“数智管理、数智投行、数智跨境、数智零售、数智运营、数智监督、数智企服、数智资管”，意指浙商银行数字化改革的一个个“小切口”（Micro）服务广大客户，将金融活水汇聚成海（Sea），聚全行合力构建能够不断迭代升级、循环赋能的数智浙银“微海”生态，开启金融服务国家、浙江战略的“大场景”。

（三）推出“浙商交易宝”，助力外汇在线交易

近年来，人民币汇率弹性不断加大，外汇市场多次上演“超级行情”，在汇率双向波动加剧且日间震荡频繁的市场新形势下，传统柜面交单办理外汇交易的模式面临全新挑战，企业汇率风险管理在时效性、灵活性、专业性等方面都有了更高的要求。基于此，浙商银行正式向客户推出自助式在线外汇交易客户端——浙商交易宝。该产品基于“互联网+”思维，打破传统交易渠道的时空边际，企业可自助在线办理业务，实时锁定汇率，大幅提高了交易的时效性与汇率管理的精准度，收获了企业好评。

浙商交易宝兼具“便携性、专业性、易用性、安全性”，具备以下多种优势：接入移动互联，高效便捷；引入 K 线图等技术分析手段，专业实用；专注客户体验，简洁易上手；新设备认证/数字密码或手势密码登录，安全无忧；委托挂单，市场汇率触碰后自动成交；5×24 小时在线交易，夜盘也可交易；电脑端、手机端均可操作，灵活方便。

九、区块链与物联网

在区块链方面，2016 年，浙商银行和相关科技领域的企业合作，积极探索区块链技术金融落地的可行性，经过不断的调整与改进，于 2017 年推出了浙商银行应收款链平台。此平台以实体企业真实交易产生的各类资产“上链”为基础，不仅能够完成区块链数字资产份额化登记，还能够实现业务规则的智能化管理与自动履约，有效解决实操中面对的票据确权、抵质押物的管理等难题。此外，企业可以通过平台办理应收款的签发、承兑、支付、转让、质押、兑付等业务，能够实现应收款提前变现或在平台上实现无障碍流转，大大提高了供应链金融服务的效率。

在物联网方面，浙商银行利用物联网传感器实现控物、物流等全程监控，使客户、监管方和银行等各方参与者均可以从时间、空间两个维度全面感知和监督动产存续的状态和发生的变化，监控风险以及预测市场。

十、体系外化赋能中小企业

浙商银行供应链金融业务在“区块链+物联网”双引擎驱动下得到了认可。截至 2021 年 9 月末，浙商银行已在 4000 余家大型核心企业落地采用了“区块链+供应链”的供应链金融体系，帮助约 2. 79 万家上下游中小企业借助核心企业信用和银行增信获得融资。

浙商银行向外界输出自身的供应链金融技术，促进产业与中小企业发展。以浙商银行与某乳业龙头企业合作为例。在乳品行业集中度不断提升的大背景下，众多中小企业集中在乳业企业的上下游，但在产业链运转的过程中，仍存在诸多困难：在上游端，需要配套中长期融资为新建、扩建牧场提供长期支持，牧场采购饲料则需要短期资金投入；在下游端，先款后货的结算方式容易导致经销商资金账期错配、资金压力大，需要银行提供开户、授信审批、单笔业务提款的全流程在线服务。但是这些融资需求往往会因相关方缺乏授信担保资源等问题，难以得到满足。

为解决这一行业难点，浙商银行与某乳业企业携手，采用“区块链+物联网”技术打造“浙商+牛”乳业链平台。该平台能够将该企业上下游管理过程中产生的数据资产充分挖掘，形成数据信用，并通过数据信用为奶农和经销商等中小企业出具融资方案。银企双方在上游形成了“共选客户、共商标准、共投融资、共担风险”的合作模式，在下游基于推荐、历史交易数据，给予经销商信用融资。截至2021年9月末，平台已为上下游企业开户180余户，累计融资金额近20亿元。

十一、结语

浙商银行不断改进企业的服务机制以及方式，打通各个行业，拓展业务范围，为全面融入全省数字化改革大局不断创新，“数智浙银”品牌的创立以及“185N”数字化改革体系的构造，为浙商银行的发展之路奠定了坚实的基础；大数据风控平台的搭建，提高了数据以及交易的安全性；服务体系的不断完善，让客户能够更加方便、快捷地办理业务……浙商银行更将主动对接服务省内关键平台、持续加强数字经济重点产业服务、深化实施浙江智造融通工程等数字化改革的“小切口”，在共同富裕、乡村振兴等“大场景”中发挥数字化力量。

案例思考题及分析

1. 在本案例中，浙商银行的主要服务对象有哪些？数字化技术为服务上述客户提供了哪些新思路？

浙商银行的主要服务对象有农户、小微企业和政府。①农户。单户资产规模较小，风险和不确定性大，导致抗风险能力较弱。②小微企业。一般交易周期较长，由于招商银行的目标客户为授信总额小（人民币500万元及以下）、合作银行数量少、坚持主业的小微企业，因此合作客户较为固定，多为长期合作。③政府。交易金额较大，业务周期长，服务对象为政府，因此业务风险较低，合作内容较为稳定，一般变动较小。

上述服务对象在交易过程中都会产生庞大的数据，因此需要强大的数据库来保存这些数据，同时确保数据的安全性。新思路包括两个方面：①搭建数智闭环风控平台。为保证交易过程中的数据安全，浙商银行利用数字化技术为金融活动保驾护航，搭建数智闭环风控平台能够实现贷前准入、贷中审批、贷后管理的风险防控和预警全流程闭环管理。②运用区块链联盟链技术打造网融链平台，发挥各自领域的优势资源，赋能电力行业上游数以万计的中小企业供应商，为企业提供高效、便捷、低成本的供应链金融、资产管理、应收账款管理等专业化综合金融服务，解决金融风险滞后难题。

2. 结合服务之花，分析案例中浙商银行有哪些知识性服务和增值性服务，分别起到什么作用？

案例中浙商银行的知识性服务主要包括信息服务、订单服务、付款服务。①信息服务。客户在办理金融服务时，无论是线上还是线下，都能够全方位地了解到该项业务的具体信息，包括金额、利率、时间等，同时还可以了解到其他类似业务，方便客户对比，找到最适合自己的业务。②订单服务。由于国际投资项目的融资需求，商业银行针对城市发挥其地域特色，开展针对边境邻国的跨境投资业务。浙商银行也紧跟市场变化，积极拓展国际业务，同时加强数智跨境管理，为国内国际业务保驾护航。③付款服务。浙商银行合肥分行勇担社会责任，在原有的支付基础上，浙商银行提供的降费服务使小微企业和个体工商户在付款过程中降低支付金额，为我国“共同富裕”贡献“浙商力量”。

增值性服务包括咨询服务、接待服务、保管服务和额外服务，案例中浙商银行主要体现了保管服务以及额外服务。①保管服务。目前浙商银行广泛引入外部相关数据与模型，领先搭建知识图谱平台，填补关联关系管理、贷后管理、预警管理、财务分析、客户画像、移动应用平台等系统支持能力的空白，实现金融风险管理和预警的数据化、移动化。②额外服务。浙商银行采用“区块链+物联网”技术，充分挖掘该企业上下游管理过程中产生的数据资产，形成数据信用，并以此为企业和上下游中小企业出具融资方案。

3. 浙商银行是如何利用“区块链+物联网”模式，提高金融服务效率的？

浙商银行主要将“区块链+物联网”模式应用于供应链金融。供应链金融，即银行围绕核心企业，管理上下游中小企业的资金流、物流和信息流，并以上下游真实交易数据等信息做风险定价，进而为供应链上下游企业提供融资支持，盘活整条产业链。

在区块链方面，2016年，浙商银行与相关科技企业合作，探索区块链技术金融落地的可行性，并于2017年推出了浙商银行应收款链平台。该平台可将实体企业基于真实交易产生的各类资产“上链”，完成区块链数字资产份额化登记，实现业务规则的智能化管理与自动履约，有效解决实操中面对的票据确权、抵质押物的管理等难题。

在物联网方面，浙商银行通过物联网传感器实现控物、物流等全程监控，使客户、监管方和银行等各方参与者均可以从时间、空间两个维度全面感知和监督动产存续的状态和发生的变化，进行风险监控和市场预测。

4. 浙商银行是如何利用数字化技术降低自身经营风险的?

首先，浙商银行综合运用“大数据+知识图谱+多方安全计算”等金融科技，利用现有的区块链、物联网基础设施，致力打造行业级数智闭环风控平台。聚焦“风险实时预警”小切口，谋划“金融风险处置闭环”的大场景，全面对接国家市场监督管理总局等多方数据，探索构建跨层级、跨部门、跨业务协同的金融风险防控处置智治机制，实现贷前准入、贷中审批、贷后管理的风险防控和预警全流程闭环管理。

其次，在技术研发方面，浙商银行通过知识图谱、深度学习等人工智能技术，建立“人工+智能”“实时+批量”的风险防控和预警体系。通过搭建物联网基础技术平台，监管产品从生产源头到供应商、物流、销售等供应链的每一环节，实现对企业经营状况的持续监控，加强贷中、贷后风控能力。

最后，在大数据风控平台的作用下，客户信用风险得到控制，平台利用机器学习和深度学习模型，实现主要个人与企业信贷业务场景的风险全流程管控和自动化审批机制。

5. 结合服务数字化创新趋势，浙商银行还可以从哪些方面提升服务质量?

浙商银行还可以从提高客户服务体验、降低学习成本方面提升服务品质。随着数字技术的蓬勃发展，银行在多种多样的技术渠道建设方面也保持着巨大的投入。但在各渠道的建设中，银行关注更多的是自助化、智能化，它仅仅代表了业务办理的数字化，却忽略了客户需要更好的服务体验和更低的学习成本。浙商银行在强调用“数据跑”代替“客户跑”，完善线上业务功能，追求线上业务全能型的同时，可能忽视了客户在第一次办理该业务时的体验。对于一些刚刚接触银行业务或者最近才有需求的客户来说，太完备的功能反而会导致客户无所适从，不知道去哪一个模块才能找到自己想要的服务，或者后期需要花费多长的时间去学习线上业务的办理。尤其是老年人，当身边没有可以寻求帮助的人时，他们能做的只能是看着这些没有温度的文字。

参考文献

[1]北京金融科技产业联盟．浙商银行大数据风控平台——实现业务风险管理和预警数智闭环[EB/OL].[2022-08-23]. https：//baijiahao. baidu. com/s? id=1741943530447286457&wfr=spider&for=pc.

[2]吴恩慧．以数字化改革为主线 浙商银行全面开启高质量发展新征程[N]．钱江晚报，2022-06-30.

[3]华夏时报．浙商银行：全面开启高质量发展新征程[EB/OL].[2022-08-19]. https：//baijiahao. baidu. com/s？ id=1741520601867259049&wfr=spider&for=pc.

[4]搜狐网．时不我待 坚定清醒 努力在数字化改革新征程上跑出加速度丨浙商银行召开数字化改革推进大会[EB/OL].[2022-06-30]. https：//www. sohu. com/a/562567016_121123776.

[5]金台资讯．“区块链+物联网”浙商银行供应链金融赋能企业发展[EB/OL][2021-12-17]. https：//baijiahao. baidu. com/s？ id=1719378157157460164&wfr=spider&for=pc.

第十一章

数字化大市场与营销新格局

第一节　杭钢集团

公司简介

杭州钢铁集团有限公司（以下简称杭钢集团）创建于1957年，现已发展成为一家以钢铁智造、现代流通为战略优势产业，以节能环保、数字科技为战略性新兴产业的“2+2”产业格局的大型现代企业集团，注册资本为50亿元。

2015年，杭钢集团在浙江省委、省政府的领导下，坚定地推进去产能、调结构、促转型，用150天时间，全面安全平稳关停半山钢铁基地400万吨产能，被业界誉为“杭钢奇迹”，成为全国去产能的典范。之后，开启了第三次创业的序幕。

2016年以来，杭钢集团根据国家战略部署和区域经济发展要求，结合浙江省八大万亿产业发展方向，立足自身优势条件，聚焦聚力高质量、竞争力、现代化。杭钢集团秉持“以钢铁意志做人、建业、报国”的企业精神，着力创造财富、贡献社会、造福职工，为社会创造美丽环境、为客户提供美好生活、让职工享有幸福人生。杭钢集团深入实施“四轮驱动、创新高地”的发展战略，大力布局节能环保、数字科技两大战略性新兴产业，着力推动钢铁智造高端化转型，做优现代流通战略优势产业，努力将杭钢建设成为集省级环保产业投资运营主平台、省内数字经济发展重要高地、国内领先的先进制造业基地于一体的现代绿色智能大型企业集团。

案例梗概

伴随着中国经济的快速发展，以往粗放式增长遗存的经济问题日渐显现，传统钢材产业正是其中的代表。着眼于传统钢材产业产能过剩困局，2015 年以后国家逐步实行供给侧结构性改革，大力推行钢铁产业去产能的政策。在这种背景下，杭钢集团作为传统钢材产业的代表之一，在浙江省委省政府的大力支持下毅然响应国家号召，有序关停了半山钢铁基地，并开始以数字技术为指引，探索转型升级道路。经过多年的不断探索与努力后，杭钢集团逐步在半山钢铁基地构建起了“一镇两园三区”的产业格局，形成了以节能环保、数字科技为战略主攻，钢铁智造为战略支柱，现代流通为战略优势的产业布局。当前，杭钢集团正不断培育数字技术优势，坚定数字指引，着眼未来，不断强化数字应用，推进未来数字经济平台建设，拓展数字市场下的营销格局，努力做好数字经济的探索者、服务者与引领者。

关键词：数字经济；杭钢集团；转型升级

一、引言

1957 年，杭钢集团在国家历史使命的召唤下蓬勃初生。随着杭钢集团半山钢铁基地的建成，加上数代杭钢人的不懈努力，杭钢集团逐渐成为助推地域经济发展的一股强劲力量。然而伴随着我国经济的快速发展，粗放的经济增长方式使钢铁产业过剩的问题日益凸显，传统钢材产能过大，新型钢材的制造与研发却鲜有进展，钢铁产业的发展亟须进行引导与转型。

2015 年 11 月，中央财经领导小组第十一次会议首次提出“供给侧结构性改革”；2016 年国务院印发了《关于钢铁行业化解过剩产能实现脱困发展的意见》，打响了钢铁去产能的号角。在国家大力号召进行供给侧结构性改革，对钢铁产业进行去产能的同时，大数据、云计算、人工智能等新一代数字技术也在快速发展，新兴技术为传统钢企业进行产业转型提供了条件。在此背景下，曾经的“十里钢城”也逐渐走到了历史进程的尾声，新的时代需要杭钢集团做出改变。自 2015 年以来，杭钢集团积极进行战略性转型，主动拥抱新产业，挖掘新领域，积极发展企业的数字化科技，把数字经济作为转换新旧动能的着力点，积极探索数字经济与各产业的融合发展，为杭钢集团注入新的发展动力。经过几年的探索，杭钢集团逐渐在新的历史发展时期建立起新的市场格局。

二、数字变革赋能，升级转型向新而战

（一）关停钢铁基地，真情安置杭钢旧员

2016 年 1 月 22 日上午，杭州白雪皑皑。46 岁的杭钢集团原员工——杨杭明来到了杭州人力资源开发有限公司签署劳务派遣合同。根据合同的安排，他将前往上海的一家民营企业从事人力资源工作。至此，杭钢集团半山钢铁基地关停之后的人员安置工作基本完成。

2015 年 3 月初，为响应国家号召，杭钢集团在浙江省委、省政府的带领下毅然开始了半山钢铁基地的关停工作。在全体杭钢人的不懈努力之下，杭钢集团陆续完成了社会职能交接、历史遗留问题解决等工作，并在浙江省委、省政府的指引下，开始了杭钢新路的规划。

有序关停，要妥善安置。对半山钢铁基地留下来的众多杭钢员工，杭钢集团的职工分流安置工作明确了合法规、于情理的原则。为了分流工作符合指导原则，杭钢集团集思广益，反复修改，最后在广泛听取职工意见后形成了最终的安置方案。在最终的方案中，有 12 个选项供分流职工选择，其中对于想要自主创业等的员工，方案安排中还给予了 6 年过渡期。针对不同员工群体之间的差异，方案在权衡了工种、工龄、职位等因素后做到尽可能的公平、平衡。对于众多在高温等艰苦岗位工作的基层员工，方案还给予了特殊补贴。

（二）转变发展观念，绘制杭钢发展前路

2017 年 7 月 26 日，杭钢集团纪委书记严卫华在广州举行的第二届国企改革前沿论坛上，介绍了杭钢集团在创新发展、转型升级上面的一些经验，严卫华指出正是这些措施让杭钢集团走出了囿于钢铁制造的老路子，开启了创新发展的新道路。据严卫华介绍，杭钢集团的转型升级主要从观念转变以及集团未来发展两个方面进行。

一是推进思想观念的转变。在半山钢铁基地关停、国内钢铁进入新时期等背景下，杭钢集团的转型发展进入了关键阶段。面对我国经济发展进入平稳期、国家供给侧结构性改革长期化以及杭钢集团面临的由破到立的艰难期的“三期”

困境，杭钢集团开展了“走出半山、走出市场、发展杭钢”的思想解放大讨论，通过一系列的学习实现了观念上的转变。

二是对集团未来发展的思考。在“十三五”时期，杭钢集团编制了“1+14”的发展规划，期间按照夯实基础、调整结构、促进创新、寻求发展的指导方针，逐步在环保、教育、智能健康、数据管理以及钢铁智造等方面构建发展的新方向，并逐步明确了“2+2”的新产业格局构建；计划打造以节能环保为企业的战略主攻产业，钢铁智造、数字科技为集团的战略支柱产业，培育以现代流通为优势产业的集团新型营销格局。

（三）把握数字机遇，脱离转型升级困境

在国家新旧动能转换的大背景下，杭钢集团紧紧围绕数字经济，响应省委、省政府关于数字经济“一号工程”的号召，积极探索发展数字产业，抢占行业先机，把数字产业作为杭钢集团发展的着力点，构建杭钢新时期战略性数字市场格局。

通过近几年的探索，杭钢逐渐明晰了发展道路：以数字经济为引领，高质量发展数字经济小镇。杭钢集团打造的半山数字经济小镇以数字为引领，通过数字科技驱动不断赋能传统产业的数字转型升级。目前，在曾经杭钢集团半山钢铁基地的旧址上已经形成了“一镇两园三区”的新面貌。

在不断谋划半山基地数字经济小镇的同时，杭钢集团还抓住新机遇，推进新型基建项目高效率建设。2020 年，杭钢集团抓住数字发展机遇，积极投身于数字化的基础设施建设。同年 7 月，杭钢集团携手阿里巴巴共建“浙江云计算数据中心项目”，该项目成为建设“数字浙江”的重要工程之一。

2021 年，杭钢集团对浙江省数字化改革大会精神、浙江省数字经济“一号工程”2.0 进行了深入解读。在此背景下，杭钢集团确立了“数字基础构建、数字安全赋能、数字应用拓展”的未来发展定位，谋划了通过强化数字发展思路，依照省数字经济发展方针，着力推进五大数字平台的建设，培育数字经济生态，逐步成长为杭州数字经济发展的新动力未来蓝图。

三、创新四轮驱动，定位现代绿色智能

（一）立足绿色先行，多维发展节能环保

节能环保产业是当前杭钢集团的主攻产业，是集团推进未来发展的重要

支柱。

近年来，杭钢集团积极谋求通过数字技术赋能产业高质量转型。在节能环保产业，杭钢集团坚持“绿水青山就是金山银山”的理念，推进产业的数字化升级再造。在杭钢集团的努力下，节能环保的“旧路”逐渐被走成了新路。具体来讲：

首先，杭钢集团勇做“变废为宝”的开拓者。在工业领域，杭钢集团旗下的尚科环保公司与宁波钢铁达成了深入的合作，推出了废铁质包装桶的再利用新型环保方式。该方式解决了传统处理方式在能源高消耗和环境高污染方面的问题，实现了废铁质包装桶的低能耗回收与二次利用。在大气治理板块，杭钢集团旗下的菲达环保开发出高炉煤气精脱硫技术，并将其应用在了众多造钢项目上，成为我国燃煤电站节能环保的先行者。

其次，杭钢集团是“落地开花”的实践者。杭钢集团积极探索节能绿色环保与共建美丽乡村的和谐共存。杭钢集团旗下的温州水务有限公司在污水处理厂的上面建立了一座休闲娱乐的“体育公园”，在象山、三门的农村污水处理项目中，数字化监控平台实现了生活用水与污水一体化治理的闭环掌控，助力了美丽乡村的建设。杭钢集团下属再生资源公司坚持“基地+平台”发展战略，如总投资5亿元的德清杭钢100万吨金属再生项目成功落地；宁波紫金废钢加工基地完成项目建设，同时全力推进省外废钢加工基地的布局。杭钢集团下属省环保集团春晖固废公司专注危废处置中工业废盐的资源化利用研究及应用，实现了地区工业的可持续发展。

最后，杭钢集团还是“减碳降碳”的助推者。杭钢集团下属宁波钢铁积极探索低碳发展路径，2021年以来，累计实施节能改造项目17项，实现8万余吨标准煤的节能减排，27万余吨的二氧化碳的减排；旗下的云计算数据中心还积极探索和创新节能低碳技术，为数据中心行业碳达峰及减碳贡献智慧方案；杭钢集团还积极推动屋顶光伏项目，按照“应上尽上、统筹规划、分步推进、分步实施”的原则推动项目实施，经初步测算，屋顶(池)可铺设光伏面积约25万平方米，装机容量约18MW。

(二)定位现代智能，推进多业融合发展

杭钢集团将现代绿色智能确定为杭钢未来的发展目标，以数字技术为纽带，推进钢铁智造的战略支柱产业、现代流通产业的战略优势产业、战略主攻产业的节能环保相融合，打造现代化、智能化的企业集团。

杭钢集团将钢铁智造定位为集团的战略支柱产业，钢铁智造产业是杭钢集团产业发展的“压舱石”，也是集团的特色产业。在钢铁制造方面，杭钢集团以数字经济为基础，致力于提升数据流通质量，优化工艺流程，建立可靠安全的系统，推动钢厂设备自动化、信息透明化、数字化和智能化；构建智能制造体系，整合制造环节，打破信息壁垒，形成以数字化、网络化、智能化为核心的智能制造模式，实现端到端协作的智能工业生态系统。

现代流通产业是杭钢集团的战略优势产业，其定位是智慧供应服务。现代流通产业坚持“智慧供应链集成服务商”的发展定位，积极有效融入国内大循环，高水平参与国际大循环，深度融入长三角一体化，推动“工贸物融”一体化发展模式。构建“122”发展战略，即打造“智慧供应链集成服务平台”一大平台，为上下游客户提供多环节、一体化、高效率、低成本的原材料采购、加工、分销、出口、物流、金融、信息等集成服务，强化与“数字科技”和“钢铁智造”协同，推动提质增效，打响杭钢集团现代流通品牌；构建“综合物流服务”和“供应链金融服务”两大支撑，并以产融结合的发展思路，以供应链金融服务为基础，以幸福资本、财务公司为主体，整合集团内部金融业务资源，打造产业金融服务体系。

（三）展望未来发展，布局前沿数字赋能

在四大产业中，数字科技产业一直是杭钢集团新旧动能转换的关键，并且是杭钢集团产业战略中的两大主攻产业之一，在未来杭钢坚持以数字科技为引领，布局前沿数字赋能，推动数字应用实践。杭钢集团以“产业数字化、数字产业化、治理数字”的发展主线，“1+N”的改革体系框架构建起了未来的发展路径。其中“1”是一个数字化的智能管理平台，“N”则是N个数字化的应用场景。目前，杭钢集团的数字化平台已经建立起来，数字化的应用场景也在探索之中。在未来的规划中杭钢计划打造数字发展的“十朵云”，逐步构建自身的数字化产业生态。其中十朵云包含了两朵基础设施云、六朵行业服务云以及两朵数据密钥云。

首先是两朵基础设施云，未来杭钢集团希望通过在数字基建上的优势为全省的数字化建设提供更为强大的算力保障。杭钢集团计划投资建设“浙江云”和“杭钢云”两大数字基础服务中心，这两项数字云中心的建设计划为浙江省各行业的数字化转型提供算力基础。

其次是六朵行业服务云。六朵云的计划为浙江省的数字化应用场景提供新思路。目前，在杭钢集团的规划中，有“国资云”“职教云”“智慧能源云”“海洋云”等，这些数字服务的行业云将分别在国资监管、职业教育和产业发展、能源管理和碳排放检测、数字金融等行业推动实现数字化转型的行业发展。此外，杭钢集团仍在探索更多的“服务云”，推动形成“行业云集”。

最后是两朵数据密钥云。这两朵云为浙江省的数字安全提供保证。目前，杭钢集团的“信创云”已经通过了中央网信办的安全评估，是全国首个向党政提供服务的“政务云”和向企业提供“服务云”的信创平台。另外，杭钢集团旗下的“浙江省大数据联合计算中心”通过在隐私计算方面的发展为数据安全、数据保护提供了新的发展方向。

四、秉承企业使命，社会共享发展成果

杭钢集团秉持“以钢铁意志做人、建业、报国”的企业精神，着力创造财富、贡献社会、造福职工，为社会创造美丽环境、为客户提供美好生活、让职工享有幸福人生。

（一）贯彻杭钢精神，发展成果企工共享

在员工建设方面，杭钢集团招贤纳士。欢迎优秀人士助力杭钢建设，同时与现有员工共进退，积极为员工谋福利、谋发展，贯彻六个杭钢精神与员工共同成长。杭钢集团从“活力杭钢”“清廉杭钢”“幸福杭钢”三个方面为员工考虑。

首先，将“活力杭钢”建设贯穿始终。在数字改革的背景下，杭钢集团以数字化转型升级为契机，通过实施一系列兼顾企业发展和惠及员工的措施，借助数字技术的发展机遇，将杭钢的产业数字化创新发展与员工的创新发展紧紧相连。在推动重要环节和关键领域实现突破性进展的同时，杭钢集团培养一批具有数字视野的、数字创新能力的、与集团发展相符的创新活力人才，并让这批在发展中形成的人才队伍成为企业实现高质量发展的新动力。

其次，将“清廉杭钢”建设贯穿始终。杭钢集团坚持把党风廉政建设和监督体系建设作为实现长期发展的重要管理政策之一，通过构筑不敢、不能、不想的三“不”拒腐机制，促进廉政机制反腐体系和管理运行机制的完备建设。杭钢集团以“清廉国企”为建设目标，以“清廉浙江”为匹配目标，结合现代企业的制度要求和职工的愿望，实现“清廉杭钢”的常态化建设。

最后，杭钢集团努力将“幸福杭钢”建设贯穿始终。杭钢集团以社会主义核心价值观为指南，以老杭钢的钢铁精神为底蕴，传承和弘扬杭钢精神，从而提高杭钢员工队伍的文化、道德素质；通过完善职工办事的流程机制，健全员工的收入增长机制，保障员工的职业发展等措施，增强员工的幸福感、归属感和安全感。

(二)坚持节能环保，推进生态文明建设

杭钢集团在转型升级中，始终不忘绿色节能环保。2016 年，杭钢集团成立了浙江省环保集团有限公司，迈出了其在环保节能产业的重要一步。除了投资建设浙江省环保集团有限公司，杭钢集团还筹备了浙江环保产业基金等。

环保事业其实一直是杭钢集团重点专注的一项产业，早在 2000 年，还没改革重组的杭钢集团就成立了浙江富春紫光环保股份有限公司，从事污水处理工作，经过多年的发展，该公司已经成为浙江最大的污水处理企业。

进入新的发展时期，重新组建的杭钢集团仍然专注于绿色环保产业的发展。半山钢铁基地虽然关停了，但是杭钢还有“钢”。杭钢集团旗下的“宁波钢铁”(以下简称宁钢)是一家成熟的钢业生产企业，宁钢产钢设施齐全、生产水平先进，近年来在推进传统钢铁制造产业发展的同时逐渐加大对环保产业的投入。在《绿色宁钢建设规划大纲(2019—2025 年)》中，宁钢将“绿色宁钢”作为发展的重要目标之一。目前，在环保方面，宁钢从环境保护、节能低碳、环境治理、绿色文化四个方面着手，规划实施了众多项目，总投资超 30 亿元。在面对“如何处理企业发展与环境保护的关系”时，宁钢董事长孔祥胜表示，宁钢坚决不走“先发展后治理”的老路，而是将环境保护和低碳节能的观念融入企业的发展生命线中，实现发展与环境保护齐头并进。

作为曾经的污染大户，如今却实现了绿色转型。温州市中心片区下的半地埋式污水处理厂就是其转型最好的脚注。这个污水处理厂不仅除污水能力强劲，而且占用面积极少，仅是普通污水处理厂的 1/3。自该项目建立以来，这个污水处理厂没有接到一起投诉，产出的水质全部达到最高的排放标准。此外，杭钢集团通过成立环保集团在土壤、空气治理等领域进行拓展。

(三)数字平台搭建，共促经济转型升级

数字化建设是杭钢集团实现转型升级的关键。杭钢集团经过数年的发展，数字科技产业也成为优势产业，着力推进数字经济产业五大平台建设，通过平

台建设构建半山基地数字经济生态圈，为相关产业数字化转型提供平台、促进地区经济发展方面做出贡献。

第一，打造绿色节能的高标准超大规模数据中心。杭钢集团将“自主研发”和“合作共赢”作为发展云计算中心的宗旨，当前杭钢建设已就浙江云计算数据中心和杭钢云数据中心投资 180 余亿元，两个中心计划拥有超过两万个机柜。这两个数据中心的建成将为工业互联网、数字金融、未来社区、智能环保等多行业提供强大的算力保证，希望成为全国的数据储存、处理中心。

第二，打造应用驱动的一体化产教融合平台。针对当前职业教育领域存在的产教融合不够紧密、校企合作不够深入、培养路径不够清晰等痛点，杭钢集团携手之江实验室打造面向全国职业教育领域的产教融合资源及服务的一体化平台。该平台基于杭钢集团自主研发的信息安全保障机制，通过在线教育、媒体数字资源共享、双师互聘等平台，借助自身强大的数字基础能力，可以实现人才与企业的双向精准选择、数字化学习资源的共享，以及人才培养效率的提高。

第三，打造自主可控的国家级信创适配平台。在信息技术领域，杭钢集团致力于领域内基础软硬件的国产化制造和研发自我掌控，通过与领域内的顶尖企业合作共建“一云多芯”的适配基地，实现向全国各产业的云平台资源的输出和信息创造适配，从而构建国产信创云的生态圈，提升国产基础软硬件的自我制造能力。

第四，打造安全独立的大数据联合计算平台。杭钢集团与安恒信息、每日互动等共同组建浙江省数据安全服务有限公司，计划共同打造安全独立的大数据联合计算平台。该平台借助数据保护领域的沙箱技术、隐私计算技术，通过破除数据流通障碍，实现数据全使用周期、全流程的多重保护，为客户提供多维的数据安全方案。该平台的建设主要可以促进政府、企业之间数据的安全、可靠传输与交流。当前，该平台已经在医疗健康领域、公共政务的数字化转型领域中展开应用，并取得了良好的效果。

第五，打造政企联动的协同化的智慧能源管理平台。在“碳达峰”“碳中和”的双“碳”背景下，杭钢集团积极落实能源层面的双“碳”控制，部署了推动能源高质量发展的战略方针，通过承接浙江省内智慧能源检测项目，助力浙江省内的能源结构的精准优化。

五、结语

老杭钢始于杭州半山钢铁基地的“十里钢城”，经过时代的变迁和洗礼，完成国家历史使命的同时也终于这片十里钢铁制造基地。新杭钢传承了老杭钢的时代精神，积极主动地把探索数字经济为己任，甘于先破再立，勇于抓住机遇。在彻底关停老杭钢的钢铁制造基地后紧紧围绕数字经济“一号工程”做数字经济的开拓者，把数字经济发展作为新旧动能转换的重点。经过几年的发展，杭钢集团的数字转型态势良好，数字业务、建设卓有成效，新杭钢也在新的数字化浪潮中站稳脚跟，逐渐成为数字化基础建设、数字化服务的提供者、引领者。

如今，杭钢集团仍在继续推进以数字经济为中心的数字化建设，不断拓展数字经济产业的营销布局。杭钢集团与省政府、各类一流数字企业的合作探索也在稳步推进，未来杭钢在数字化大市场的表现令人期待。

案例思考题及分析

1. 对比杭钢集团产业转型升级前后的变化，试分析数字化在杭钢集团转型升级中的作用。

在大力推动钢铁企业“去产能”的大背景下，杭钢集团在浙江省委、省政府的带领下，重新制定产业规划，确立了“钢铁制造与金属贸易、节能环保、数字经济、技术创新服务”的“2+2”产业架构。

自转型升级以来，杭钢集团遵循国家战略部署与地区经济发展需要，立足自身优势，聚焦高质量、竞争力、现代化的集团建设方向，扎实推进数字杭钢、绿色杭钢、创新杭钢建设。

数字技术是杭钢集团四大产业之一，也是杭钢新旧动能转化的突破口，还是推进产业发展的新动能。数字化转型为产业布局中的节能环保、钢铁智造、现代流通等产业进行了数字赋能，数字化转型作为基建性质的底层产业，为节能环保产业的平台搭建、体系建设提供了驱动力，为钢铁智造提供了技术支撑。

2. 结合公司使命的相关概念，分析杭钢集团实现十里钢城开出数字之美的原因。

杭钢集团转型升级后的公司使命为浙江高质量发展建设共同富裕示范区、

浙江省争创社会主义现代化先行省做出积极贡献，努力成为新时代全面展示中国特色社会主义制度优越性重要窗口的特色“小窗口”。

原因如下：

一是创造财富。杭钢集团自2016年以来，在浙江省委、省政府的部署安排下立足自身优势，不断调整结构、优化资源配置、平稳推进转型升级，推动产业多元化发展。

二是贡献社会。杭钢集团在转型升级之后一方面利用数字化转型对原先主攻产业进行改造；另一方面也通过数字化转型大力拓展节能环保产业。

三是造福员工。一方面杭钢集团力保钢铁厂老员工稳妥安置，对半山钢铁基地关停的员工安置工作，杭钢精心设计了安置方案，真情安置了1.2万人。另一方面新杭钢推进转型建设时，不断为员工谋福利、促发展，实现杭钢与员工一同成长的愿景。

3. 结合社会责任的有关知识，概述杭钢集团转型前后社会责任的差异，并谈谈社会责任在杭钢集团转型升级中的作用。

首先，从杭钢集团的数字科技产业来看。杭钢集团注重对数字技术的底层服务，从而能为相关产业的数字化提供相应的转型方案，能帮助众多企业实现数字化转型，在数字化改革方向上成为改革的主力军，为浙江省数字经济核心产业发展提供战略性、引领性、创新性支撑。

其次，从杭钢集团的钢铁智造产业和节能环保产业来看，助力了产品深加工、废钢循环利用和仓储物流三大延伸产业。钢铁制造更为注重废钢循环利用，以及整体产能效率的提高，在追求利润的同时，兼顾了绿色、可持续的要求。

最后，相比于转型升级之前的杭钢，当前杭钢的社会责任更为宏大、宽泛、多维以及复杂。杭钢集团的各个新产业中交织着社会责任和经济利益，很好地将两者融合在一起，为企业的发展助力。

4. 结合制造业、服务业两业融合发展的趋势，谈谈数字化转型升级后，杭钢集团的产业呈现出的特点。

转型升级之后，杭钢集团的产业布局呈现出多元化的特点。“十四五”时期以来，杭钢集团呈现出节能环保、数字科技、钢铁智造、现代流通四轮驱动的产业格局。杭钢集团的总体战略定位是“省级环保产业投融运营主平台”“省内数字经济发展的重要高地”“国内领先的先进钢铁智造业基地”，并最终建设为现代绿色智能大型企业集团。

新时期下杭钢集团将钢铁智造作为其战略支柱产业。借助数字化技术，围绕钢铁综合服务商的发展定位，主攻科技创新和综合服务两大支撑平台的建设，坚持以“钢铁智造”为核心，以建设“四个宁钢”为重点，着力构建“未来工厂”新模式，打造钢铁智造高地；全力提升多元化、高端化、绿色化、数字化四大发展水平，逐步形成集生产制造、深加工、废钢循环利用、仓储物流、技术服务于一体的链式产业生态，推动钢铁智造板块向综合服务商转型和高质量、可持续发展。

5. 结合当前杭钢集团的产业规划，从数字化转型趋势的角度，分析杭钢集团未来的发展前景。

杭钢集团是通过数字化转型、政策指引实现转型升级的成功实践。当前杭钢集团已经形成了钢铁智造、节能环保、现代流通、数字科技四轮齐驱的产业布局。其中数字科技为杭钢的其他三个产业提供了赋能。数字科技为数字平台的搭建、上下游连通网络的构建等提供了技术支撑与数字基础。杭钢集团不断优化钢铁制造，推进钢铁制造高端化、个性化、创新化发展，努力实现定位钢铁综合服务商的目标。在节能环保、数字科技上，杭钢集团同样走在了众多钢铁企业的前列，杭钢的实施路径中明确了要“以数字化改革为指引，建设数字杭钢”“以绿色低碳为导向，建设庐舍杭钢”，两个杭钢建设充分展示了杭钢未来的发展方向。现代流通是杭钢集团的优势产业，定位“智慧供应链集成服务商”，是杭钢集团融入国内国际双循环、长三角一体化的重要举措。

参考文献

[1]高水平助力浙江“新基建”——浙江云计算数据中心项目[J]. 浙江经济，2020(7)：81.

[2]李兴元，郭琼．杭钢：十里钢城绽放“数字”之美[J]. 信息化建设，2021(9)：20-22.

[3]王灵锋．杭钢“信创云”：打造数字经济发展新高地[J]. 浙江经济，2022(2)：76.

[4]刘斌．杭钢集团：数字牵引，引领转型[J]. 杭州科技，2021(3)：59-61.

[5]宝红，张帆，艳茹．去钢心似铁　逐绿志如山——记杭州钢铁迈步绿色节能环保业的成功转型[J]. 班组天地，2017(1)：94-95.

[6]王学峰．看杭钢环保产业如何将“新路”走成“大路”[N]．浙江工人日报，2022-09-09.

[7]朱言，王学峰．春天里再出发，杭钢集团以数字化改革引领高质量发展[N]．浙江工人日报，2022-03-09.

[8]浙江在线．高质量发展新征程：坚定不移推进“六个杭钢”建设[EB/OL]．[2020 - 06 - 17]．https：//guoqi. zjol. com. cn/gdxw/202006/t20200617_12061140. shtml.

[9]央广网．杭钢绿色转型助力蓝天保卫战“黑金刚”成“绿巨人”[EB/OL]．[2019-05-27]．http：//zj. cnr. cn/hzbb/20190527/t20190527_524627408. shtml.

第二节　吉利

公司简介

浙江吉利控股集团(以下简称吉利)成立于1986年，1997年进军汽车行业。经过多年的实业专注、技术创新和人才培养，集团不断积累实力并推动企业转型升级和可持续发展，目前资产总值超过5100亿元，员工总数超过14万人，连续十二年登上《财富》世界500强榜单(2023年排名第225位)，是全球汽车品牌组合价值排名前十中唯一的中国汽车集团。

吉利控股集团的业务涵盖汽车及上下游产业链、智能出行服务、绿色运力、数字科技等领域，致力于成为全球一流的智能电动出行和能源服务科技公司。集团总部位于杭州，旗下吉利、领克、极氪、几何、沃尔沃、极星、路特斯、伦敦电动汽车、远程新能源商用车、雷达新能源汽车、曹操出行等品牌积极推进市场竞争。吉利通过电动化和智能化转型，在新能源科技、共享出行、车联网、智能驾驶、车载芯片等领域，打造科技护城河，构建科技生态圈。

案例梗概

5G技术、云计算、人工智能等新兴技术的发展为市场的数字化建设、新的营销格局的构建提供了必要条件，越来越多的企业、行业加入数字化转型的行列。吉利作为中国汽车自有品牌的代表，在很早就开始了对新兴市场背景下的战略规划与格局构建。在新的时代下，吉利建立起了以数字技术为发展依托；以汽车智能制造、数智物流、智慧体系为基础；以自研技术、人才团队、可持续生态圈为发展核心动力；以全球化的并购、开拓为双翼的庞大且完善的企业整体架构。在变幻莫测的“乌卡”时代下，吉利抓住了数字技术这一时代关键要素，不断淬炼自身“内功”，积极拓展行业布局，努力发展全球化市场，构建了自身在数字化大市场下的营销新格局。当前，吉利正逐步构建数字化时代下新的营销格局，向着“全球一流”的汽车企业稳步迈进。

关键词：营销新格局；数字技术；全球布局

一、引言

汽车制造业一直都是传统制造业中的代表性产业，同时也是衡量一个国家制造能力的重要指标。当前我国正从汽车大国向汽车强国迈进。在数字技术发展背景下，许多传统车企已经开始了数字化转型。例如，比亚迪建立了以MES系统为中心的生产管控系统，通过各系统间无障碍连接实现车辆生产信息追溯；北汽建造了智能电动汽车共享工厂，以实现产业链的合作与共享；上汽则着力于C2B的大规模智能个性化制造；吉利作为中国自主汽车品牌的领军者，很早就制定了明确的智能制造实施战略与思路规划，与国家工业制造规划类似，吉利也拥有属于自己的阶段性规划，提出从“制造”向“智造”转变，在核心竞争力、迭代模块架构、人才储备等方面全面向智能化、数字化转型。当前吉利正在稳步探索数字背景下汽车业的前沿，在研发与设计、移动生态系统、新能源、自动驾驶技术、未来工厂等方面协同发力，努力构造自身完整的汽车生态，培育新时代下的数字营销新格局。

二、案例背景

(一)我国汽车行业的发展状况

近年来，伴随着我国经济的较快发展，居民的收入不断增长，加上大力支持汽车产业的政策，汽车行业增势迅猛。从汽车年度产销情况看，2010~2022年连续多年产量、销量均保持增长，国内产量基本满足销量需要。自2009年以来，中国汽车产销规模连续多年稳居世界首位，成为全球最大的汽车制造国和最大的汽车消费市场。尽管2020年初遭受了疫情的冲击，导致汽车行业的回升势头延迟，但汽车产业链并未受到根本性的损害。从2018~2022年我国的汽车产销统计来看，我国汽车产销总量仍然保持在较高的水平(见图11-1)，汽车行业未来的发展趋势仍然较好。

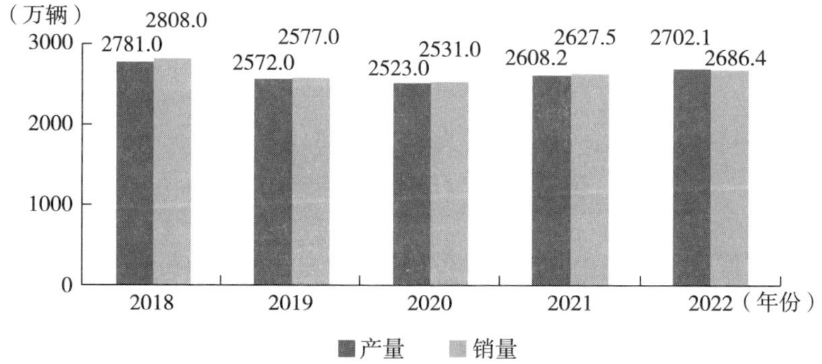

图11-1 2018~2022年中国汽车产销统计情况

资料来源：中汽协、中商产业研究院整理。

此外，我国电动汽车行业在绿色低碳发展趋势及新技术的赋能下，实现了迅速发展，电车企业总市值持续攀升。我国的三大电车品牌(蔚来、理想、小鹏)目前紧跟电车龙头企业——特斯拉，发展迅猛，市值均已步入200亿元大关。同时，政策层面的各种补贴，为各大车企扩大规模奠定了经济基础。

总体来说，当前我国汽车行业的发展仍处于稳定的增长阶段。新型数字化技术的发展，在将电动化、智能化、网联化等元素逐渐融入汽车产业的同时，也为我国汽车产业的发展提供了新机遇与挑战。

（二）我国汽车行业的数字化转型背景

新一代数字技术，如大数据、云计算、人工智能等的出现为各行各业的发展提供了新的机遇。新型数字技术赋能了制造业的转型发展，但也加剧了竞争。面对新一轮工业革命的巨大变革，世界上主要制造业强国已经开始逐渐推出转型计划，较为典型的就是德国提出的“工业 4.0”计划。

目前，我国在电子商务和电子支付领域已成为全球公认的数字化领先者，这是互联网技术和金融科技迅速发展的结果。反观制造业领域，在数字化转型、应用等方面仍还有很长的路要走。

随着新兴信息技术的发展，数字化转型趋势正在逐渐改变汽车行业发展的传统思路，消费者对数字化生活方式以及新颖服务的需求使软件体验和新式驾车方式成为汽车行业发展的新方向。此外，汽车制造业之间日益加剧的竞争，客户需求、动态成本的变化给企业带来了巨大的压力，严峻的市场形势使许多汽车企业逐渐意识到数字化的重要性。因此，我国许多传统车企开始陆续走上了数字化发展道路。

三、夯实汽车基础，稳固集团基本盘

（一）发展智能制造，铺设汽车智造前路

吉利是我国汽车行业智能制造的代表，在智能制造、智能化系统开发、运用方面深耕良久。在智能制造，吉利通过质量地图对关键过程进行指标化分析和管理，同时借助策略分析系统，实现了指标的智能化管控。此外，吉利的智能系统还可以从各个信息系统中抓取、汇总关键信息，相关操作人员可以在管理驾驶室内实现对制造过程的分级管理、精准对标、质量预判以及快速响应与决策。

同时，吉利已经成功打造了一个世界级的工业互联网平台“Geega”。基于数字化基础设施建设，该平台可以实现资源的优化配置、数据的安全保障以及数据智能运用、智能物联等，为企业的数字化转型提供全流程的高效解决方案。在该平台上，用户可以直接参与设计，并可通过实时下单实现零距离交流，提升工作效率。此外，该平台还提供了 C2M 的柔性定制解决方案，可以助力企业敏捷开发，优化资源配置，提升企业效益。总的来说，“Geega”平台贯通了全要

素生产环节，打破了信息孤岛的局面，使制造过程数字化、生产过程可视化，从而帮助企业优化产品，实现可持续盈利。

（二）协同智慧智造，建设吉利数智物流

为了协同智慧制造，吉利还积极筹划了吉利数智物流体系的建设，吉利以仓储统筹为基础，以信息化和智能设备为战略思路构建智慧物流体系。在规划筹备下，吉利的物流中心于2019年1月正式成立，智慧物流部于2021年4月正式组建。吉利的全国“10 +19”仓点布局旨在打通物流配送网络，在全国范围内实现高效、优质、智能化的物流配送服务，提高企业运营效率和客户满意度。吉利开展的仓点部署，为未来的数字化物流奠定了坚实的基础。

通过建设智能系统，吉利的OTWB一体化物流信息平台已经成功建立，该平台可以实现产品订单与物流订单的全流程财务操作，极大地提高了运营效率。同时在货物运输方面，采用了无人货物搬运车(AGV)，建立了KD行业首个融合信息化、智能设备的KDMS系统，拓展了KD行业。在物流种类较多的超市区，吉利协同GLES和IWMS系统软件实现了数据互通，助力了管理生产作业水平的提高。此外，吉利还创新性地采用箱二维码记录物料信息，在计算机强大算力的帮助下，大幅度提高了物流出入库效率，整体效率水平提升20%以上，并且赋予了物料储存柔性化、敏捷化。

综合来看，吉利在智慧物流方面采用了先进的技术手段，强化了信息化与智能化手段的应用，为提升业务效率、实现数字化转型提供强有力的支持和保障。

四、数字技术引领，多行业并行拓展

（一）贴心安心放心，专心国民出行服务

在出行服务板块，吉利主要包含了定位用心服务国民出行的曹操出行以及定位高端体验的耀出行。

曹操出行是一个以“不辜负每一程的相遇”为使命，致力于成为一站式出行服务引领者的品牌，同时也是吉利在“新能源共享汽车”板块的一个重要组成部分。曹操出行配备了全球领先的汽车数字技术并以新能源科技赋能，能够为乘客提供更加安全、舒适、智慧的出行体验。曹操出行是全国率先以新能源汽车

呼吁个人/企业绿色减排、低碳出行的出行品牌。截至 2021 年 7 月 10 日，曹操出行已在全国 61 座城市上线，并以快捷、舒适、高效的出行方案受到广大用户的高度认可。

耀出行则是由梅赛德斯-奔驰移动出行公司和吉利共同推出的豪华出行品牌。耀出行继承了梅赛德斯-奔驰百年品质出行的豪华血统和吉利运营服务与时俱进的创新基因，同时也传承了中华民族沉淀千年的礼文化。耀出行以尽善尽美的款待之道，礼遇每一位尊贵的用户。无论是日常出行、商务接待还是会务接送，耀出行都以高品质体验为用户的旅程带来礼遇式服务。

（二）数字赋能发展，数字领跑行业未来

在数字科技领域，吉利根据自身体系中各场景的需要，体系化地搭建起了一个数字科技平台，通过开发现代化的数字技术将数字化技术服务于数字化解决方案的对外输出；同时，面向汽车产业链各环节，推出了全方位数字化服务和解决方案，逐渐在数字科技领域建立起领先的优势。

在核心技术领域，吉利的数字科技主要包括了区块链、大数据以及隐私计算。在区块链方面，吉利与瑞士 Concordium 强强联合，利用国际领先的自主研发底层技术，在汽车行业内率先推动区块链的落地应用；在大数据领域，吉利数字科技融合了实时计算、离线计算、数据可视化分析等大数据技术，形成业务全价值链覆盖及跨品牌、跨业务线的业务赋能和提升；在隐私计算方面，吉利通过开发行业领先的查分隐私、同态加密等技术，有效地缓解了用户数据利用与隐私保护间的矛盾。

除了核心技术，吉利数字科技在应用场景上也有广泛的应用，包括产业数字化、碳中和以及数字营销。在产业数字化方面，围绕吉利汽车产业链，吉利数字科技在零部件加工、汽车生产、企业可持续发展的全环节进行数字赋能，解决环节痛点，打造全链条的数字体系。在碳中和方面，吉利数字科技赋能企业绿色低碳建设，提供个性化的服务与产品解决方案，帮助企业实现“双碳”建设。在数字营销领域，吉利数字科技提供定制化的汽车营销数字化解决方案，低成本、高效率地化解复杂的品牌、销售渠道及用户场景下的营销痛点。

（三）金融资本为杆，撬动吉利增长飞轮

吉利正式进入金融领域的时间不算早，但是金融板块的业务对吉利的发展起着重要的作用，近年来甚至有着主导吉利盈利的趋势。

2015年，吉利与法国巴黎银行个人金融(Paribas Personal Finance，BNP)共同投资成立了吉致汽车金融，这是一家合资的非银行金融机构。

在成立吉致汽车金融的同期，吉利还在银行、保险、金融科技等其他金融领域进行规划。2021年初，吉利入股合众财产保险股份有限公司，获得了33.33%的股份，成为该公司的第二大股东。早些时候，吉利还投资获得了易保保险100%的控股。吉利还在银行领域展开了一系列战略合作，它先后与浦发银行、民生银行、兴业银行等签署了合作协议。此外，在金融科技领域，吉利于2018年收购了丹麦盛宝银行51.5%的股份。2020年，吉利与盛宝银行合资成立了盛宝金融科技有限公司，双方共同从事在中国的金融科技业务。

在杠杆游戏下，吉利下设的吉致汽车金融给吉利带来了丰厚的收益。以2021年吉利公布的财报为例，吉致汽车金融全年利息净收入达到23.6亿元，同比增长24%，净利润为10.63亿元，同比增长45%，但吉致汽车金融也面临着资产质量恶化、不良贷款率上升等问题。总体而言，金融板块仍是推动吉利发展的重要一环。

五、淬炼核心竞争力，助推可持续发展

(一)翻好育人土壤，安享“人才树”下凉

人才培养体系的建设是人才成长必不可少的条件。吉利通过开辟人才晋升通道、构建全方位培养模式以及制定全职业生命周期关爱计划，为人才提供广阔发展空间的同时，建立严格且与员工能力价值相适应的激励机制，使员工快速成长，满足企业需求，实现自身价值。吉利的人才森林通过引人、塑人、留人三个方面为吉利打造坚实的人才基础。

首先，引人。对于人才，吉利具有明确的人才标准，吉利的人才理念是“寻找志同道合的伙伴”，吉利明白世界人才云集，但只有能够兼容吉利文化的，才是吉利需要的。因此，在这样理念的引领下，吉利引入了一批又一批认同吉利、肯定吉利、奉献吉利的人才。

其次，塑人。在引人的同时，吉利也注重人才的后续发展，吉利董事长李书福有个著名的“人才森林”理论，这个理论强调了人才的内部培养，希望吉利内部的人才树苗在吉利大树的带动下共同成长，最终会聚成人才森林，为吉利提供发展支撑。目前，吉利的“人才森林”理论已经初见成效，不少20年

前的人才小树苗已经成长为吉利的中坚骨干人物。此外，吉利在创业初期就开始同步创办自己的学校，在为社会输送优秀人才的同时，也扩充了吉利的人才储备。

最后，留人。对广泛分布在全球各地的吉利员工，吉利更多的是依靠文化凝聚向心力。吉利推行“奋斗者文化、问题文化、对标文化、合规文化”四大文化，将人才森林中的众多人才会聚一心，共同为吉利发展做贡献。

（二）构建智慧体系，培育软硬协同生态

在汽车硬件制造竞争越来越激烈的背景下，吉利通过主动进行汽车软硬协同生态的培育，打造智慧系统体系，培育自身的核心竞争优势。

首先，在硬件设施方面。以智能架构为基础的吉利科技生态网正在吉利的筹划建设下稳步开展。近年来，吉利已经自主研发出了四项世界领先水平的整车架构，包含 BMA、CMA、SPA 和 SEA。这四大架构不仅对各种能源兼容并包，而且具有模块化的优势。此外，这些智能架构进行智能适应开发消费者需求，可以有效地提升研发效率。

其次，在软件体验方面。通过构建起与吉利智能架构协同配合的软件体系，吉利正在竭力打造“端到端”的一体化体系。目前，吉利正在通过应用 SOA 的软件服务架构，携手世界各地的合作伙伴共同打造主动式的场景服务。

最后，在汽车软件协同生态方面。一方面，吉利致力于打造一个互联的、智能的移动生态系统，为此吉利已经与腾讯、中国铁资、中国航天科工和中国电信签署合作协议，共同开发尖端技术。另一方面，吉利还坚持探索自动驾驶技术，将自动驾驶视为未来以车为载体的第三空间的基础，汽车在未来将会成为人们休息、娱乐、工作的第三生活空间。因此，吉利正在全力布局汽车整车软件服务体验的生态布局。

（三）履行社会责任，打造吉利可持续生态圈

在可持续、绿色低碳发展的背景下，吉利将可持续发展视为自身的一项核心驱动力，通过携手各行业可持续发展的参与者，将可持续发展理念融入吉利发展内涵中，并在合作发展中增强自身在全球价值链上的竞争力。具体来讲：

在管治架构上，吉利将环境、社会与管治（ESG）原则融入吉利的管治架构与运营管理中，通过建立完善的管治架构，确保业务的发展韧性，并实现了吉利与多方利益相关者的价值共创。

在合规行动上，吉利坚持诚信合规经营。吉利不仅在内部进行了多维度合规化管理，还积极参与国内、国际多领域的合规建设，支持国际合规建设与贸易可持续发展。

在气候行动，吉利携手全球商业伙伴，积极发展可持续生态业务，基于全价值链的低碳行动，为用户提供更多环境友好型的吉利产品，为构建企业绿色创新竞争力、推进产业链绿色转型、助力全球碳中和行动做出贡献。

在资源保护方面，吉利着眼车辆循环生态，关注车辆从生产到报废的生产全环节的可持续发展，并通过旧材料再用、新型绿色友好型材料开发等方式，有效提升能源及资源利用效率，以负责任的方式实现吉利与环境的融合共生。

在可持续出行方面，吉利运用车联网、互联网等现代数字技术重塑用户驾驶、乘坐体验，并不断挖掘用户潜在需求，打造安心、放心、智慧、便捷的出行体验。

在数据责任方面，吉利将隐私保护融入了产品开发的全流程，并依靠现代数字技术不断开发数据保护新技术，保障用户数据安全与隐私。

在员工与社区方面，吉利将“尊重人、成就人、幸福人”的三人理念融入吉利的人才培养的全阶段，通过实施“全员工收入增长计划”“全员工家庭健康保险计划”等，携手员工与吉利共同可持续发展。

六、吉利的全球并购之路，靠“买买买”走向世界

（一）“沃尔沃”的并购：从“蛇吞象”到“星光璀璨”

2021 年 10 月 29 日，沃尔沃汽车在瑞典的斯德哥尔摩证券交易所正式挂牌上市，在世界众多目光的聚焦下，沃尔沃汽车获大幅超额认购。从十几年前不被看好的“蛇吞象”并购，到如今“星光璀璨”，吉利用时间证明了当初用资金换技术的正确性，在将当初并购花费的 18 亿美元全部赚回后，还取得了极大的收益。

在福特与通用的汽车商业战争中，吉利董事长——李书福敏锐地嗅到了其中的机会，他大胆猜测福特旗下的“沃尔沃”将在不久之后被卖出，因此不顾国内外舆论的质疑，果断地收购了“沃尔沃”，被人笑称“蛇吞象”。

如今，吉利携手沃尔沃走向了世界。在沃尔沃方面，凭借着吉利奉行的“沃

尔沃是沃尔沃”的发展方针，沃尔沃在被并购以来保持了良好的业绩增长。以2020年为例，沃尔沃全年汽车销量达661713辆，营业收入2628亿瑞典克朗，营业利润达85亿瑞典克朗。在吉利方面，通过融合沃尔沃的先进技术，吉利实现了创新方面的快速发展。2013年，吉利在欧洲设立了研发中心CEVT，吉利四大世界级整车架构之一的CMA正是诞生于此。此外，吉利还与沃尔沃共同打造了领克、极星等汽车品牌。目前，吉利与沃尔沃的合作还在继续，在数字化的浪潮下，双方持续推进创新合作，相互成就璀璨星光路。

（二）“宝腾汽车”的并购：一面市场，一面品牌

2017年6月23日，吉利历经多轮角逐，最终战胜PSA，并与马来西亚多元重工业集团正式签署了收购宝腾汽车49.9%和路特斯51%股份的协议。这份协议的签署意味着吉利不仅拥有了进军东南亚市场与日韩汽车分庭抗礼的资本，还将拥有与法拉利、保时捷等齐名的超级豪华跑车品牌。

1.“一面市场”

一方面，对宝腾汽车的收购让吉利在东南亚国家有了施展手脚的机会。东南亚国家坐拥相当于印度或者德国规模的市场份额，但想要在这里分一杯羹并非易事。日系车早年雄踞于此，凭着多年发展形成的零部件采购价格优势，其鼎盛时期的市场份额甚至达到了恐怖的80%，就连大众、通用等世界型车企都难以涉足。国产车企想要拓展这个市场更是困难重重，而收购宝腾则为吉利开辟了一条蹊径。吉利前副总裁、宝腾汽车前董事长李东辉曾这样描述：“吉利的宝腾就好比奔驰的斯柯达，宝腾是我们马来西亚和东南亚市场的主阵地，如果未来有走向全球的需要，那它就是我们重要的筹码。”

2.“一面品牌”

另一方面，这份协议还让吉利拥有了对路特斯汽车的控股权，这对吉利开拓高端豪华跑车提供了巨大的助力。对于“路特斯”的定位，吉利希望通过复兴路特斯，完善在战略层面的品牌部署。吉利瞄准了“汽车新四化”——电动化、网联化、智能化、共享化，着力将路特斯打造成探索未来式超跑形象。

（三）戴姆勒的并购：剑指新能源

在新能源汽车发展趋势日趋迅猛的背景下，吉利又将全球化的目标投向了戴姆勒集团。戴姆勒集团是当今世界成功的汽车企业之一。戴姆勒集团在新能源、汽车电动化领域的技术积累比较深厚，在李书福看来，吉利入股戴姆勒能

够帮助吉利在电动化、智能化以及无人驾驶、共享出行等方面获得发展；而在戴姆勒方面，与吉利的合作也能帮助戴姆勒集团应对中国的双积分政策、市场的变化，助力其在中国市场的发展。

显然，吉利与戴姆勒的合作是一次成功尝试。回顾吉利与戴姆勒的发展历史，已经有许多发展成果，包括携手推出“耀出行”高端专车出行品牌；联合运营高端电动智能汽车 Smart；合作探索低空出行领域等。目前，吉利仍然将戴姆勒作为重要的战略合作伙伴，同时积极寻求双方的利益共享、价值共创，通过协同、分享实现双方在技术、利益、市场等方面的进一步合作。

七、结语

在全球化的道路上，吉利的全球并购还远不止于此。例如，2015 年，吉利成功收购碳循环国际公司的股份，成为其董事会成员和重要股东；2017 年，吉利收购美国飞行汽车创业公司 Terrafugia（太力飞车），开启了吉利未来汽车方向之一——飞行汽车的试验；2022 年，吉利又成功拿下英国知名跑车品牌阿斯顿·马丁 7.6%的股权，进一步实现向国际高端车企品牌迈进的脚步。值得注意的是，吉利的海外并购，一路走来只买汽车，专注自身的领域，而吉利全球化布局的脚步也随着吉利一次次看似不可能、惊险的尝试逐渐向前迈进，从最初的靠资金换技术，到后来的靠资金换市场份额，再到现在的一步步完善自己的汽车版图弱项，搭建汽车品牌高端形象，展望未来汽车发展方向，吉利靠着收购逐渐实现自己在全球布局中定下的一家“全球企业”的目标。

案例思考题及分析

1. 概述数字背景下吉利的营销新格局。

吉利专注数字技术，抓住数字机遇，当前已经构建了庞大的以汽车业务为核心的营销格局。具体来讲：

第一，汽车板块。在硬件设施基础方面，吉利已经拥有全球领先的 BMA、CMA、SPA 及 SEA 四大基础模块架构；在生产体系方面，拥有智慧制造、智慧物流、数字化工厂等在建设方面具有较大优势。

第二，出行服务板块。出行服务主要包括曹操出行、耀出行两大板块，其中曹操出行定位大众共享出行市场，耀出行定位高端专车体验市场。

第三，数字科技板块。吉利的数字科技瞄准自身的数字化转型需要与汽车产业链数字化服务需要，着眼于大数据、云计算、区块链等技术的研究开发，在满足自身发展需要的同时，也积极对汽车产业链的上下游输出可行的数字化技术服务、解决方案等。

2. 试分析吉利服务市场(出行、教育、金融)的拓展与创新有哪些?

吉利服务市场的创新可以从汽车软件服务体验、出行服务体验，以及金融服务体验三个方面来考虑。

一是汽车软件服务体验。吉利围绕智能、互联、无障碍的目标不断钻研汽车驾驶新体验，在智能驾驶、智能座椅以及卫星定位服务等方面上寻求突破，竭力为用户提供更好的汽车驾驶体验。

二是出行服务体验。吉利的出行服务推出了服务大众的曹操出行和定位高端专车的耀出行。

三是金融服务体验。吉利的吉致汽车金融定位汽车全产业链金融服务，服务对象更为集中，专门化程度也更高。

3. 从营销战略的角度，试分析吉利数字营销新格局中的核心竞争力、可持续发展生态圈的建设。

理论基础：

企业的核心竞争力就是企业长期形成的，蕴含于企业内质中的，企业独具的，支撑企业过去、现在和未来的竞争优势，并使企业在竞争环境中能够长时间取得主动权的核心能力。

案例分析：

在技术方面：吉利在数字化转型过程中逐步实现了对智能制造、数字化大工场等建设的探索、逐步推进并完善智慧物流体系等数字智能体系的搭建，积极探索汽车制造的智能架构。此外，吉利汽车也在汽车智能驾驶、智慧座椅等方面不断探索，并结合吉利的汽车硬件打造软硬件协同生态。

在人才方面：吉利的人才体系中明确了人才战略是要看得见“未来”的人才，人才赋能是要看得见人的价值，人才体验是要看见人才的需求三大要求。吉利不是要人才为自己服务，而是要人才同自己一同成长。

在可持续发展能力方面：吉利的可持续发展建设包含了理念与行动的多方面。在理念上，吉利践行可持续发展理念，不仅保证将对社会环境、社会负面影响降到最低，还积极携手社会各方，推进价值共享。

4. 吉利是如何进行全球化市场开拓，实现吉利全球布局下的一家“全球企业”的目标？

2010 年，吉利收购了沃尔沃(乘用车业务)，实现了吉利向欧美国家汽车行业进军的第一步；2013 年，吉利从锰铜控股手中收购了伦敦出租车公司的所有股份，结合远程汽车，聚焦新能源商用车，进一步完善吉利控股集团战略版图；2017 年 6 月，吉利收购了宝腾汽车(包含旗下控股的路特斯集团)，实现了向东南亚国家市场迈进的一大步；2018 年 2 月，吉利通过二级市场，收购戴姆勒 9.69%具有表决权的股份，成为其第一大股东。

自 2010 年并购沃尔沃汽车以来，吉利通过“买买买”的手段，对国际上各种汽车知名品牌“大打出手”，逐步壮大自身的全球布局，从最开始“以资金换技术”到后来的“以资金换市场”，再到“以资金换品牌”，吉利的并购之路在一步步将一个中国汽车民企推向世界知名车企。

5. 结合吉利的行业背景，从数字化转型趋势角度分析吉利未来的发展前景。

当前，汽车行业仍处于数字化转型的浪潮中，从数字人才的培养到组织内部的管理，再到汽车的生产、制造、研发、营销等，数字化已经在众多汽车企业建立起了多维的数字生态。未来的汽车行业必然是与数字技术协同发展的行业。因而，如何深入进行数字化转型，发展数字化时代下的汽车数字优势是当前汽车企业增强自身竞争力的重要议题。

吉利在 2021 年 10 月推出了“智能吉利 2025”发展计划，明确了未来的发展方向和目标。具体来讲，吉利提出了智能能源、智能制造以及智能服务体系三大目标。虽然这些目标看起来有些过于雄心壮志，但吉利在数字化转型方面仍取得了一些成功的进展，未来依然值得期待。

参考文献

[1]赵雅玲．中国制造企业国际化过程中的技术创新策略——以吉利汽车为例[J]．企业经济，2021，40(5)：14-21.

[2]李瑞方，周军，张洋，等．吉利汽车智能制造战略的实施(下)[J]．汽车工艺师，2021(7)：55-59.

[3]李瑞方，周军，张洋，等．吉利汽车智能制造战略的实施(上)[J]．汽车工艺师，2021(6)：59-64.

[4]闫磊．吉利汽车集团 CEO 淦家阅：吉利汽车全面向智能时代转型[N]．经济参考报，2021-11-05(007)．

[5]陈秀娟．吉利开启科技 4.0 时代[J]．汽车观察，2020(8)：68.

[6]郭园园．吉利汽车数字化转型路径研究[D]．南京：南京邮电大学，2021.

[7]张坤．起底吉利汽车 2025 年 9 个目标的底层逻辑[N]．汽车商报，2021-11-15(A05)．

[8]王婷．我国汽车行业发展现状与趋势[J]．企业改革与管理，2020(16)：214-215.

[9]赵春萍，林春山，李冀中．疫情下的汽车行业发展[J]．中国金融，2021(7)：95-96.

[10]浙江省发展和改革委员会．吉利汽车：打造高质量高效率的智能制造体系[EB/OL]．[2020-07-03]．https：//fzggw.zj.gov.cn/art/2020/7/3/art_1621012_49749646.html.

[11]梁超，唐旭霞．汽车数字化深度研究报告：数字化大势所趋，加速产业链价值转移[EB/OL]．[2021-01-26]．https：//baijiahao.baidu.com/s?id=1689937354016088090&wfr=spider&for=pc.

[12]腾讯网．【财经分析】中国车企全球化的吉利样本：从“蛇吞象”到“遍地开花”[EB/OL]．[2021-11-01]．https：//new.qq.com/rain/a/20211101A03ACM00.

[13]颜光明，钱蕾，王从军．中国汽车四十年[M]．上海：上海交通大学出版社，2018.